KB246708

한강의 기적에서 세계의 기적으로

K– 이니셔티브의 미래

K- 이니셔티브의 미래

지은이 | 이원희

초판 1쇄 인쇄 : 2025년 12월 9일
초판 1쇄 발행 : 2025년 12월 19일

펴낸이 서지만
펴낸곳 하이비전
교 정 이수영
편 집 김현미
표지디자인 김보영

신고번호 제 305-2013-000028호
출판등록 2013년 9월 4일
홈페이지 hvs21.com
E-mail hivi9313@naver.com

ISBN 979-11-89169-91-6(03300)

책값은 뒤표지에 있습니다.
잘못된 책은 구입하신 서점에서 바꾸어 드립니다.

한강의 기적에서 세계의 기적으로

K- 이니셔티브의 미래

이원희 지음

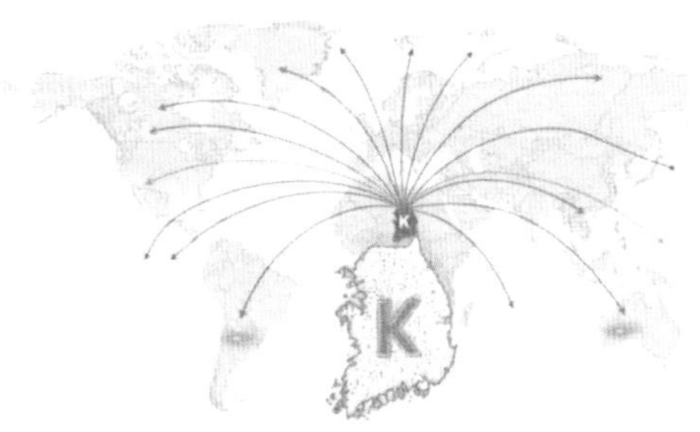

K-initiative

하이비전

저자의 말

질문으로 시작된 대한민국의 미래 지도

이 글을 쓰면서 전문가의 관점에서 완결된 이론을 제시하려 한 것은 아닙니다. 그보다는 지금의 한국이 어디로 가고 있으며, 어디로 가야 하는지를 한 번쯤은 비전문가의 언어로도 이야기해 보고 싶었습니다. 정보와 개념을 수집하고 분류하는 과정에서, 문득문득 떠오르는 질문들이 있었습니다.

'왜 이 방향으로만 가는가? 왜 이 분야는 전략 산업이 아닌가? 무엇이 빠졌고, 어떤 가능성이 아직 조명받지 못했는가?'

이러한 질문 끝에서 이 글을 쓰게 되었습니다.

즉, 이 글은 자료의 체계적 분류, 개념의 연결, 그리고 그 과정에서 도출된 틈새의 가능성을 중심으로 서술되었습니다. 정교하거나 일관된 학술적 보고서는 아니지만, 성실히 정리한 문제의식과 탐색의 흔적은 남겼다고 믿습니다. 분류는 저에게 사유의 출발점이었기에, 나름대로 이해 가능한 분류 체계를 세우고, 이를 구체화하는 방식으로 전체를 구성하였습니다.

전문가가 아니기에 오히려 제약받지 않고 생각하는 바를 비교적 자유롭게 쓸 수 있었다고 봅니다. 그래서 뜻밖에 개성 있는 성과도 있었으리라 생각합니다. 물론 이 책은 근본적으로 한계를 지니고 있습니다. 공인된 분석틀이나 권위 있는 데이터를 기반으로 한 완결된 지식이라기보다는, 사고의 중간지점에서 멈춘 사유의 기록입니다.

그럼에도 이 책에서 붙드는 질문과 서술이 독자 여러분의 사유에 어떤 자극이 되어, 각자의 방식으로 새로운 문장을 써 내려가게 만든다면, 그것만으로도 제 역할을 다한 것이라 여깁니다.

국가를 구성하는 주체는 질문하고, 분류하고, 다시 말하는 국민입니다. 전문가가 아니어도, 나름대로 소박하게 제가 속한 공동체를 위한 논의에 참여하고 싶었습니다. 운 좋게 그 흐름에 한 자락을 얹을 수 있다면, 그것만으로도 더없이 기쁠 것입니다.

2025년 가을 어느 날,

이 원 희

차 례

- 저자의 말 ······ 4
- 머리말 ······ 10

PART I K-이니셔티브란 무엇인가?

이니셔티브, 선도 전략의 다양한 얼굴들 ······ 16
- K-이니셔티브, 세계 표준을 선도하겠다는 선언 ······ 16
- 이니셔티브란 무엇인가? ······ 18
- 이니셔티브의 실현과 관련된 네 가지 용어들 ······ 20
- 이니셔티브를 드러내는 4가지 특성의 구별은 임의적이다 ······ 22

퍼스트무버, 가장 먼저 나아가는 창의적 선도자 ······ 26

게임체인저, 판의 규칙을 뒤집는 존재 ······ 32

초격차, 범접할 수 없는 압도적 경쟁우위 ······ 37

선도자 그룹, 우리가 지향해야 할 현실적 좌표 ······ 45

PART II K-이니셔티브를 위한 선정 기준 7가지

이니셔티브, 선도 전략의 다양한 얼굴들 ······ 52
- K-이니셔티브, 선언을 넘어 현실로 ······ 52
- 첫 번째 기준, 국가 브랜드 발전 방향성 및 이미지에 부합하나? · 54
- 두 번째 기준, 국가 생존에 필수적인 분야인가? ······ 56

◉ 세 번째 기준, 장기적으로 지속가능한가? ········· 60
◉ 네 번째 기준, 당대의 파급력은 어떠한가? ········· 62
◉ 다섯 번째 기준, 내외부 요건을 고려할 때 얼마나 어떻게 추진해야 실현 가능한가? ········· 64
◉ 여섯 번째 기준, 국가 주도의 여건이 되나? ········· 70
◉ 일곱 번째 기준, 윤리적으로 존경받는 지도국이 될 수 있는가? ··· 73

전략 분야 선정을 위한 7가지 기준의 종합 ········· 78
◉ 첫 번째 기준과 두 번째 기준, 이 산업은 우리 국가에 필요한가? 79
◉ 단기적 투자인가 장기적 투자인가, 절충할 수는 없는가? ········· 80
◉ 어떻게 꿈을 실현할 수 있는가? ········· 80
◉ 우리는 존경받는 선도자인가? ········· 84
◉ 복합 기준으로 분류하는 대상의 유형 ········· 85

PART Ⅲ 대한민국은 무엇으로 세계를 선도할 것인가?

우리는 세계를 선도한 적이 있었나? ········· 90
◉ 정치적 맥락 ········· 90
◉ 문화적 맥락 ········· 94
◉ 경제적 맥락 ········· 113
◉ 그렇다고 의기소침할 이유는 없다 ········· 115

우리의 현재와 미래, 선도국의 길 ········· 121
◉ 진짜 선도자는 기준을 만든다 ········· 121
◉ 패스트팔로워에서 선도자 그룹으로 ········· 123

현재로부터 미래를 여는 선언, 이재명 정부의 K-이니셔티브 ············ 127
- 이재명 대통령의 공약, 책자형 선거공보 중심으로 ············ 127
- 이재명 대통령의 세부 공약 ············ 134
- 8월 13일 발표한 5대 국정 과제 중심으로 ············ 142
- 이니셔티브의 관점에서 공약에 관한 인상 평 ············ 145
- 재분류: 인문적 로드맵 ············ 159

우리의 현재와 미래, 인문적 가치의 관점에서 ············ 166
- 인문적 가치의 관점: 선도자의 위상 ············ 167
- 인문적 가치의 관점: 패스트팔로워에서 선도자로 ············ 178

K-이니셔티브의 현재 위치와 경제적 관점에서의 진단 ············ 183
- 경제적 가치의 관점: 선도자의 위상 ············ 185
- 경제적 가치의 관점: 패스트팔로워에서 선도자로 ············ 190

선도자의 문턱에서 우리가 지켜야 할 태도 ············ 203

PART Ⅳ 지속가능한 K-이니셔티브를 위한 선결 과제

강소국이냐, 이민 국가냐, 그것이 문제로다 ············ 208

첫 번째 방향, 다양하라 ············ 211
- 핵심은 지속가능한 다원주의 문화 ············ 211
- 창의성과 포용력을 중시하는 다원주의 교육 문화 ············ 213
- 낭비하는 도전이 허용되고 실패에 대한 회복력이 높아야 한다 ·· 218
- 패자부활전 없는 사회에서는 미래가 자라지 않는다 ············ 222
- 퍼스트무버의 토양, 다원주의 문화와 군소 열강 ············ 226

두 번째 방향, '다양성을 위한 통일성'을 유지하라 230
- 통일성이냐, 다양성이냐 그것이 궁금하다 230
- 통일성의 집단 자부심, 이민 국가의 경우 233
- 통일성의 집단 자부심, 강소국의 경우 237
- 다양성의 가능성을 공동체의 이익으로 환원하라 240

세 번째 방향, 각자의 분야에서 최선의 규칙을 주도하라 242
- 다양하되 탁월하라 242
- 왜 최고가 아닌 최선인가? 245
- 노력하는 모든 종사자를 예우하라 248
- 맺음말 251
- 참고 자료 255

중진국의 함정을 넘은 나라, 그다음은 어디인가

한국은 한때 세계 최빈국 수준이었다. 전쟁의 잿더미 속에서 외국의 원조를 받아야 했고, 원조가 없었다면 생존 자체가 불가능했던 시절도 있었다. 일본이라는 거대한 산을 결코 뛰어넘을 수 없을 것으로 보였다. 한참을 뒤처진 듯했다. 심지어 고속 성장의 시대를 거쳐 문민정부가 들어서고 IMF가 터질 때만 해도 그랬다. 우리가 부채를 다 갚고 세계를 향해 본격적으로 도약하려던 꿈으로 가득하던 시절이었다. 하지만 그 꿈은 한순간에 좌절되었다.

우리의 꿈은 중진국의 덫에 걸려 너무 일찍 샴페인을 터뜨린 것처럼 보였다. 또는, 선진국의 '사다리 걷어차기'에 당한 게 아닐까 싶었지만, 어떤 것이든 우리의 미래는 모든 게 불확실해 보였다. 확실한 건 다시 추락하고 있다는 것이었다. 1990년대의 일이다.

당시에는 모두가 일본의 워크맨을 부러워하던 시절이었다. 문민정부가 들어서고 대학가는 데모의 열기에서 벗어나기 시작했고, 사회 정의보다 개인의 관심사에 몰두해도 죄책감을 느끼지 않게 되는 시절로 접어들고 있었다. 점점 대중문화는 발달했다. 김대중 정부 때만 해도 일본에 문화 시장을 개방한다는 것은 우리의 영혼을 모두 잡아먹히고 말 것이라는 두려움이 가득한 시대였을 만큼 일본 문화는 암암리에 마니아를 형성하고 있었고, 입소문을 탔으며, 세계적인 위상도 대단했다. 우리는 그것에 비하면 아무것도 아니게 느껴지던 시절이었다. 일본 제품의 우수성과 함께 1980년대 일본의 경제 위상이 막강했던 여운이 여전히 강렬하게 남아 있을 때였다. 일본은 제2의 경제 대국이었다.

그러니 워크맨의 실제적인 성능뿐 아니라 워크맨을 두르고 있는 일본이라는 선도국의 아우라는 선명했다. 학생들 사이에는 소니 워크맨이나 아이와 브랜드, 파나소닉 워크맨의 최신 제품을 갖고 싶은 열망으로 가득했다. 수입 전자제품의 성능을 체감하는 것이 일상적인 문화가 되었고, '소니', '파나소닉', '아이와' 같은 일본 브랜드는 곧 세련된 기술의 표상으로 각인되었다. 용산 전자랜드 진열장에 놓여 있던 일본산 제품들은 열등감과 동경이 뒤섞인 채 바라보게 되는 문화적 아이콘이었다. 기술력의 격차는 생활 속에서 분명히 체감되었고, '우리는 아직 멀었다'는 감정이 사회 전반에 배어 있던 시절이다.

한국에도 국산 휴대용 카세트 플레이어가 있었지만, 우리는 그것을 "마이마이"라 불렀고, "마이 볼! 마이 볼!" 하듯 던져서 주고받기도 하였으니, 조금은 수치스러운 기억이다. 그리고 어딘가 덜 세련되고 둔탁한 디자인과 음질 때문에 일본 제품과 비교당하곤 했다. 천원백화점에서 팔던 모 제품은 망가져도 아깝지 않다며 '탱크'라 불렸고, '마이마이'는 그나마 나은 편이었다.

하지만 그러한 자조의 기억은 이후 역전의 서사를 위한 밑거름이 되었다. 불과 10~20년 뒤 그 '마이마이'의 기억을 가진 이들이 기술개발의 주역이 되었고, 지금의 삼성과 LG가 스마트폰과 TV 등 전자제품으로 전 세계를 주도하는 기반이 되었다.

그렇게 대개는 벗어나지 못한다는 중진국의 함정을 극복한 희소한 사례가 되었을 뿐 아니라 세계적으로 손꼽히는 경제 대국이 되었다. 그리고 민주주의를 성공적으로 안착시켰고, 원조를 받는 입장에서 원조를 제공하는 입장이 되었다. 이는 단순한 경제 규모의 변화가 아니라 국가 정체성의 변화를 상징한다. 국제사회의 일원으로서 책임을 나누는 국가가 되었다는 뜻이다.

그렇게 명실상부한 선진국의 반열에 올랐는데, 이것이 명시화된 건 최근의 일이다. 우리의 지위를 선진국으로 보는 인증, 즉, 2021년 7월 유엔무역개발회의(UNCTAD)에서 선진국 그룹으로 분류됨으로써 공식적으로 선진국이 되었다고 할 수 있다. 1964년 유엔무역개발회의가 설립된 이래 개도국에서 선진국 그룹으로 지위가 변경된 나라는 한국이 처음이라고 한다. 한국전쟁 당시 세계의 빈국 중에서도 최빈국 대열에 속했던 것까지 감안한다면 환골탈태라고 표현할 만하다.

1990년대 CDMA 기술 개발은 그런 도약의 한 축이었다. 휴대폰 통신 기술의 표준화 방식에서 한 축을 차지하면서 주류로 예측되었던 유럽의 GSM 방식과 함께 시장을 양분했다. 세계 최초로 CDMA를 상용화함으로써 한국은 거의 30년 동안 휴대폰 방식의 주도적 발전에 바탕을 마련했다.

그리고 2000년대 초반 MP3플레이어 아이리버 등 한국제품이 유행하면서 점점 일본제품만을 부러워하던 시절은 지나갔고, 피처폰과 스마트폰의 시대가 2000년대부터 지금에 이르기까지 지속되면서, 이제 신세대는 우리가 일본제품을 부러워하고, 국산 제품을 한 수 아래로 여겼던 시절을 미처 알지 못한다.

휴대폰뿐 아니라 반도체, 자동차 산업, 정보통신기술과 제조 기술의 융합 등을 중심으로 지난 30년간 한국은 일본을 바짝 추격했고, 대한민국이라는 국가 브랜드의 글로벌 차원의 부상은 결코 우연이 아니다. 이제는 다방면에서 패스트팔로워(Fast Follower) 수준을 넘어서고 일부 분야에서는 세계 기술 선도 그룹에 속해 있다.

하지만 지금은 또 다른 전환기를 맞이하고 있다. 4차 산업혁명이라는 이름 아래 AI와 데이터, 바이오와 청정에너지 같은 새로운 기술 영역이 세계 경제 질서를 재편하는 중이다. 그동안 선도했던 분야와는 다른 새로운 분야가 모습을 드러내며, 미래의 핵심 분야가 될 것이라는 진단은 더는 예견이 아니라, 상식으로 받아들여지는 시점에 이르렀다. 이 변화의 속도는 잎신 산입혁명보나 휠씬 빠르고, 요구되는 구조 전환의 깊이도 훨씬 크다.

문제는 이 시점에서 한국이 겪고 있는 내적 진통이다. 단지 중진국의 함정을 벗어난 정도가 아니라 선도국 단계로의 진입을 목표로 삼고 있음에도 불구하고, 성장의 관성이 더 이상 작동하지 않는 지점에 이르렀다.

민주주의는 지속적으로 발전했다기보다, 극우의 준동과 독재 회귀 시도라는 위험 요인이 드러났다. 또한 경제는 저성장의 늪에 머물며 혁신의 동력을 확보하지 못한 채 사회 불평등과 양극화 문제가 심화하고 있다. 무엇보다 출산율 문제는 단순한 인구 통계적 위기를 넘어 사회 시스템의 근본을 흔들고 있다. 구조적 저성장의 단계에 들어섰다는 진단이 설득력을 얻고 있다. 심지어 일본의 전철을 밟아서 '잃어버린 30년'의 시기가 시작되었다는 암울한 진단도 나온다. 이제 막 선진국으로 명시된 시점에, 어쩐지 저성장의 늪에 갇혀 허우적대는 한국의 미래를 언뜻언뜻 엿보고 만다. 인구도 적고 고령의 경제 인구로 버티지만, 고부가가치 첨단 분야에서 경쟁력을 확보하지 못한다면 결국 약소국으로 전락할지도 모른다. 그렇다면 이제 질문은 이렇게 바뀌어야 한다.

"어떻게 중진국을 벗어날 것인가"가 아니라 "어떻게 지속가능한 선진국으로 안착할 것인가?"로.

중진국의 함정을 벗어났다는 사실만으로는 더 이상 충분하지 않다. 이제는 선진국 사이에서도 경쟁력 있는 선진국, 다시 말해 가치를 제시하고 미래를 견인할 나라가 되기 위한 답을 찾아야 할 때다. 그 길은 훨씬 험난하고 복잡하다. 그렇기에 지금, 한국은 다시금 새로운 의미의 전환점에 서 있다.

K- 이니셔티브란 무엇인가?

이니셔티브, 선도 전략의 다양한 얼굴들

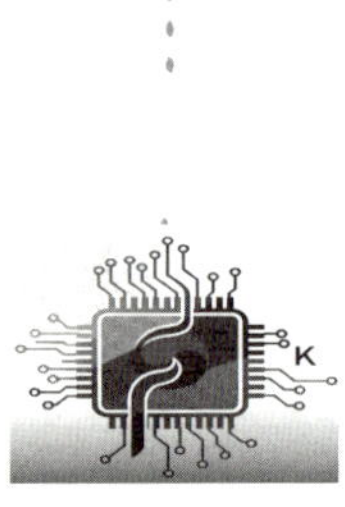

☯ K-이니셔티브, 세계 표준을 선도하겠다는 선언

최근 이재명 정부가 제시한 K-이니셔티브는 한국이 미래 산업과 세계 질서 속에서 어떤 위치를 차지할 것인가에 대한 진지한 고민이자, 더 나아가 주도권을 확보하려는 전략적 선언이다.

한국은 더 이상 과거의 '후발 주자', '개도국', '패스트팔로워(빠른 추격자)'가 아니다. 2021년, UN 분류상 명실상부한 선진국 그룹으로 편입되면서 이제는 그 위상을 바탕으로, 한 단계 더 도약하려는 관심사로 옮겨가고 있다. 이제는 세계 질서의 새로운 규칙을 제안하고 표준을 만들어 가는 리더 국가로 나아가겠다는 비전을 세운 것이다. K-이니셔티브는 바로 그 본격적인 시작을 의미하는 표현이라 하겠다.

사실, 이미 우리는 많은 영역에서 세계를 놀라게 했다. K-팝, K-영화, K-웹툰으로 대표되는 K-컬처 그리고 스마트폰을 포함한 IT 제품들은 전 세계 소비자들의 감각과 습관을 바꾸어 놓았다. 한국적인 것이 더 이상 낯선 이국 취향이 아니라 보편적 감각과 통하는 세계적 트렌드가 되기도 했다. 『케이팝 데몬 헌터스』의 경우 세계적으로 각종 기록을 경신하고 애니메이션 OST로 빌보드 기록도 갈아치우고 있는데, 정작 제작은 소니 픽처스 애니메이션, 배급 및 공개 플랫폼은 넷플릭스다. 즉 이제 우리의 문화적 스타일이 해외에서 다양하게 변용되며, 엄청난 반향을 일으켰다는 점에 주목할 필요가 있다. 이러한 문화적 파급력은 전적으로 의도했다고 보기는 어렵더라도, K-컬처를 끊임없이 세계로 알리려는 무수한 시도를 통해 축적된 혁신과 노력의 총합이다. 그리고 이러한 성과를 지속가능한 국가 전략으로 연결하는 일이 중요해졌다.

돌이켜보면, 우리가 한강의 기적이라 부르는 압축 성장의 시대는 세계 표준에 편입되기 위한 치열한 '따라잡기'의 시기였다. 우리는 기술을 수용했고, 제도를 수용했고, 심지어 문화를 수용했다. 잘 배우는 모범생 국가였고, 때로는 그 속도와 성실함으로 세계를 놀라게 하기도 했다. 그러나 학습의 시대는 지나가고 있다.

교재를 사서 문제를 풀고 암기하던 학습 방식에서 벗어나, 교재를 만드는 쪽이 되겠다고 선언했다. 더는 그들의 교과서에서 나온 문제만 푸는 나라가 아니라, 새로운 시대의 전범을 제시할 수 있는 나라가 되겠다고 한 것이다.

K-이니셔티브는 그와 관련된 선언적 표현이다. 그리고 당장에는 기존의 산업적 요인을 활용하여 성과를 끌어내야 하겠지만, 지속가능한 선도국이 되려면 기술과 산업의 문제뿐 아니라, 윤리, 문화, 정치, 인문학

까지 아우르는 종합 전략이어야 한다.

4차 산업혁명과 인공지능의 가속화, 글로벌 가치 질서의 재편, 저출산·고령화와 같은 구조 변화 때문에 한국은 어쩔 수 없이 변화가 절실히 필요한 시점이기도 하다. 위기는 기회일 수 있다. 다행히 그동안 한국은 그만한 역량을 객관적으로 검증받았다고 생각한다. 기술적 역량, 문화적 역량, 시민의 역량까지 모든 것이 고루 갖춰져 진정한 선도국으로 나아갈 수 있다는 자신감을 지닐 만하다.

물론 이제 막 교재를 쓰는 나라로의 여정이 시작되었다. 그 여정에 필요한 것은, 단지 '빠른 추격'의 의지만이 아니라 지속가능성을 위한 인프라 구축, 그리고 새로운 기준을 창조하려는 의지다.

이니셔티브란 무엇인가?

여기서 주목해야 할 단어는 바로 이니셔티브(Initiative)다. 순수하게 이니셔티브의 뜻을 보자면, 이 단어는 원래 '솔선수범', '주도적 개입', '새로운 시작'이라는 의미를 지닌다. 국가 경쟁과 세계 질서의 관점에서 보자면, 국제 정치나 산업 전략의 맥락에서는 남보다 먼저 움직여 판을 주도하겠다는 전략적 의지를 뜻한다. 평소에는 시사용어로 자주 듣던 표현은 아니다. 그보다는 '국뽕' 'K-팝, K-드라마, K-무비' 등 과장된 표현이나 분야별로 한정된 표현을 주로 접했다.

그런데 이니셔티브란 용어는 국가 브랜드의 발전 방향을 설정하면서 기본적 태도를 설정하는 느낌을 준다. 이는 선도국이 되어서 우리가 세계의 표준을 제시하는 역량을 보여주겠다는 것으로, 현실적으로는 더 냉철한 점검이 필요하더라도 우리가 이미 지닌 역량만으로도 그러한 선언을 할 수 있다는 자신감의 발로이기도 하다. 즉 K-이니셔티브는 특정 산업이나 문화의 선점을 넘어, 전 세계가 따라오게 만들 국가 주도권의 구상이다.

'K-이니셔티브'라는 단어가 담고 있는 의미는 단순히 '한국 최초'나 '한국적 특수성'의 나열이 아니다. 객관화하지 못한 자기 위안만으로는 한계가 생기게 마련이다. 한국 안에서의 특별함은 여전히 중요하지만 그 특별함이 보편적인 언어로 해석될 수 있는지 따져보아야 한다. 이제는 세계적인 관점에서 선도적이라는 평가를 받을 수 있는지를 치열하게 검토해야 할 때다. 이것이 진정한 K-이니셔티브의 출발점이다.

즉 K-이니셔티브라는 선언은 세계적인 관점에 무게중심을 둔다는 것이고, 이는 외국의 평가에 일희일비한다는 사대주의적 의존성이라기보다는, 우리의 강점을 객관적으로 검증받겠다는 자신감을 의미한다. 심지어 주체적으로 우리의 기준을 정하고 그것을 통하여 세계를 선도하고 싶다는 야심 찬 도전이기도 하다. 자화자찬하며 '국뽕'이라는 자기 위안에 갇히지 않는 것이다. 우리는 이미 산업·문화·기술 등 다양한 영역에서 그 가능성을 보여주었다. 이제 필요한 것은 그 가능성을 지속가능한 구조와 내용의 깊이로 확장하고, 글로벌 표준을 재정의하는 주체로 자리 잡는 일이다. 결국 'K'라는 접두사는 우리 안에서만 울려 퍼지는 자긍심이 아니라, 세계가 공감할 수 있는 보편성과 기준을 수립하는 책임까지 포함하는 것이다.

쉬운 길은 아니지만 우리는 그 가능성을 점검할 수 있는 시점에 와 있다.

☯ 이니셔티브의 실현과 관련된 네 가지 용어들

여기서 잠깐, 이니셔티브 개념을 정확히 이해하기 위해 유사한 다른 용어들과의 차이도 함께 짚어볼 필요가 있다. 이니셔티브와 자주 혼용되는 용어로는 선도한다는 의미를 포함하는 퍼스트무버(First Mover), 게임체인저(Game Changer), 초격차, 선도자 그룹 같은 표현을 고려해 볼 만하다. 모두 주도권과 밀접하게 관련 있지만, 강조하는 지점은 조금씩 다르다. 이러한 표현은 대개 엇비슷한 뜻으로 혼용해서 사용하지만, 여기서는 그 미세한 차이를 통하여 이니셔티브의 특성을 세분화하여 인지하려고 한다.

그리고 우선 이니셔티브의 가장 강렬한 존재감이 드러나는 용어로는 퍼스트무버를 꼽을 만하다. 퍼스트무버는 말 그대로 보면 가장 먼저 해당 분야를 개척하는 자다. 가장 먼저 시작한 자만이 얻을 수 있는 브랜드 효과나 기술 선점의 이익이 있지만, 그만큼 위험도 감수해야 한다. 한국의 경우 과거 반도체, 휴대폰, K-컬처 등에서 퍼스트무버는 아니었지만, 빠른 추격으로 시장을 장악한 경험은 풍부하다.

둘째로 퍼스트무버와 비견되는 강렬함을 지닌 용어로는 게임체인저가 있다. 게임체인저는 기존 질서를 바꾸는 존재다. 새로운 기술이나 발명, 제도나 담론이 산업 전반의 흐름을 바꿔놓을 때, 게임체인저가 된다. 대개 포화 상태인 세계 자본주의 시장에서는 아무래도 남극 최초 등정과 같은 퍼스트무버적 사건보다는 게임체인저와 같은 사건이 발생할 확률이 그나마 높다. 물론 최근처럼 4차 산업혁명, AI 시대로의 전환처럼 급박한 변화가 생기는 시대에는 틈새에서 전혀 예측하지 못할 대발견의 사건이 있을 수 있지만, 일반적으로는 패러다임을 처음부터 만들어내는 퍼스트무버적인 사건보다는 패러다임을 뒤집고 대체하는 게임체인저의 사건을 기대해볼 만하다. 그리고 이마저도 극히 드물다.

셋째로 초격차는 최근 기업 전략에서 자주 쓰이는데, 도저히 따라잡을 수 없는 압도적 격차를 의미한다. 단순한 기술력이나 시장점유율이 아니라, 후발 주자가 진입하기 어려운 기술력을 확보하는 전략이다.

마지막으로 선도자 그룹은 조금 더 온건한 개념이다. 반드시 첫 번째가 아니어도 되며, 안정적으로 세계 기준을 주도하는 국가나 기업 집단을 말한다. 선진국 클럽, OECD 상위국, G7 등을 떠올리면 이해하기 쉽다.

결국 이니셔티브란 퍼스트무버의 전인미답의 개척, 게임체인저의 혁신적 전환, 초격차의 압도적 우위, 선두 그룹의 집합적 표준을 모두 아우르는 종합 전략의 이름이다. 그리고 이 모든 특성을 동시에 성취하는 경우보다는 일정 요소만 갖추는 경우가 대다수다. 한국의 입장에서도 우리의 현실과 역량을 고려하여 우선순위를 정하고, 단계적으로 우리 실정에 맞는 이니셔티브 전략을 취하려는 이유다.

☯ 이니셔티브를 드러내는 4가지 특성의 구별은 임의적이다

이니셔티브를 드러내는 네 가지 특성(퍼스트무버, 게임체인저, 초격차, 선도자 그룹)은 그 경계가 매우 유동적이다. 언뜻 다른 개념 같으면서도, 관점과 조건을 바꾸어 적용하면 갑자기 전혀 다른 양상이 펼쳐지곤 한다. 이 개념들은 상호 연계되어 있고, 그 구별은 종종 임의적이다.

이니셔티브를 다른 용어로 바꾸어 표현하는 순간부터 우리는 이미 해석의 프레임 안으로 들어가게 된다. 게임체인저의 움직임이 퍼스트무버의 동선과 겹치면서 코페르니쿠스적 대전환의 성과를 보여주는가 하면, 초격차의 성과가 선도자 그룹 여러 명에 의해 동시에 달성되는 경우도 생길 수 있다. 예를 들어 1940년대 미국의 비밥 재즈맨들이 20세기 모던재즈의 미학을 세운 것을 생각해볼 수 있다. 그들은 오래도록 유지된 클래식 음악의 대비적 장르 미학의 출현을 알렸다. 또 이것은 게임체인저다운 미학적 대비이며 기존 음악 작법의 대안이었을 뿐 아니라, 세계 각지의 민속음악에 종종 발견되는 즉흥의 요소를 체계화하여 20세기 대중음악에 수용한 사건이었다. 또한 초강대국 미국의 국격에 어울리는 창조적인 진보였다고 볼 수 있으므로, 퍼스트무버적이기도 하다. 이렇듯 여러 관점으로 평가하다 보면 여러 인물이 다층적으로 놓이고 심지어 어떤 경우에는 누가 먼저였는지조차 흐려진다. 성과 자체는 확실히 선도적인데 누가 그 시작점인지조차 판단하기 어려워지는 것이다. 사실 산업적으로 보면 이런 경우가 흔하다.

보편적으로 공유된 기술이나 방식이 되었다는 것, 그래서 누구나 그 흐름을 따르게 되었다는 것은 그보다 앞선 결정적 전환점이 존재했다는 의미다. 하지만 그 전환점을 만든 주체가 단일한 존재가 아닐 수도 있고, 철저하게 묻혀 있다가 뒤늦게 재평가되는 경우도 많다. 처음에는 패스트팔로워로 분류되었던 존재가 시간이 지나고 나서야 진짜 게임체인저였다고 재평가되기도 하고, 나아가 퍼스트무버의 위치에 있었다는 사실이 밝혀지는 경우도 있다. 이런 경우는 예술문화적인 분야에서 혼재된 형식으로 자주 드러나지만, 산업 분야에서도 크게 다르지 않다. 개념은 항상 구별된 것처럼 보이지만, 실제 상황에서 적용할 때는 그렇게 단순하지 않다.

스포츠 분야에서 GOAT(Greatest Of All Time, 역사상 최고의 인물)라 불리는 이들의 경우도 마찬가지다. 누구보다 뛰어난 전인미답의 기록을 세웠지만, 그것이 기존 규칙 내에서 이루어진 것이라면 초격차의 성취는 인정받되, 새로운 판을 연 게임체인저나 퍼스트무버로 보기에는 주저하게 된다. 하지만 그들이 달성한 성과를 기록의 관점으로만 놓고 살핀다면, 뜻밖에 퍼스트무버적 성격이 드러난다. 예를 들어 100m 달리기에서 마의 9초 5대에 진입하는 기록으로 세계 육상을 한 단계 도약하게 한 우사인 볼트를 떠올려보자. 일단 그 기록만으로 인간의 한계를 넘어선 신기원으로 평가되었다. 최초였다. 또한, 앞으로도 넘기 어려운 기록으로 평가되고 있다. 분명 그런 면에서 퍼스트무버라 해도 아깝지 않았다. 스포츠의 규칙 자체를 넘어섰다기보다는, 또 새로운 스포츠를 창조했다기보다는 그냥 그 안에서 초격차를 실현하였는데 그게 퍼스트무버적일 수 있는 것이다. 게다가 새로운 기법으로 선수 관리를 했다거나 훈련했다면 스포츠 과학의 관점에서 게임체인저적인 사건일 수 있다. 혁신적으로 관리법이 달라질 사건이었다면 그럴 수 있다.

마이클 조던을 역대 최고의 GOAT로 불리는 이유도 그 기록의 압도성 때문이기도 한데, 이는 초격차의 관점으로 이해하기 수월하다. 또한, 퍼스트무버적이거나 게임체인저적으로 해석해볼 여지도 있다. 혼재된 셈이다. 일단 개인 기량은 초격차의 경지였으며, 시카고 불스를 6번이나 우승시키는 전인미답의 업적을 쌓은 것도 초격차의 경지라 할 만하다. 그런데 마이클 조던이 진정 다른 선수와 달랐던 점을 들자면, 스타성 하나로 미국 농구를 세계적인 스포츠산업으로 키우고, 글로벌 기업과의 협업으로 엄청난 부를 창출하는 분야로 전환시킨 점을 들 수 있다. 단 한 사람의 역할이 이토록 컸던 경우는 과연 얼마나 있을까. 적어도 그 당시에는 유일무이했고, 전무후무하다고 해도 과언이 아니라 할 만큼 파괴력이 있었다. 퍼스트무버적이면서 게임체인저적이었다. 한 스포츠를 한 사람의 스타성에 기대어 압도적으로 성장한 예도 희귀했고, 그로 인해 농구라는 스포츠에 접근하고 스타 플레이어에 접근하는 방식 자체에 일대 변화가 있었다는 것도 그렇다. 그때 이후로 미국의 NBA는 세계적 스포츠 브랜드가 되었다.

다른 예도 들어보자. 흔히 남극을 개척하거나 우주로 향하는 탐험가들은 누구보다 개척자적 성격이 강한 퍼스트무버로 여겨진다. 이때 개척을 통해 기존 탐험의 규칙을 바꾸고 도전의 기준을 확장했다면, 그 순간부터 그는 게임체인저이기도 하다. 예컨대 남극을 향한 도전은 히말라야 등정처럼 높이를 겨루는 경쟁의 틀에서 도전할 만한 대상의 범위를 확장해 놓았다. 근세의 대서양 횡단과 세계 일주, 희망봉을 도는 항해 역시 지구를 바라보는 시선을 바꾸어놓았다.1) 이는 하나의 주요한 기준이 전면적으로 대체되는 패러다임의 전환으로 게임체인저적인 사건으로 읽힐 수 있다. 그렇게 퍼스트무버적 도전이 게임체인저의 계기가 되고, 그 결과는 또다시 훗날 서구 열강의 초격차적인 성과로 연결되며, 이후에는 복수의 선도자 그룹이 이를 공유하는 흐름으로 이어진다.

이처럼 하나의 사건이나 인물을 조명하기 위해서는 다층적인 접근이 필요하다. 그러다 보면 이니셔티브의 영역에서도 네 가지 특성(퍼스트무버, 게임체인저, 초격차, 선도자 그룹)이 서로 중첩되면서 구분되지 않고 다층적 구조를 이루게 된다. 선도자의 위치는 늘 고정되어 있는 것이 아니라, 시점과 시선에 따라 얼마든지 달라질 수 있다.

결국 이니셔티브의 네 가지 특성은 교차하는 망처럼 엮여 있다. 상황과 시각에 따라 강조되는 지점만 달라질 뿐, 완벽히 분리되는 경우는 드물다. 모든 개념이 그렇듯, 이 역시 해석의 문제다. 그래서 용어의 엄밀한 구분보다는, 개념의 미묘한 복합성을 이해하는 것이 더 중요해진다.

---

1) 이 사건들과 산업혁명을 통해서 여러 분야에서 주요한 표준을 바꾸는 퍼스트무버적이거나 게임체인저적인 사건이 지속 파생하였다. 이니셔티브의 관점에서 보자면, 가장 인상 깊은 역사적 순간 중 하나다. 도구의 활용, 문자의 발명 등 인류사에서 여러 종류의 이니셔티브적인 사건이 있겠지만, 근대에서 현대로 이어지는 충격과 연계되어 피부로 와 닿는 사건들의 기원을 들자면, 근세의 신대륙 발견과 근대의 산업혁명을 꼽게 된다.

퍼스트무버, 가장 먼저 나아가는 창의적 선도자

퍼스트무버. 한 번쯤은 들어본 단어일 것이다.

창의적 선도자, 가장 먼저 걷는 사람. 가장 먼저 가닿은 사람, 최초의 존재, 달에 처음 발을 디딘 사람 등을 떠올려 볼 만하다. 단순화하여 보자면 이니셔티브, 선도자의 위상에 가장 직설적으로 들어맞는 개념이다. 그리고 사실 진정한 퍼스트무버는 극소수다. 원론적으로 보면 진정한 최초는 한 명뿐이기 때문이다. 유일무이하게 첫 번째 기록을 차지하는 자이고, 평생에 신인상은 한 번만 탈 수 있듯이 최초의 수식도 진정한 의미로는 대체할 수 없다.

그만큼 희소하다는 장벽이 있음에도 파이오니아 정신을 거론하며 최초로 무엇인가를 이루어내는 것에 대한 낭만을 품곤 한다. 천재 신화나 저주받은 예술가의 압도적인 재능에 매료되곤 한다. 그리고 그것은 일종의 관용구처럼 기능한다. 그렇게 공모전, 정책 발표, 기업 브리핑, 심지어 자기계발 책 속에서도 도전 정신과 창의성을 강조하는 과정에서 종종 등장한다.

누구나 즐겨 쓰는 말이고, 아무나 하지 못하는 것을 쉽사리 언급하는 부정확한 표현이 된다. 천재란 표현을 남용하듯이 그렇게 쉽사리 견디지 못할 혹독한 과정을 생략하고 결과의 영광만이 눈에 띄기 마련이다. 마치 이집트의 총리가 되었던 요셉의 극적인 성공은 눈에 띄지만, 그 전에 좌초했다면 누구도 기억하기 싫은 누명 쓴 범죄자였을 뿐이다. 또 어린 시절에 이복형제들의 배신 때문에 타지로 납치되어 불행했던 존재로만 남았을 것이다. 하지만 사람들은 고난이 생략되고 요셉의 영광 가득한 모습만을 닮기를 바라게 되듯이, 어느 포인트에 시선을 머무는지 생각해 볼 만하다.

어쨌든 퍼스트무버를 입에 올리는 사람들 대부분은 정작 그 진짜 의미와 대가에 대해서는 말하지 않는다. 정작 퍼스트무버의 진짜 행보나 특성보다는 기존의 방식을 답습하면서도, 영광의 열매만은 매력적으로 보이기 마련이다. 그리하여 독보적인 개성을 원하지만, 사실 누구도 그게 어떤 모습인지는 온전히 상상하기 어렵다. 그래본 적도 없고, 모든 리스크를 안고서 그러고 싶지도 않기 때문이다.

사실 퍼스트무버는 성공적인 결과를 드러내기 전까지는 거의 항상 환영받지 못하거나, 희한한 존재였다. 그리고 개중에 일부만이 남고 대개는 퍼스트무버의 가능성을 소진한 채 무너졌다. 심지어 대부분은 비난조차 없는 암전된 골방에서 조용히 사라진다. 이들은 동료 집단을 만나지도 못한 개인의 차원에서 고립된 생산자, 이를테면 이해받지 못한 예술가 유형이라고 할 수 있다. 이들 대부분은 명성을 얻기는커녕 생계유지도 어렵다.

운이 좋게도 그러한 가능성을 발아하여 퍼스트무버라 불리게 된 개인이나 집단은 보통 '장르의 개척자'로 불린다. 물론 어떤 이는 천재로,

어떤 이는 미친 사람으로 불린다. 시대가 그를 이해하면 '대가'가 되고, 그렇지 않으면 '이단아'에 머문다. 많은 예술가들이 그렇듯 그들은 종종 시대보다 앞서갔고, 그래서 외로웠다. 예술의 세계에서는 이런 외로움이 '위대함의 징표'처럼 낭만적으로 포장된다. 그렇기에 퍼스트무버는 종종 장르의 개척자이자 천재, 나아가 외로운 예언자처럼 여겨진다. 그들은 사람들이 아직 필요를 느끼지 못한 지점의 잠재력을 먼저 발견하고, 세상이 원하기 전부터 그것을 만들어낸다. 이 지점에서 퍼스트무버는 돈키호테가 되기도 한다. 이상을 좇지만 바람개비를 향해 돌진하는 외로운 기사처럼, 고독한 실패자로 끝나곤 한다. 창의력이 부족해서 실패한다기보다는 그것을 알아봐줄 사람들을 기다리며 조용히 묻히게 된다.

독창성을 강조하는 시대에도 진짜 독창적인 것은 도리어 낯설어서 이해되지 않고, 두려움의 대상이 되곤 한다. 혁신적 흐름이 아무 맥락 없이 등장한 것처럼 보이면 불편함부터 느낀다. 아직 그걸 담을 그릇이 준비되지 않았기 때문이다.

어찌 보면 위대한 개척자들에게 가장 필요한 것은 창의력이 아니라, 시간을 기다리는 인내력이다. 특히 개인 차원의 퍼스트무버에게는 그렇다. 그래도 자신의 소신을 지키려는 인간적 의지로 버틸 수 있다면, 어쨌든 성과물을 만들어낼 수 있다.

그러나 산업과 시장 논리 안에서는 다르다. 감탄만으로는 회사를 세울 수 없고, 시도만으로는 자금을 끌어올 수 없다. 퍼스트무버가 되기 위해서는 이성적인 설득, 재무적 위험 감수, 시스템 설계에 대한 구체적 그림이 필요하다. 즉, 창의성만으로는 부족하다. 자신의 소신을 지키려는 인간적인 의지만으로 안 되는 영역이다.

집단의 경우에는, 그 가능성을 실용화할 시간만큼이나 자본이 중요하다. 투자자를 충분히 섭외하지 못할 가능성이 높기에 어느 정도의 투자금을 확보하려면 너무 외따로이 떨어진 콘텐츠이기도 어렵다. 예술가라면 홀로 실험적인 작품을 추진할 수도 있겠지만, 산업 분야라면 소수라도 누군가의 투자를 받아야 그다음 연구를 진행할 수 있다.

이들은 보수적인 투자자에게 대개 외면받는다. 그들은 기존 시장의 추세와 전례, 사례를 요구한다. 그들에게 '이건 처음 있는 일'이라고 설명한다면, 오히려 위험 신호로 읽힌다. 전위적 실험은 미래에 대한 담보가 없기 때문에, 퍼스트무버는 언제나 자금 조달에 어려움을 겪으며 고전을 면치 못한다. 아직 시장이 존재하지 않으며, 성공 사례도 없기 때문이다. 반대로 말하면 미래를 보는 눈과 감각이 없으면 퍼스트무버에게 투자할 수 없다. 수치와 리스크만 본다면 첫 번째 도전자는 언제나 탈락 후보 1순위일 것이다.

그래서 신입 분야의 퍼스트무버는 자신이 기술자이자 설득자가 되어야 한다. 세상을 설득하고, 동료를 모으고, 자본을 끌어들이기까지 해야 한다. 결국 퍼스트무버의 산업적 성공은 천재성만으로 이뤄지는 것이 아니라, 그것을 이해하고 믿어준 공동체의 힘까지 포함한 결과다.

바로 그 지점에서 퍼스트무버는 절대적인 혼자가 아니라 소수의 공감자들과 함께 움직이는 존재다. 그들에게는 뜻을 같이할 초기 동반자, 즉 선구적 공감자가 필수적이다. 이들은 때로 가족, 친구, 동료, 혹은 괴짜 투자자일 수 있다. 예를 들어, 스티브 잡스에게는 워즈니악이 있었고, 일론 머스크에게는 페이팔 마피아라 불린 초기 네트워크가 있었다. 그래서 산업에서 퍼스트무버는 철저히 고립된 존재는 아니다. 아주 적은 수라도 함께 믿어주는 이들이 있어야 비로소 미래를 향한 모험이 가능해진다.

사실 퍼스트무버가 온전히 혼자였던 적은 거의 없다. 아무리 낯선 아이디어라 해도, 그것을 지지하고 실험할 소수는 늘 있었다. 완전한 고독 속에서 세계를 바꾼 발명은 드물다. 세상의 조롱을 무릅쓰고도 가능성을 믿는 소수의 동지들, 그리고 '미친 듯이 낙관적인 자본'이 있었기에 퍼스트무버는 생존할 수 있었다. 그러나 그 공동체는 극소수다. 이 소수가 미래를 조금씩 당긴다. 퍼스트무버란 그런 존재다. 먼저 걷되, 혼자가 아니라 먼저 믿은 사람들과 함께 걸어야만 살아남는 개인 또는 창작 집단이다.

그리고 이러한 지지와 협업 속에서도 실패는 다반사다. 주변에선 현실을 외면하는 몽상가라고 조롱하지만, 개척자가 나아간 방향은 결국 이정표가 되어 누군가의 성공을 가능케 한다.

그래서 퍼스트무버란 그 자체로 리스크이고 유산이다. 독보적인 개인 또는 해당 창작 집단은 종종 생전에 충분한 보상을 받지 못하기도 한다. 하지만 그가 내디딘 첫걸음은 다음 세대에게는 기준이 되고, 질문이 되고, 출발선이 된다. 그리고 그것이야말로 퍼스트무버의 존재 이유다. 길을 만든 사람은 종종 그 길을 걷지 못하지만, 그 길 위에서 걸을 수 있는 자유는 그의 기여에서 비롯된 것이다.

※ 퍼스트무버의 범주는 엄밀하지 않다

"

퍼스트무버라는 개념은 종종 오해된다. 단지 먼저 시작했다는 이유만으로 붙는 이름처럼 들리지만, 실제로는 그보다 복잡하고 미묘한 의미를 지닌다. 실상 '문자 그대로의 첫 번째를 뜻하는' 퍼스트무버는 드물다. 그들이 첫 번째라 불리는 이유는 시간의 순서가 아니라, 어떤 패러다임의 빈틈을 찾아내고, 새로운 흐름의 단초를 열어젖혔기 때문이다. 그전에도 유사한 가능성이 있었고, 어딘가에서 무명의 시도들이 잔잔하게 존재했을지라도, 그들은 묻혔고 잊혔다. 퍼스트무버는 이러한 흐름 속에서 기념비가 된 존재들이다.

사실 우리가 기억하는 퍼스트무버들 중에는 실질적으로 보아도 처음이 아니었거나 심지어 한참 뒤에나 있던 존재도 있었다. 그래서 퍼스트무버란 유의미하게 '앞서'간 존재까지도 포괄하게 되고, 때로는 먼 훗날 재평가되면서 새롭게 퍼스트무버로 부상하는 존재들도 있다.

그런 의미에서 퍼스트무버는 시간의 선두로만 한정되지 않고, 의지와 통찰로 앞서 나가는 존재라고도 할 수 있다. 예컨대 바흐는 바로크 말기쯤에 등장하였으나, 마치 바로크 전체를 대표하는 듯하고, 20세기에 와서야 클래식의 아버지로 추앙받는다. 그렇지만 그는 클래식 음악의 퍼스트무버와 같은 인상을 준다.

"

게임체인저, 판의 규칙을 뒤집는 존재

퍼스트무버와 게임체인저는 얼핏 유사해 보이지만, 그 무게중심은 조금 다르다. 퍼스트무버는 '먼저 간다'는 데에 방점이 찍힌다면, 게임체인저는 '판을 바꾼다'는 데 초점이 있다. 블루 오션을 창출하는 것이 퍼스트무버적이라면, 발상의 전환을 통해 지금 있는 영역을 갑자기 리노베이션하거나 리모델링하는 작업은 게임체인저적이라 할 수 있다. 퍼스트무버가 황무지를 개척하여 표지판을 세우는 자라면, 게임체인저는 훗날 그 표지판에 적혔던 이름을 지우고 새로운 이름을 적거나 황무지를 세분화해서 각각에 표지판을 꽂아서 기존의 영역을 다르게 보게 만든다.

즉, 퍼스트무버는 아무도 가지 않은 길을 먼저 걷는다. 남극을 향해 나아가는 개척자, 달을 향한 첫 우주비행처럼 말이다. 아무것도 없던 곳에 가능성의 깃발을 꽂는 이들이다. 그래서 퍼스트무버는 때때로 외면당하고, 지나치게 앞서가 돈키호테 취급을 받기 십상이다. 사회나 시장이 아직 준비되지 않은 상태에서 새로운 패러다임을 설파할 때는, 박수보다 냉소적인 반응에 먼저 부딪히기 마련이다. 대개 퍼스트무버의 경우 판이 조성되지 않았고, 대상이 없는 상황에 처한다. 개인의 사건으로 보자면 없던 장르를 개척하는 천재 유형의 행보를 보인다.

반면, 게임체인저는 이미 존재하던 질서에 균열을 낸다. 기존의 틀을 전복하고 새로운 규칙을 제시하는 존재다. 가령 애플의 스티브 잡스가 아이폰으로, 포화 상태에 이르렀다고 여겨지던 휴대폰 시장의 규칙을 단숨에 바꾸었다. SMS 문자로 돈을 받는 대신, 휴대폰을 플랫폼 개념으로 바꾸어 사람들이 스마트폰에 오래 주목하도록 했다. 당시 기업들은 SMS 수익을 포기하기 어려웠다. 이처럼 처음에는 기존 업체들조차 낯설어했지만, 곧 너도 나도 할 것 없이 새로운 규칙에 적응해야 했다. 잡스는 휴대폰업계의 게임체인저였다. 테슬라의 일론 머스크 역시 전기차 분야와 우주산업에서 '게임의 규칙'을 바꾸며 기존의 산업 전체를 흔들었다.[2)]

게임체인저는 원래 존재하던 분야를 대체하거나 파괴한다. 적당한 수준의 혁신이 아니라, 그 혁신이 기존 생태계를 뿌리째 흔들 만큼 전면적일 때, 사람들은 그를 파괴자로 받아들인다. 예상 가능한 논리적인 진보를 넘어선 급격한 패러다임 전환이기 때문이다. 그래서 종종 오해받고, 때로는 저항에 부딪힌다. 기존의 '유'에서 새로운 '유'로 옮겨가는 전복적인 개입자라 할 수 있다. 원론적인 퍼스트무버가 대상이 없는, 즉 '무'에서 '유'를 창조하는 설계자의 역할을 한다면, 게임체인저의 경우에는 기존의 확고한 판에 균열을 내고 뒤집는 혁명가의 역할을 한다. 그래서 고정관념과 극렬하게 대치해야 하는 경우가 생긴다. 이해

2) 사실 일론 머스크는 스페이스X를 통해 화성 여행의 비전을 제시하며 퍼스트무버적인 행보를 보인다. 또한 우주산업이라는 관점으로 보면 민간 기업의 참여를 통해 퍼스트무버적인 행보를 보인다고도 할 수 있고, 이미 이뤄진 우주산업의 규칙을 민간기업의 패러다임으로 재편하려는 시도를 한다는 점에서는 게임체인저로도 평가할 수 있다.

당사자가 첨예하게 대립하기도 하고, 고정관념을 지닌 수용자들의 손가락질이 뒤따르기도 한다.

때로는 이러한 전복이 퍼스트무버보다 더 전위적이고 어렵다. 어찌 보면 황무지에 자기 깃발을 꽂고 경계를 마음대로 정해버리는 것이 차라리 편할 정도로, 극렬한 저항과 비난을 견뎌야 할 수도 있다.[3)]즉 원론적인 게임체인저는 판을 뒤집거나 해당 분야 전체의 유력한 대안을 구성하는 방식으로 등장하고, 다원주의적 요소인 다양한 가치와도 연결될 수 있다. 우리가 고정적으로 확고부동하게 생각하는 가치에 정면으로 대립하고는 기어이 규칙을 전환시켜버리기 때문에, 고정관념에 빠진 이들로서는 자기 가치관의 붕괴를 경험하거나, 또는 새로운 요소를 '울며 겨자 먹기'로 받아들이게 된다. 그리고 이 과정이 안정 단계에 접어들면, 조금 더 다채로운 가치 체계가 마련된다. 물론 새로운 성과까지도 기존의 가치 체계 안에 편입시키고는 혁명이라 불렸던 그 패키지를 근거로 또다시 고정관념의 벽을 세우고, 새로운 개성의 탄생을 방해하는 흐름으로 바뀌기 마련이다. 어쨌든 이 경우에는 주요한 대상, 거대한 정전이 있어야 거기로부터의 대척점을 형성할 수 있다. 때로는 엄청난 변혁이라 뿌리가 송두리째 흔들리고 분야 자체가 붕괴되는 듯한 충격, 패러다임의 대전환이 발생한다. 분야가 사라진 곳에

---

3) 당연히 기존의 이름표로 혜택을 누리던 자들에게는 눈엣가시 같은 존재가 되기 쉽다. 19세기의 인상주의자들이 경멸 어린 조롱을 받을 때 당대의 주류는 윌리앙 부그로를 중심으로 한 아카데미파였다. 그들이 보기에 인상주의자들의 빛에 대한 접근은 기초가 부실했다. 하지만 결과적으로 인상주의자들이 이겼고, 그들을 중심으로 한 역사가 남았다.

새로운 모습으로 들어찬다. 마치 아예 다른 것처럼. 연금술이 사라진 자리에 화학이라는 분야가 들어앉은 것처럼.

그리고 그 순간, 퍼스트무버와 게임체인저의 경계는 흐려진다. 너무도 전복적인 게임체인저는 그 자체로 새로운 블루오션을 만들기에, 결과적으로 퍼스트무버가 된다. 최초로 그 방식의 존재를 증명하는 주역이 된다. 경계선에서 두 개념은 종종 겹친다.

퍼스트무버는 일반적으로 시대의 대전환기에 탄생할 수 있다. 격변으로 흔들리는 영역에 새롭게 비집고 들어갈 빈틈이 생기기 때문이다. 근대 산업 혁명이나 디지털 전환기처럼 질적으로 새로운 흐름이 열리던 때였다.

그런데 그 흐름이 어느 정도 자리를 잡은 후에도 기존의 질서를 통째로 바꾸는 이들이 등장한다. 이들이 바로 게임체인저다. 시장에 이미 존재하는 상품과 체계가 있다고 해서 안정적인 것은 아니다. 그 구조 안에 숨어 있는 비효율, 불공정, 구시대적 패러다임을 통째로 깨는 이들이 판을 갈아엎는다. 질문을 제기하고 기존의 이름을 떼고는 새로운 이름을 붙이는 작업을 하는 셈이다. 물론, 이 역시 퍼스트무버적 사건과 마찬가지로 확률적으로 자주 일어나지는 않는다.

오늘날 우리의 시대는 어떨까? 자본주의 시장이 포화되고, 인구도 포화되고, 속도전으로 엄청난 기술이 발달하고, 잉여 재화가 넘치는 상황이다. 이런 시절에는 가상의 브랜드 이미지까지 만들어 소비할 이유를 만들어내려 한다. 가방을 소비하는 것이 아니라 샤넬과 에르메스를 소비하게 해야지, 필요 이상의 재화를 소비할 이유가 생긴다. 그리고 필요 이상의 제품, 필요 이상의 브랜드로 포화되다 보니 끼어들 틈새라는 게 거의 없게 된다.

"하늘 아래 새로운 것은 없다"는 말이 심심치 않게 나돈다. 그래서 이제는 퍼스트무버의 시대를 지나, 게임체인저가 실질적으로 판을 뒤엎는 장면을 상상하게 된다. 아주 견고한 판을 단번에 뒤집는 희소한 사건이야말로 퍼스트무버적인 창조적 파괴와 버금가게 느껴지며, 또 그만큼 강력하게 뿌리내린 시스템에 반기를 드는 것이 얼마나 힘든가를 보여준다. 즉 자본주의의 포화 상태에서 자본주의적 승리를 대체할 체제도 없다고 본다면, 퍼스트무버보다는 게임체인저의 출현이 그나마 확률적으로 높은 사건이다.[4)]

게임체인저는 그 어떤 곳에서도 뜻밖의 틈새를 비집고 들어가 균열을 일으키며 심지어 전체를 뒤집어버린다. 그렇게 진정한 판 바꾸기의 주인공이 된다.

---

4) 물론 양자컴퓨터나 AI를 통해 인류가 오래도록 유지했던 가치를 전면적으로 뒤집히는 게임체인저급 사건이 발생한다면, 부서진 틈 사이로 새로운 관점에서 황무지로 드러나는 영역이 발견되고 그때 또다시 퍼스트무버적인 사건도 현실화될 수 있다. 실제로 그러한 기대 또는 우려가 커지는 시절이다. 영화 『엑스 마키나』의 안드로이드가 인간의 감정을 속일 정도로 발전하여 인간과 더는 구분하기 어려워진다면, 그래서 훨씬 더 안정적이고 창의적으로 인간의 일을 대신하는 사건이 벌어진다면, 그와 관련된 기업이나 개발자는 퍼스트무버라는 평가를 듣게 될 것이다. 인류의 역사를 전혀 다른 국면으로 몰고 가는 가능성을 현실로 만들었기 때문이다.

초격차, 범접할 수 없는 압도적 경쟁우위

초격차라는 단어는 한때 한국 산업계에서 유행어처럼 쓰였다. 이는 압도적 경쟁우위를 뜻하는 말로, 압도적인 격차를 한층 더 강조한 표현이라고 할 수 있다. 삼성전자를 중심으로 연상되던 이 개념은 기술력, 품질, 생산능력에서 후발 주자가 감히 따라올 수 없는, 말 그대로 압도적인 격차를 의미한다. 단순한 1위가 아니다. 이 격차는 단기간의 우연이나 일시적 행운이 아닌, 축적된 자본과 기술, 조직력 그리고 수많은 실패를 거듭한 시행착오의 산물이다. 적당히 훌륭한 장인정신이 아니라 영혼을 갈아넣은 장인정신에 기반한 성과라고 할 수 있다.

현대 방위산업에서 미국의 압도적인 기술력을 떠올려 보는 것도 좋다. 한 세대 동안 최고의 성능으로 평가받던 F-22 랩터와 B-2 스텔스 전폭기가 대표적이다. 타국의 경쟁 무기보다 몇 단계나 우위를 점하고 있었고, 한 세대 동안 최고의 기술 수준을 보여주는 상징이 되었다. 더구나 지금도 어느 정도의 우위를 점하고 있으니 당대에는 초격차를 실현한 사례로 부족함이 없다.

또 서구 클래식의 음악에서 초절기교라는 표현이 떠오른다. 꼭 초절기교만이 초격차라는 개념은 아니지만, 그만큼 남들이 범접하기 어려운 기술력이라는 점에서 초격차의 경지라고 할 수 있다. 물론, 예술의 관점에서는 오히려 단순명료한 절제력, 예를 들어 에릭 사티의 방식으로 더 압도적인 감성을 표현하기도 하는데, 결국 누가 보아도 현격한 기량 차라는 점에서는 엇비슷하다. 특히 클래식 연주가 중 명인과 거장에게서 이러한 초격차 경향을 보이는 인물이 많다. 그래서 일반적인 상황에서는 흔히 압도적인 기량의 엘리트로서 각종 콩쿠르를 우승한 일류 음악가에게서 초격차를 느끼게 되고, 위대한 천재의 가능성을 기대하게 된다.

산업적으로 보면 패스트팔로워의 위상으로 고속 성장을 했던 입장에서 한국은 초격차의 길로 들어서기 위한 노력을 쏟았다. 정해진 규칙을 재빨리 학습해서 경쟁자보다 더 나은 제품을 만들어내는 응용력에서는 어디에 내어놓아도 뒤지지 않았다. 심지어 애플이 스마트폰으로 시장의 판을 뒤집었을 때조차, 노키아와 모토로라가 적응하지 못했던 것과 달리, 삼성은 이미 충분한 준비를 하고 세계 2위의 위상으로 올라서는 데 성공한다. 또 애플과 기술 특허과 디자인 특허로 소송전을 가지면서 확실히 선도기업의 이미지를 굳혔다.

반도체에서도 초격차의 우위를 점하기 위해 다양한 기술 특허를 확보했으며, 이미 20세기 후반부터 고속 성장을 지속하며 우리 기업이 수출 주도형으로 세계에서 살아남는 방법으로 초격차의 가치는 깊이 각인되었다. 조선·건설·반도체·자동차 등 제조업 강국으로 세계 10위권을 유지하면서 일부는 세계적으로 최고 수준의 경쟁력을 획득하였다. 그렇게 2000년대부터는 이미 선진국이 되기 위한 필요한 기반을 상당히 갖추었다.

초격차의 가치가 패스트팔로워에게 잘 통하는 건, 이미 확고한 가치 체계를 그대로 연마하면 된다는 선명한 방법 덕분이다. 마치 스포츠에서 상대와 대결할 때 선명한 규칙을 따라 최고의 실력을 발휘하면 되는 것이다. 모두가 명료한 기준으로 평가해주고, 고정관념을 이기기 위한 독특한 행보를 할 필요도 없다. 무엇보다 패스트팔로워로서 기능적 엘리트를 육성하는 맥락 안에서 가장 안정적으로 느껴지는 방식이다. 누구나 인정하는 최고가 되면 그뿐, 그 최고가 되는 방법과 체계를 만들 필요도 없다.

산업 분야에서 보면 '좋은 제품이란 무엇인가'에 대해 시장과 소비자가 어느 정도 합의한 상태에서, 누군가가 그 기준에서 압도적 1위에 오른다는 것. 잘했다는 수준을 넘어, 완벽하다는 찬사로 이어진다. 흔히 특정 분야에서 수많은 성과를 종합하여 최고의 기량으로 보여주는 명인이나 거장의 면모라고 하겠다. 그들은 모두의 찬사를 받기 마련이다. 이해 기반을 토대로 상상 가능한 궁극의 경지를 펼쳐 보이기 때문이다. 경쟁자들이 빈틈없이 포진한 성숙 시장에서, 이들은 게임의 규칙을 바꾸는 게임체인저가 아니다. 오히려 게임의 규칙을 철저히 받아들이고, 그 안에서 최고가 되는 길을 택한다. 이미 규칙이 정립된 경기장에서 누구보다 빠르고 정확하게 플레이하는 선수, 그래서 압도적인 기록을 남기는 이들이 바로 초격차의 주인공이다. 남극에 최초로 발을 디딘 탐험가가 퍼스트무버라면, 그 여정을 절반도 안 되는 시간에 완주한 탐험가는 초격차를 달성한 셈이다.

물론 그러한 성과를 내는 것은 언제나 희소하다. 초격차의 획득만으로도 너무 대단해서 사조를 만드는 경지에도 이르는데, 80년대 미국 재즈계에서 신전통주의를 대표하던 윈튼 마살리스도 그런 예다. 연주 기법 등의 새로운 표준을 제시한 위대한 클래식 연주가들도 이런 유형이라 하겠다. 스포츠맨이 마의 기록을 깨면서 인간의 한계를 넘어섰다는 찬사를 받는 경우도 이와 유사하다.

무엇보다 '퍼스트'가 아니어도 된다. 특허를 통해 첫 번째 발명자가 명예와 이익을 독식하는 것과 다른 것이다. 언제든 후발 주자로 등장한 천재급의 수재가 압도적인 기량으로 악기를 연주했을 때 그의 연주 기법 자체가 표준이 되거나, 아예 연주 기법의 새로운 경지를 보여주거나, 그 자체만으로도 세계를 창조하는 것과 같은 효과를 내는 경우를 떠올려볼 수 있다. 수많은 예술 장인이 그렇게 자기만의 연주 기법으로 수많은 걸작을 새롭게 해석하듯이, 초격차의 경지에 이르렀을 때, 분야를 새롭게 개척하거나 뒤집지 않아도 창조적 파괴에 버금가는 효과를 경험할 수 있다. 산업적으로도 퍼스트무버나 게임체인저에 비해 단기간에 확실하게 보상을 끌어내는 길이 되기도 한다. 심지어 퍼스트무버가 표준만 세워놓고 부의 창출에는 실패하거나 더는 선도적 위상을 유지하지 못하는 사이, 초격차의 명장이 거장의 품격으로 그 분야의 실질적 지배자이자 권위자로 오래도록 군림하게 될 수도 있다. 패스트팔로워였던 우리에게는 실로 달콤한 위상이다. 초격차를 달성한 기업은 때로 퍼스트무버로서 선점 효과에 따라 경쟁우위를 오래 유지하기도 하지만, 때로는 압축 추격에 성공한 패스트팔로워다. 삼성은 후자에 가깝다.

초격차의 권능자는 퍼스트무버나 게임체인저의 기습적 등장으로 존재감을 잃게 되는 경우도 발생하지만, 새로운 규칙이 세워지고 제도화되고 관습화되는 과정을 거친 뒤에는 반드시 그 표준에 맞춰 기량을 연마한 최고의 인재들이 등장하기 마련이다. 사실 분야의 흥망성쇠 과정에서 가장 보편적이면서 상시적으로 우리에게 드러나고 찬사받는 존재들이다. 보통 천재로 보이는 이들은 어린 시절부터 범인이 감히 흉내 낼 수도 없을 일을 경이롭게 해내는 사람들이다. 우리는 보통 엉뚱한 생각을 하는 괴짜를 보면 당혹스러워하고 때로는 바보로 여긴다. 그런 사람이 판을 바꾸거나 희한한 발명을 한 후에도, 우리는 한동안 그들을 비난하거나 비웃는다. 그들의 규칙이 보편화되고 나서 그걸 익혀 압도적으로 보여주는 영재들에게는 또다시 스스럼없이 경탄하며 천재라고 부르면서, 정작 퍼스트무버적이거나 게임체인저적인 순간을 놓칠 때도 많다. 어떤 사건은 즉각적으로 알아챌 수 있지만, 문화사적이거나 예술사적인 사건은 당대에는 그 의미를 입체적으로 볼 수 없기 때문이다.

그걸 못 알아보는 우리 자신을 탓하게 되기도 하지만, 막상 상황에 닥치면 만만치 않다. 검증된 존재에 투자해서 돈을 벌어야 하는 사회에서 누구도 선뜻 실패를 떠안으려 하지 않을 것이다. 당장 먹고 살아야 하는 입장에서는 일단 누구나 알아볼 만한 가치와 체계 안에서 안정적인 성공의 길을 지향하는 길을 택하기 마련이다. 대개 많은 사회인이 이러한 보장된 길을 걸으려 하고, 너무도 분명한 규칙 속에서 개성도 자제한 채 몇 명밖에 허용되지 않을 바늘구멍을 통과하기 위해 각종 시험을 준비하고 훈련을 참아낸다.

쉽사리 개성적 해석을 허용하지 않는 전통문화의 수련자처럼 그렇게 오로지 최고의 경지, 분명히 합의된 객관적 경지를 향하다 보니 어쩔 수 없이 창의의 길은 뒤로 물려둔다. 포화된 자본주의 사회에서 막대한 부의 창출로 이어지는 몇몇의 분야에서 사회적으로 인정받기 위해 모든 역량을 쏟아붓게 되는 것이다.

그 길에는 지망생이 차고 넘쳐 시간이 지날수록 상향평준화되고, 그러고도 점점 합격의 확률은 낮아진다. 초격차를 유지하기 위해서는 지속적인 자기 혁신과 노력이 필요하다. 방심하면 미끄러져 내려오기 때문이다. 세계적 경쟁자들 중 누군가는 언제든 끌어내릴 준비를 하고 있다.

그래도 초격차로 몇 단계 우위를 점했다면 후발 주자들이 따라붙기 전까지 차세대 기술을 개발하고, 다음 도약을 준비할 여유 시간이 생긴다. 자본주의가 성숙 단계를 넘어 포화 상태에 진입한 지금, 기업에게 초격차를 지향하는 노력은 생존의 문제다.

그리고 그것을 이룩한 존재나 집단에 대해 경이로움을 느낀다. 모든 산업에서 그렇게 극적 성과를 낼 수 있는 것은 아니기에, 그 초격차의 기술이 만들어낸 결과물은 국가 자긍심의 대상으로 추앙되기 쉽다.

보통 '국뽕'은 이 지점에서 발생한다. 우리가 함께 합의한 안정된 평가 체계 위에서 나온 결과물이라, 어떤 논란도 없이 대단하다는 말로 통용된다. 우리가 감동하는 이유는 기술 그 자체보다도, 그 기술이 세계에서 공인한 기준에서 정점에 도달했기 때문이다.

그러나 기억해야 한다. 초격차는 영원하지 않다. 문화적인 사건이라면 그것을 역사적인 관점에서 기억하면 될 일이지만, 현재의 관점에서 산업적으로 부를 창출하는 것이 목표라면, 초격차의 유지를 위해 한순간도 멈출 수 없다. 일단 초격차의 경지를 달성했다면 한두 번의 방심으로 바로 역전당하지 않는다는 정도의 보상은 있지만 초격차의 우위는 영원하지 않으며, 방심하면 순식간에 경쟁 우위를 상실할 수 있다. 지구상의 자본주의는 냉혹한 경쟁 체제다. 매 순간 마이너스 성장을 생각하기 어렵다는 것부터가 그렇다. 어떻게 사람이 전년 대비 플러스 성장만 할 수 있단 말인가.

하지만 이러한 걱정이 무의미하게도 그 판 안에 놓여 있기에 선택의 여지가 없어 보인다. 당장 급격히 변하는 흐름을 따라가지 못하면, 큰일 날 것 같은 두려움에 사로잡힌다. 자신이 속한 곳에서 인정받고 생존해야 하고, 매년 플러스 성장해야 한다는 강박에 갇힌 채, 끊임없이 우리 자신을 초격차의 경지로 끌어올리기 위해 매진해야 한다. 무엇을 초격차의 경지로 연마할 것인지 충분히 생각할 여유도 없다. 그래도 예전보다는 훨씬 나은 상황이다. 당장 가지고 있는 것이 얼마 되지 않아서, 선택의 여지 없이 생존용 기술력을 확보해야 하던 다급한 시절도 있었기 때문이다.

어차피 그러한 경쟁의 굴레에서 벗어날 수 없다면, 주도적인 위치에서 좀 더 나은 세상을 그려나가기 위해서라도 최선의 노력을 다하는 게 어떨까? 우리가 주도하면 우리의 뜻대로 세상을 그려볼 여지가 있지만, 남들이 만든 표준에 끌려다니면 수동적인 위치에서 억눌릴 수밖에 없다.

물론 초격차의 짜릿함은 곧 사라질 것이고, 그 경이로운 순간은 다음 세대가 다시 만들어야 할 사건이다. 초격차에 도취되는 것보다,

무엇을 준비하고 어디서 최고의 경지에 이르러야 하는지 생각해야 할 때다.

선도자 그룹, 우리가 지향해야 할 현실적 좌표

2021년 대한민국은 유엔무역개발회의에서 공식적으로 개발도상국 지위를 졸업하고 선진국 그룹에 진입했다. 이는 국제사회가 한국을 이제 타의 모범이 될 만한 체제와 성과를 갖춘 국가로 평가하기 시작했다는 상징적 선언이었다. 패스트팔로워로서 괄목할 만한 성과를 오랫동안 보여주었지만, 경제지표의 차원에만 머무르지 않고, 민주 사회의 시스템 작동 여부, 문화적 역량, 시민 의식 수준 등 종합적으로 균형 있게 발전하여 이제는 선진국이라고 불러야 하는 상황을 명시적으로 확인해 준 것이다.

하지만 진정한 선진국, 더 나아가 선진국 안에서도 리더의 역할을 위해서는 더 많은 역량을 확보해야 한다. 선도자의 위상을 갖추기 위해 노력해야 하는 것도 그런 맥락이며, 이는 능동적으로 세계를 만들어가려는 의지이자 적극적인 주인의식이다.

퍼스트무버나 게임체인저의 사건을 주도하는 경험이 많아지기 위해서는 여전히 깊은 성찰과 노력이 필요하다. 어쩌면 당장에는 예외적인 사건에 만족하는 것이 현명하다. 1990년대에 있었던 CDMA의 표준을 획득한 사건은 퀄컴이라는 동반자와 함께 우리가 처음으로 느꼈던 게임체인저급의 사건이었다. 그것은 이미 확립된 유럽식 표준을 넘어선 또 다른 표준이었다는 점에서 기념비적인 성과였다. 하나가 세워지면 다른 집단의 노력이 물거품 된다는 점에서 표준 선점이나 특허 경쟁에는 잔혹한 면이 있었는데, 중국에서 우리의 기술 표준이 적용되면서, 그 뒤의 30년 동안 통신 분야 계열에서 괄목할 만한 성과를 올리는 데 큰 밑거름이 되었다. 또 기술 수입국으로 패스트팔로워였던 우리가 처음으로 K-이니셔티브의 경험을 적립하는 순간이었으며, 질적으로 보아도 게임체인저급이었으니, 아마도 이러한 경험은 당분간은 그리 많지 않을 것이다.

그렇기에 굳이 무리해서 퍼스트무버가 되려는 시도는 위험할 수 있다. 기술과 산업에서 퍼스트무버는 실패 확률이 높은 길이며, 그들의 성공 이면에는 막대한 시간, 인력, 인프라 그리고 무엇보다 시행착오의 축적이 필요하다. 얼핏 빙산 상부만을 보고 따라 하려 하면, 빙산 아래를 감당하지 못해 좌초하기 십상이다.

중요한 것은 다양한 분야에서 선도자 그룹에 속해 있는 것이다. 퍼스트무버나 게임체인저로의 도약 가능성을 높이는 현실적인 전략이라고 할 수 있다. 가진 게 많아야 예기치 않게 도래할 결정적 전환기를 먼저 인식하고, 신속하게 주도권을 쥘 수 있다.

다행히 그동안 패스트팔로워로 달려오면서 한국은 많은 분야에서 선도자급의 역량을 갖추고 있다. 퍼스트무버나 게임체인저의 파괴력을 발휘할 수 있는 분야는, 대부분의 국가에서 몇 가지 사례에 불과하다. 초격차의 경지를 획득한 경우도 마찬가지다.

그러므로 선도자 그룹 수준에서 표준 제시에 도움을 주거나 기여하는 경우가 현실적이다. 애플이 스마트폰의 기술적 하드웨어에 집착하기보다는 디자인적인 관점을 적용하여 게임체인저급으로 혁신하며 판을 뒤집을 때도, 애플의 기술적 동반자로서 삼성의 역할은 상당히 컸다. 이럴 때 애플의 파트너로서 삼성은 선도자 그룹에 속한 구성원으로서의 위상이 생긴다.

이쯤에서 우리의 상황을 직시할 필요가 있다. 즉 냉철하게 자체 경쟁력을 파악하여, 우리의 국가 브랜드 이미지를 선도자 그룹으로 끌어올리는 계획부터 실행되어야 한다. 패스트팔로워였다가 선도자로 전환하는 과정에서 선도자급의 수많은 분야를 발굴하고 세계적 표준을 세우는 데 일정 부분 기여하는 경험을 많이 쌓아야 한다. 그렇게 외국에서 우리의 제안에 귀 기울이고 참고하게 되는 상황을 많이 창출해봐야 한다.

사실 21세기에 들어와서는 이러한 경험이 점점 쌓이고 있었고, 여러 분야에서 선도자 그룹에 속할 만한 역량을 갖추기 시작했다. 예를 들어 K-팝은 문화산업에서 하나의 사례다. 패스트팔로워로 시작했고 뜻하지 않게 아시아로 확대되더니, 유튜브나 SNS(페이스북, 트위터)라는 해외의 인프라를 통하여 급속도로 세계로 뻗어나갔다. 그러고는 독창적인 미학과 시스템을 통해 '따라 할 수는 있지만 넘어서기는 어려운' 장르를 만들어냈다는 반응을 이끌어냈다. 이는 퍼스트무버나 게임체인저급은 아니더라도 분명 선도적 성과다. 서구 대중음악 관점에서 볼 때 이제 막 선도자 그룹에 입성한 경우라 하겠다. 이러한 경험이 더 다양한 분야에서 더 많아져야 할 것이다. 즉 다양한 분야에서 '상당히' 첨단에 속하면서 세상의 표준을 정할 때 반드시 참여하는 국가가 된다면, 선도자 그룹으로 평가받을 만하다.

결국 지속가능한 선도국이 되기 위해서는 시간을 견뎌야 한다. 시간을 견디기 위해서는 좌초하지 않아야 하므로, 단기 성과를 통해 정책이 유지될 수 있도록 해야 한다. 무리한 도약이 아니라, 전략적 인내와 단기 성과를 통한 중간 검증도 중요한 것이다. 이상적 목표만큼이나 현실적인 접근도 필요한 것이다. 당장의 성과로 정책 추진의 균형을 유지하면서 점진적으로 나아가다 보면, 다음 시대의 흐름이 바뀔 때 그것을 먼저 감지하고 주도권을 행사할 기회가 생길 것이다.

현실적인 우리의 길이다.

※ 이니셔티브 하면 연상되는 이미지

"

보통 이니셔티브를 이야기할 때 1등, 압도적 우위, 또는 최초·최첨단·혁명의 아이콘을 떠올리게 된다는 점을 고려한다면, 선도자가 되려는 시도나 그 영광의 여운은 굉장히 강렬한 면이 있다. 선도자라는 단어에 머물지 않고 퍼스트무버나 게임체인저, 초격차라는 표현을 필수적으로 사용해야 할 듯하다. 개인이라면 천재나 거장이라는 수식어로 찬사를 보내야만 할 것 같다.

그것에 비하면 롤모델이라는 이미지의 선도적 위상은 상대적으로 얌전하다. 벤치마킹 대상이라고 하면 더더욱 온건해진다. 높은 차원에서 흉내조차 낼 수 없는 선도적 위상을 지녔다기보다는 표준을 제시한 수준에서 적절히 반 발짝만 앞서는 느낌을 준다. 이쯤 되면 초격차의 절대적 우위를 확보한 것도 아니요, 역사에 길이 남을 만큼 대체 불가한 희귀한 존재로서의 퍼스트무버나 게임체인저의 위상이 아니어도 될 듯하다.

그런 면에서 선도자 그룹에 속하겠다는 욕심 정도는 충분히 낼 만하다.

확실히 입지를 다질 가능성이 높은 모든 분야에서는 최선을 다해 선도자 그룹에 진입하는 것이다. 이는 지극히 현실적이라 실현 가능할 것으로 본다.

어떤 분야든 현실적으로 실질적 위상을 갖는 선도자 그룹은 항상 있다. 상대 평가에서 성적이 낮아도 1등은 존재하고, 때로는 1등 혼자서만 모든 것을 진행할 수 없어 최상위권이 모이듯이, 선도자 그룹도 있기 마련이다. 과거 유럽 열강이나 냉전 시대의 미국과 소련도 이런 경우에 속한다. G7이나 OECD 그룹 역시 대표적인 선도자 그룹이다. 이들은 단지 빠르게 따라잡는 패스트팔로워가 아니라, 이미 자리 잡은 규칙 내에서 최고 수준의 경쟁력을 확보하며 판을 장악하는 존재들이다. 퍼스트무버나 게임체인저 또는 초격차의 압도적인 장인이 그 역할을 전면에서 주도하기도 하지만, 그들과 파트너를 이루며 기여하는 수재들도 있기 마련이다. 이들 모두가 실질적인 선도자 그룹의 일원이다.

”

K-이니셔티브를 위한 선정 기준 7가지

이니셔티브, 선도 전략의 다양한 얼굴들

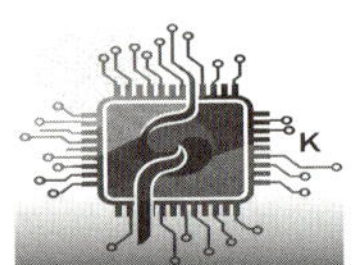

K-이니셔티브, 선언을 넘어 현실로

2025년 대한민국은 이미 여러 방면에서 세계의 기준에 영향을 주는 경험을 했다. 스마트폰 제조, 반도체 생산, K팝과 K드라마, 그리고 팬데믹 시기의 방역 시스템까지. 여러 나라가 한국을 벤치마킹한 순간은 적지 않았다. 그러나 그러한 순간은 대부분 패스트팔로워로서 극한의 경쟁을 이겨내며 얻어낸 자연발생적 파급력의 결과였지, 사전 기획에 따른 전략적 움직임의 결실은 아니었다. 멀리 보고 의식적으로 움직였다기보다는, 당장 잘되는 것에서 단기 성과를 얻어내는 '본능적 생존전략'에 가까웠다. 아직은 우리가 선도자가 되어야 한다는 비전을 따르기보다는, 명시적인 숫자로 성과를 보이면서 한 발 한 발 앞을 보고 나아가는 경향이 강하다.

그런 점에서 K-이니셔티브 선언의 의의는 남달랐다. 세계를 선도하고 미래를 디자인하려는 열망, 그 역량을 키우기 위한 계획의 수립 등 선도국가로 나아가기 위한 한국의 당찬 출사표였기 때문이다.

이때 K-이니셔티브가 진정한 전략이 되기 위해서는 미래 지향형 글로벌 트렌드에서 멀어지지 않으면서, 사회적 합의를 형성하고 장기 로드맵을 통해 역량을 결집시킬 시스템을 갖추어야 한다. 예를 들어, 세계는 앞으로 ESG[5]·AI·바이오·기후위기 등 다층적 기준이 얽힌 복합 질서로 재편될 것이다. 이는 우리 뜻대로 선택할 수 있는 사안이 아니다.

물론, 외부적인 트렌드뿐 아니라, 내재된 역량을 극대화하는 데 최적화된 생태계를 갖추는 것 역시 중요하다. 즉, 한국이 온전히 이니셔티브를 행사하려면 세계적인 큰 흐름에 부합하는 내재적 역량을 갖춰야 한다.

이러한 요소를 갖추었을 때 이를 안정적으로 발현할 수 있도록 제도적 뒷받침을 해주어야 한다. 정권이 바뀔 때마다 방향이 흔들리면 치명적이다. 이니셔티브 정책은 국가 발전의 흔들리지 않는 로드맵이어야 한다. 중장기적 선택과 국민의 지지, 행정의 일관된 집행이 요구된다.

이처럼 국가가 주도적으로 정책을 추진하려면 우선순위를 선정하고 그에 합당한 전략 분야에 집중하면서 차츰 확산하는 단계가 필수적이다. 이를 위해 이 지점에서 전략 분야 선정을 위한 7가지의 기준을 제시하려고 한다.

지금부터 소개할 기준을 중심에 둘 때 다층적으로 전략 분야 후보군을

5) Environment(환경), Social(사회), Governance(지배구조)

평가할 안목이 생길 것이다. 당장에 우리가 잘하는 것, 지금 우리가 성공할 것 같은 분야를 무작정 고르는 것이 아니라, 장기적으로 보았을 때 우리의 방향과 맞으면서 세계적 흐름과도 맞는지, 그래서 지속가능한지 파악하려는 시도가 필요하다.

☯ 첫 번째 기준, 국가 브랜드 발전 방향성 및 이미지에 부합하나?

국가의 전략 산업을 선택한다는 것은 국가의 미래를 설계하고, 국가 브랜드의 서사를 써 내려가는 과정이다. 그 선택은 우리 스스로가 어떤 나라가 되고 싶은지, 어떤 가치를 세계에 전달하고 싶은지에 관한 것이다. 그렇기에 전략 산업을 정할 때는 가능하다면 국가 이미지에 어울리는 방향성을 고려해야 한다. 산업은 곧 국가의 자화상이기 때문이다. 한 나라가 선택한 산업의 조합은 그 나라가 자신을 어떻게 정의하고 싶은지에 대한 집단적 발언이다.

'우리는 어디로 가고 있으며, 어떤 모습으로 세계와 소통할 것인가?'

이에 대한 답변을 먼저 마련해야 그 안에 어떤 산업이 어울리는지를 알 수 있다. 이는 전략 산업이 전체 이야기 속에서 자연스럽게 이어지는 문장이 되어야 한다는 의미다. 국가의 전략 산업을 정한다는 것은 단순히 돈이 되는 산업을 고르는 일이 아니다. 그것은 국가의 서사를 쓰는 일이며, 우리가 세계에 어떤 모습으로 비치기를 원하는지 드러내는 작업이다. 나아가 미래 세대에게 "우리는 이 길을 선택했다"는 책임 있는 선언이기도 하다.

과거의 한국은 이와 같은 선택을 할 여유조차 없었다. 경제성장을 이루기 위해 당시의 정답이라 여겨진 산업화 모델을 따랐다. 또한, 국토가 협소하고 자원이 부족한 조건에서 내수시장보다는 수출 중심의 경공업·중공업을 육성했다. 그것은 생존 전략이었다. 일단 캔버스에 우리의 미래를 그려 넣어야 했다. 당시 우리의 미래는 '부유하고 행복한 이미지'라는 단출한 모습이었다. 그것은 세계적인 산업국가로 가는 매뉴얼 같았고, 한국은 그 길을 충실히 걸었다.

하지만 지금은 다르다. 선진국 그룹에 속하게 된 지금, 한국은 이제 누구의 뒤를 따르는 게 아니라 자신의 길을 서사화해야 할 단계에 왔다. 여기서 중요한 기준은 하나다. 해당 산업이 장기적으로 국가 발전의 방향성이나 국가 브랜드 이미지에 부합하는지를 자문할 수밖에 없다. 예를 들어, 국가에서 선도적 이미지로 '정치적 청렴과 공정의 이미지'를 강조하는 방식이었다고 가정해 보자. 만일 그러한 인문적 표준을 제시한다고 하면, 아무래도 국제적으로 비난받을 가능성이 있는 산업군을 피하는 것이 좋다. 문제적인 분야를 선도하려고 한다면, 오히려 마이너스 요인이 될 수 있다. 이럴 때는 국가의 브랜드 이미지를 고려하여 더 신중하게 검토하게 된다. 자생적으로 민간 차원에서 이루어지는 것이 아니라면, 아무래도 더 신중해질 수밖에 없다.

국가 차원에서 보면 국내에 보유한 산업 중 세계적 선도 역량을 지닌 후보군, 즉 일차적으로 경쟁력이 있는 산업은 정부 선정 리스트보다 훨씬 많을 것이다. 하지만 동일한 경쟁력을 지닌 분야가 여러 개 있을 때, 그중에서 국가의 발전 방향성에 부합하고, 우리의 역사적 맥락과 자연스럽게 이어지는 산업군으로 범위를 좁히다 보면 그 숫자는 줄어들기 마련이다. 예를 들어, 정밀기계 분야에서 세계적 경쟁력을 지닌 나라가 갑자기 노동집약적인 산업을 전략적으로 육성하는 일은 드물다. 심지어 글로벌 트렌드로 볼 때 노동집약적인 산업이 선도적 이슈를 선점하기는 어렵다. 20세기 초반이라면 가능했을 일이지만, 지금으로선 그것은 후발적인 이미지로 남는다. 반대로, 자원이 풍부한 국가가 이를 외면하고 전혀 무관한 산업에 주력하는 경우도 드물다. 어떤 산업이든 그것은 반드시 그 나라의 조건과 맥락에 맞춰 성장해왔기 때문이다.

즉 우리가 주목해야 할 것은, 그 산업이 우리의 역사적 맥락, 사회적 역량, 국민 정서 그리고 국가 브랜드와 어울리는가 하는 점이다. 방대한 자원을 가진 국가가 자원을 활용하지 않고 전혀 다른 분야에 주력하는 일도 흔치 않다. 자유분방한 문화적 기반을 가진 나라가 초관리형, 중앙통제형 산업을 주력으로 삼기는 어렵다. 한국 역시 마찬가지다. 내수시장이 작고 자원이 제한된 한국이 대농장 기반의 식량 자립형 산업에 전력을 기울이기 어렵듯, 친환경 낙농업을 국가 정체성의 한 축으로 삼아 온 나라가 원자력 산업을 주력으로 내세우는 것 또한 큰 저항을 받을 수 있다.

전략 산업 선정은 우리가 세계에 어떤 존재로 남기를 바라는가에 대한 선택이며, 스스로를 어떤 이야기로 정의할 것인가에 대한 결단이다.

☯ 두 번째 기준, 국가 생존에 필수적인 분야인가?

이때 국가 이미지에 부합하는 경우를 제외하고도 이에 버금가는 기준으로 두 번째 기준을 고려할 수 있다. 즉, 국가 생존에 필수적인 분야일수록 깊이 고려하게 된다. 상황에 따라서는 국가 생존을 위해 필수적인지가 더 중요할 수 있다. 세계의 정세가 급변하여 오늘의 우방이 내일의 적이 되는 상황이라면 자주국방의 필요성이 절실해진다. 이러한 경우, 누구의 권유를 믿기보다는 자체 기술을 확보하는 데 매진하게 된다. 식량 안보 등 국가 생존에 직결되는 지점에서 선도 가능성이 있는지도 파악하기 마련이다. 과거 세계대전 때 일부 국가에서 중공업을 지원하면서 필요에 따라 무기를 생산할 역량을 갖추도록 한 것도 이와 상통한다.

이는 평화 시기라면 상대적으로 중요도가 낮아질 수 있다. 우방국이 초강대국으로서 이러한 군사적 발전을 못 하도록 견제하는 상황이라면 더더욱 그렇다. 무역 분쟁 등의 파생적 신경전이 벌어지는 상황이 된다면, 대놓고 국가 생존에 필수적인지 검토하기는 어렵지만, 그럼에도 쉽사리 외면하기 어려운 선정 기준이다. 국가 존립과 직결되기 때문이다. 세계 질서가 흔들리고, 위기가 일상화되는 시대를 대비해야 한다면 이 기준은 더 절실해진다.

국방·식량·에너지·의료·정보 등의 분야는 국가 생존의 필수 조건이자 안보와 직결된다. 이 가운데 어느 하나라도 외부에 지나치게 의존할 경우, 위기 상황에서 국가의 자율성은 본질적으로 손상된다. 그리고 우리의 경우는 냉전 시대에 자주국방의 일부를 맹방의 군사력에 의존해야 했다. 그 대신 동맹을 통해 경제 원조를 받으며 경제성장에 집중할 수 있었다. 물론 우리가 일방적으로 혜택만 받은 것은 아니다. 미국의 태평양 안보 전략에 따라 그들의 의도대로 우리가 줄 수 있는 것을 주었기 때문이다. 그런 면에서 맹방의 도움을 부인하지는 않지만, 어느 정도 상생 관계였다고 볼 수 있다.

하지만 그런 시절이 영원할 수는 없다. 그리고 최근 미국의 행보를 볼 때, 국익이 그 어떠한 이데올로기보다도 앞서는 시대에 우리 스스로 자존을 모색할 준비는 절실하다. 더구나 미국의 국력도 영원할 수는 없으므로, 그들의 안보 영향력이 약해질 경우를 대비한 계획은 필연적이다. 동북아의 안보 지형이 급변하지 않으리란 보장도 없다. 또 서로의 국익이 충돌하는 경우가 생기지 말라는 법도 없다. 예를 들어 핵이나 전략 무기를 개발하는 데에는 미국의 반대에 부딪히기 마련이다. 유럽에서 차세대 전투기를 도입하는 방안도 미국의 눈에 보이지 않는 견제에 부딪힐 수 있다. 더구나 첨단 무기의 운용에서 호환성이 중요하기에 전체를 교체하지 않는 한 미국 제품 외의 제품을 쓰기도 어렵다. 그러다 보니 불리한 조건에서도 미국산 방산 무기를 수입해야 하는 상황을 감수하기도 한다. 자주국방을 위한 자유로운 개발도 여의치 않고, 구매에도 선택의 폭이 좁아지는 단점을 수용해야 한다.

외부 제약이 존재하더라도, 허용된 범위 안에서 우리의 기술적 역량을 차근차근 구축해 나가는 것이 중요하다. 이 분야들은 선도적 위상을 갖추는 데 일정한 제약이 따를 수밖에 없지만, 그럼에도 결코 포기할 수 없는 영역이다. 만약 우리가 선도 국가로 도약하기 위한 전략적 포인트를 찾는다면, 허용된 한도 내에서 내부 역량을 최대치로 끌어올리기 위한 노력이 필요하다.

특히 우크라이나 사례에서 보듯, 핵 포기 이후 한 세대가 지난 상황에서는 언제나 약속했던 당시와는 환경이 달라진다. 그래서 미국으로부터 충분한 안전보장을 받지 못한다는 의견도 일리 있다. 결정적인 위기 상황에서 오직 스스로만이 자국의 안보를 책임질 수 있다는 냉엄한 교훈을 다시금 상기시킨다. 결국 외부 제약을 극복하고 안보 분야에서 실질적인 주도권을 확보하려면, 정밀하고 끈질긴 외교 전략이 병행되어야 한다.

또한 러시아 우크라이나 전쟁 때 유럽에서는 에너지 안보의 취약성을, 코로나19는 마스크와 백신 같은 생필품조차 확보하지 못한 국가가 얼마나 쉽게 무력화되는지 보여주었다. 위기 앞에서는 비교우위조차 무의미해진다.

평화로운 시기에는 자원이 한정된 만큼, 상대적으로 더 잘할 수 있는 산업에 집중하는 것이 당연한 전략으로 해석될 수 있다. 하지만 국가 생존과 직결된 산업은, 수익성만으로 접근해서는 안 된다. 그래서 미국은 알래스카의 석유 개발 속도를 유연하게 조정하며 비상 상황에도 대비해왔다. 유럽은 러시아 우크라이나 전쟁을 계기로 러시아에 대한 에너지 의존도를 낮추기 위해 재생에너지와 핵 발전의 자립도를 강화하고 있다.

생존 기반 산업은 필요할 때 존재하지 않으면 국가 전체가 흔들릴 수 있다는 전제를 바탕으로 전략화되어야 한다. 대개 이런 분야에서는 꼭 선도자가 되지 못하거나, 국가 발전 방향과 조금 어긋나더라도 적극적으로 검토해야 한다. 예를 들어 에너지 대란으로 곤란함을 겪었던 유럽에서는 재생에너지 산업의 발전을 추구하면서도, 동시에 원자력 발전의 필요악적인 요소를 재검토할 수밖에 없었다. 국가의 발전 방향과는 맞지 않더라도 현실적으로 속도를 조절하는 방법이었고, 이는 비상시 상황에 대처하기 위한 자구책이었다.

특히 방위산업은 수위 조절과 균형 감각이 필요한 분야다. 생존 기반 산업은 국가가 무엇을 잘하느냐보다 '무엇 없이는 살아남을 수 없느냐'를 묻는 데서 출발한다. 이 중에서 선도적인 잠재력이 있는 지점은 한계치까지 개발하여 기술력을 확보하는 것이 중요하다. 핵심 무기 체계의 독립, 사이버 방어 역량, 군수 기술 내재화는 모두 전시 대비의 핵심이다. 방산 영역은 정치적으로 민감하고, 국제 관계에서 긴장을 유발할 수도 있다. 또한 과도한 예산 지출과 폐쇄적 구조로 인해 비판받기 쉽지만, 그럼에도 반드시 발전시켜야 한다.

지금은 과잉처럼 보일 수 있지만, 위기 상황에서는 늘 과소가 된다. 이러한 진실을 잊지 않는 나라만이, 진짜 위기가 닥쳤을 때 흔들리지 않는 힘을 지닐 수 있다.

☯ 세 번째 기준, 장기적으로 지속가능한가?

국가 발전 방향성과 부합하는지를 파악하고 생존 필수 요소인지를 검토했다면, 그다음으로는 선정 후보군의 장기 지속성 여부를 따져보면 좋다.

"이 산업은 장기적으로도 지속가능한가?"

이 질문은 단순히 시장의 유행이 얼마나 길게 갈지를 따지는 문제가 아니다. 또한 이 기준은 단기적인 수익이나 일시적인 경쟁력을 따지는 것이 아니다. 지금의 선택이 10~20년 뒤에도 유효한 것인지, 그 산업이 미래의 국제 질서 안에서 어떤 위치를 차지할 수 있을지를 묻는 것이다. 어찌 보면 전략 산업으로 선정했다는 건 당장의 효과를 보겠다는 의미는 아니다. 국가 주도로 근미래 또는 그 이상의 미래를 대비하며, 중장기적으로 효과를 보기 위해 유망한 산업 분야를 선택하기 마련이다.

아무리 내부 기반이 갖춰져 있더라도 그 산업이 향후 세계적인 흐름에서 점차 쇠퇴할 분야라면 이야기가 달라진다. 예를 들어 미래의 기후 위기를 고려한다면 친환경적인 분야가 미래의 선도적 위상을 지닐 것으로 예상하고 선정 후보를 살펴야 한다. 탄소 중심의 산업을 지금 시점에서 새롭게 주도하겠다는 계획은 현실감 없는 발상이 된다. 기후 위기 대응과 탈탄소 전환은 이미 세계가 합의한 방향이며, 그 속도는 점점 더 빨라지고 있다. 사양산업이 되어버릴 분야에 거대한 자원을 투입하는 것은 패착에 가깝다. 세 번째 기준을 적용할 경우, 원자력 에너지는 속도 조절의 관점에서만 수용될 뿐 지속가능성의 관점에서는 큰 흐름을 거스를 수 없게 된다. 반대로 AI나 양자컴퓨터, 또는 에너지 고속도로 구축의 경우 설령 우리의 자산이 아직 부족하더라도 반드시 세계적 경쟁력을 갖추어야 한다. 그래야 연계될 여러 다른 산업 분야의 경쟁력도 유지할 수 있다.

지속가능성을 묻는다는 것은 결국 더 먼 시야를 확보하는 일이다. 눈앞의 유망함보다 먼 미래의 유효성을 택하는 감각, 지금 가능한 것과 앞으로 의미 있는 것 사이의 균형 있는 접근은 전략 산업을 고르는 데 반드시 필요하다.

☯ 네 번째 기준, 당대의 파급력은 어떠한가?

전략 산업을 설계할 때 우리는 언제나 미래를 바라본다.

'지속가능한 산업인가, 10년 뒤에도 살아남을 수 있는가, 다음 세대를 이끌 수 있는가.'

이런 질문은 산업 전략의 기본이다. 그러나 이처럼 멀리 보다 보면 가까이 있는 것을 놓치기도 한다. 지속가능성을 타진하는 일은 반드시 필요하지만, 그렇다고 근미래의 산업을 도외시하는 것은 또 다른 위험을 초래한다.

산업 전략은 지나치게 먼 추상적 비전만으로 설계되지 않는다. 당장 시장이 어디로 향하고 있는가, 지금 필요한 기술은 무엇인가, 기업들은 어디에 자원을 집중하고 있는가, 이 모든 판단이 현재의 감각 위에서 출발해야 한다. 만약 차세대 산업을 육성하겠다는 명분 아래 지금의 기회를 외면한다면, 너무도 위험한 도박을 하는 것이다. 미래가 어떻게 바뀔지를 예측할 수는 있지만 100% 확신할 수는 없기 때문이다.

지나치게 멀리만 보면, 다른 방식으로 흘러가는 변동성을 놓치고 만다. 변화가 너무 급격하고, 기술의 전환 속도가 빨라서 미래를 고려한 설계가 중요하다고는 하지만, 우리는 점쟁이가 아니다. 세상은 복잡한 이해관계에 따라 변한다. 미래는 변화하는 생명체다. 게다가 산업은 제도·인력·문화·수요가 맞물린 복합 생태계다. 그래서 언제나 우리의 예측이 빗나갈 수 있다는 점도 명심해야 한다. 즉, 미래를 준비한다는 이유로 현재의 산업에 소극적이거나 냉소적인 태도를 취하는 것은 매우 경솔하고 위험한 선택이다. '지금 하는 일이나 잘하자'는 태도는 미래를 닫히게 하는 안일한 자세이지만, '미래를 목표로 하면 되지, 지금은 의미 없어'라는 태도는 공중에 붕 뜬 것이다.

아무것도 없었던 시절, 예를 들어 한국전쟁 직후처럼 세계 최빈국 수준이었다면 모를까, 우리는 지금 이룬 것이 많고, 그 안에서 분야별로 자기 맥락에 따라 발전하고 있다. 이 모든 흐름과 화음을 이루면서도 분명한 방향을 선언하는 점진적 진보의 자세가 적절하다.

더구나 정책을 추진할 때 단기적인 성과가 병행되어야만, 정책의 추진에 탄력을 받을 수 있다. 아무리 모두가 합의한다고 해도 오랫동안 아무런 결실이 보이지 않으면 내부 균열로 정책 추진에 지장을 받게 된다. 그래서 현실을 감안한 방안도 어느 정도 필요하다.

즉, 단기적 대응은 항상 중장기적 대비와 병행되어야 한다. 반대로도 마찬가지다. 중장기 정책이 탄력을 받기 위해서도 단기적 성과가 병행되면 좋다. 무엇보다 중장기적 미래는 우리가 완벽히 파악할 수 없기 때문에 현실에서 출발하는 감각, 급변하는 순간에 적절히 대처하면서 방향성을 잃지 않는 자세는 중요하다. 그러면서도 예상치 못한 급변에 대해 순발력 있게 대비하며 미래 진로를 수정할 현실 감각을 위해서도 당대의 파급력은 주요한 선정 기준이 될 수 있다.

때로는 당장에 유행하던 산업이 단기적으로만 유효한 것처럼 보이더라도, 예상치 못한 확장 가능성을 품고 있을 수 있다. 산업의 방향이 뜬금없이 급격하게 틀어지는 퍼스트무버적인 대전환도 있지만, 대개는 산업의 주류 권력자들이 자기 입맛에 맞게 미래를 통제하려는 노력을 하기 마련이다. 그래서 우리는 현실에 안주하지 않으면서도, 현실을 포기해서는 안 된다.

특히 한국이라면 패스트팔로워로서의 경험은 선명하지만, 아직 선도자로서의 업적은 많지 않기에 안정적 투자를 해야 한다. 지금 대세인 산업, 혹은 곧 주류가 될 산업에 주목하면서도, 우리의 실정에 맞게 조금씩 주변으로 파생 확장하고 번져나갈 수 있는 산업군을 선택하는 것이 합리적이다. 지금 당장 유의미하고, 곧 주류가 될 산업에 적절히 반응하면서도, 그 안에서 다음 세대로 이어질 가능성을 염두에 두는 것. 그것이 우리에게 최적화된 미래지향적인 자세다.

☯ 다섯 번째 기준, 내외부 요건을 고려할 때 얼마나 어떻게 추진해야 실현 가능한가?

세 번째 기준과 네 번째 기준에서는 우리의 내부 역량만큼이나 외부의 상황과 흐름을 읽어야 한다. 그러면서도 동시에 미래 발전 방향성, 복합적인 지정학적 상황 역시 놓치긴 어렵다. 그것은 첫 번째 기준과 두 번째 기준과도 연계된다.

그리고 다섯 번째 기준으로 실질적인 추진 방법에 관해 고민해야 한다. 앞서 두 번째 기준을 말할 때 자주 언급했던 방산을 예로 들어보자. 이 경우에는 한국이 선도적 기술력을 확보할 가능성이 있다는 이유로 보이지 않는 압력과 텃세를 부릴 수 있다. 일명 '사다리 걷어차기'라 불리는 견제를 더 치열하게 받게 된다. 물론, 다른 산업에서도 이런 경우는 있기 마련이다.

"우리가 진입하려는 분야에 경쟁국은 이미 얼마나 깊숙이 들어가 있는가? 그들의 기술력·자본력·정치력은 어느 수준이며, 우리의 진입이 이들에게 위협이 될 경우 어떤 형태의 견제가 들어올 수 있는가?"

패권을 가진 국가는 산업 질서를 넘어 세계의 규칙 자체를 주도한다. 미국이 대표적이다. 그들은 직접 규칙을 만들고 기준을 설정하는 권력이 있다. 그것은 자본주의 질서를 재편할 능력이며, 문화적 영향력만큼이나 강력한 군사력과 경제력이 결합되어 가능한 일이다.

그럼에도 우리가 선도적 역량을 발현할 가능성이 높은 분야라서 여러 복합적인 경쟁을 이겨내야 한다면, 이 역시 정부에서는 자국 산업이 부정적 영향을 덜 받도록 방패막이가 되는 역할을 하게 된다. 그런가 하면 오일쇼크 때처럼 특정한 산업 분야를 겨냥하지 않았더라도 전방위적 견제에 속수무책이 되는 경우도 생긴다. 문재인 정부 때 일본과의 무역 마찰도 이러한 예일 것이다. 이러한 외부 상황을 살펴서 해당 산업에서는 그러한 견제가 덜한지 심한지, 즉 경쟁국의 흐름과 대응이 어떤지를 면밀히 검토해서 산업 분야의 우선순위를 결정하는 것이 바람직하다. 가능하다면 그러한 선발 주자가 많지 않을 분야가 유리할 것이다. 또 극소수만이 살아남을 수 있는 분야라 강대국의 극심한 텃세가 있는 분야일수록 후순위로 고려하게 된다.

이런 맥락에서 보면 한국은 해당 분야에서 직접적으로 세계 질서를 재설계할 위치에 있지 않다. 그렇다고 해서 전략 산업의 선택에서 무기력할 필요는 없다. 질서를 거스르지 않으면서도, 그 흐름 안에서 가능한 역량을 최대화하는 전략을 선택하면 된다.

이때 외부 요인을 고려하면서도 내부 역량의 상황에 맞춰 정부의 대응책이 나뉘게 된다.

내부 역량과 관련해서는 민간 중심이 되면서 정부는 거드는 모양새만 취해도 되는 경우가 있고, 정부가 거의 모든 것을 주도하면서 강력한 리더십을 보여야 하는 경우가 있다. 일단 민간에서 내부 인프라가 충분하게 자생적으로 발달했고 외부로의 진출도 활발하다면, 정부는 기업의 니즈를 파악하고 원활히 지원할 시스템을 구축하면 된다.

K-팝의 경우에는 자생하던 음악기획사들이 연습생 시스템을 확립하고 치열하게 성장하여 일본, 동남아시아를 시작으로 유럽과 북미, 중동, 남미 등 전 세계로 다양한 콘텐츠를 알렸고, 갈수록 위상이 높아지는 상황을 맞고 있다. 그런데 이때 사실 비용 면에서 해외로 활발히 진출하기 어려운 상황에서 중소기획사에도 굉장한 호재가 있었다. 유튜브 덕분에 상식을 파괴하는 저렴한 비용으로 해외로 콘텐츠를 소개할 기회가 열렸던 것이다. 지금도 세계 각지에서 무명의 음악가들이 유튜브나 사운드스케이프나 밴드캠프를 통하여 다채로운 언더그라운드 음악을 선보이고 있는데, 한국의 K-팝 역시 뜻밖의 수혜를 받았다. 아마 그러지 않았다면 진출 시도는 훨씬 더 제한적이었을 것이다. 성공 사례도 적어지

면서, 지금만큼의 파급 효과를 얻었을지 불확실하다. 방탄소년단만 보더라도 유튜브를 통해 기존 팬덤을 넘어 전 세계에서 새로운 팬들이 유입되었고, 이 놀랍도록 역동적인 댄스 팝에 열광하는 새로운 향유층이 형성되었다는 점을 주목할 필요가 있다.

이럴 때 정부라면 다양한 지원을 보완해주기만 해도 좋다. 유튜브라는 글로벌 플랫폼 인프라가 존재했기에, 국가에서 플랫폼을 경쟁적으로 구축하거나 자원을 대거 투입하는 것은 비효율적이다. 오히려 그 흐름을 정확히 읽고, 전략적 홍보·해외진출·브랜드 연계 같은 후방 지원을 설계하는 것이 합리적이다. 방해만 하지 않으면 될 정도니, 그런 효자 산업을 외면해서는 안 된다. 이재명 정부에서도 문화 산업을 거론하면서 K-팝 등을 언급했는데, 이는 당연한 귀결이다.

그게 만일 마약 산업이었다면 당연히 선도적 역량을 갖춘 기술이 있다고 해도 지원해줄 수는 없는 노릇이다. 과장된 사례고 억지스러운 가정이겠지만, 국가의 발전 방향이나 브랜드 이미지에 걸맞지 않은 다른 산업이라면 어떨까. 이럴 때는 다섯 번째 기준으로는 효자인 종목을 두고, "아버지를 아버지라 부르지 못하는 홍길동처럼, 아들놈은 아들이라 부르지 못하는" 비운의 인연으로 남을 수는 있겠다. 비윤리적인 살상무기로 최첨단의 기술을 가지고 있다면 어떨까? 또는 최고의 군사 기술을 적용한 용병 부대 서비스를 제공하는 국가라면? 시위 진압용 최루탄 제조법이나 고문 기구 제작법으로 세계 최고의 명성을 얻었다면? 그런데 우리가 윤리적 선도국의 이상을 표방한다면? 조금 더 현실적인 예를 들어보자. 친환경을 표방하지만 원자력 소형모듈의 압도적 기술로 선도적 역량을 지녔다면?

'자식이 다 클 때까지 모르는 척하고, 해준 것 하나 없는' 못난 아비라며 소주를 마시며 한탄이나 하는 상황이 될 수도 있겠다. 물론 한국의 입장에서 선도자 그룹에 들어갈 수 있다면 이것저것 가릴 처지는 아니다. 알아서 커서 온 자식이면 노후 생활비라도 줄지 모르니 아비가 아들에게 절을 해야 할 판이다. 탄탄한 인프라 덕분에 그런 자식이 너무도 많다면 모르겠지만, 많은 경우 알아서 성장해서 돌아와 주는 성공한 효자는 드물다. 그럼에도 그 자식이 천하의 몹쓸 짓을 하는 범죄자라면, 통탄스럽지만 챙겨주겠다는 용돈을 거절해야 할 수도 있는 것이다.

한편, 내부 역량이 있더라도 충분히 숙성되지 않아 민간 기업이 자생적으로 충분히 뿌리내리지 않았다면 정부가 이를 자극하고 촉진하고 주도해야 한다. 또 막대한 자금이 드는 분야라면 더더욱 국가의 역할이 커진다. 중국이 AI·양자컴퓨터·우주항공 분야에서 선도적으로 앞서가며 많은 특허를 보유하게 되었는데, 이는 정부 주도로 안정적으로 정책을 추진했기에 가능했다. 이처럼 확고한 정부의 의지에 따라 추진이 가능한 국가도 있기 마련이다. 최근에는 중동의 사우디 등에서도 탈석유 시대를 대비하여 친환경 에너지 분야나 미래의 스마트 도시(NEOM) 구축 등으로 선도적 위상을 쟁취하기 위한 정부 주도의 프로젝트를 진행 중이다. 그만큼 고속 성장이 필요하다는 당위성이 확보된다면, 정부 주도로 과거 경제개발 시대처럼 강력한 정부 주도의 방식으로 새로운 산업의 부흥을 꾀할 수 있다.

이는 고속 성장의 당위성 공감뿐 아니라, 이해관계가 얽힌 기존의 기업 등이 별로 없다면 선택할 수 있는 방안이다. 산업은 단절된 고립

지대에서 성장하지 않는다. 대개는 비슷한 분야에 먼저 진입한 기업, 연관 기술을 선점한 연구기관 등 반드시 관련된 이해관계자들이 있다. 이들의 존재는 산업의 확장 가능성뿐 아니라, 정치적 조정 필요성과도 깊은 관련이 있다. 전략 산업 선정 과정이란 해당 기술과 산업을 둘러싼 정치·제도·인력·자본의 맥락 전체를 읽는 일이기도 하다.

지금까지 살펴본 바를 보자면, 다섯 번째 기준은 결국 세 가지 질문으로 압축된다.

"세계는 우리의 성장을 허용하는가?"

"우리에게 충분한 역량이 있는가?"

"정부가 주도하는가, 민간이 주도하는가?"

즉 전략 산업을 선택할 때, 그 산업이 유망하다는 사실 하나만으로는 충분하지 않다. 국가가 해당 산업에 얼마나 실질적인 내부 역량을 가지고 있는가, 그리고 그것을 외부의 견제와 경쟁 속에서 얼마나 유지·확장할 수 있는가를 함께 판단해야 한다. 겉으로는 가능해 보이는 산업이라도, 내부 기반이 형성되어 있지 않다면 공허한 청사진에 불과하다. 반대로 내부에서 준비가 되어 있어도 외부 질서가 그것을 허용하지 않는다면 전략 산업으로 기능하기 어렵다.

내부 역량은 산업 생태계가 얼마나 무르익었는가, 즉 어느 정도까지 조성되어 있는가를 따지는 판단이다. 이미 자연스럽게 형성된 산업인가, 아니면 정부의 의도적 개입으로 뼈대를 세우고 있는가, 혹은 아직 아무런 기반도 없는 황무지인가 하는 차이는 지원의 방식과 속도를 결정짓는다. 과거에는 모든 것을 처음부터 설계해야 했지만, 지금은 그렇지 않다.

오히려 이미 형성된 생태계를 얼마나 정확히 파악하고, 그 안에서 틈을 어떻게 조정할 수 있는지가 성패를 좌우한다.

☯ 여섯 번째 기준, 국가 주도의 여건이 되나?

전략 산업을 육성하는 방법에는 국가 주도와 민간 주도가 있을 텐데, 대개 전략적으로 지원하려고 한다면 정부의 역할이 강조된다. 정부 입장에서는 포괄적인 다양한 정책에 예산을 투입해야 하고, 인력을 투입해야 하다 보니 선택과 집중을 하면서 우선순위를 매길 수밖에 없다.

즉 전략 산업을 선정할 때 실현 가능성을 가늠하는 것만으로는 충분하지 않다. 그 실현을 위해 얼마나 지원해야 하는지, 그리고 실제로 그만큼 지원할 역량이 있는지를 함께 묻는 것이 현실성을 높인다. 아무리 유망한 산업이라 해도 정치적 결단과 사회적 합의가 결여되어 있다면, 그 산업을 온전히 지원하지 못하게 된다.

따라서 "얼마나 지원하면 되는가?"라는 질문 다음에는 반드시 "그만한 지원을 할 수 있는가?"라는 질문이 따라붙는다. 이 질문은 자연스럽게 정부의 판단 능력과 재정 여건, 그리고 국가 주도적 체계 구축 여부로 이어진다. 어떤 분야는 민간 주도로도 자연스럽게 확장될 수 있지만, 어떤 분야는 초기 인프라 구축 단계에서부터 공공의 드라이브가 아니면 성립조차 어려운 구조를 가진다. 이때 정부는 선택해야 한다. 전폭적으로 지원할 것인가, 아니면 민간에 위임할 것인가. 혹은 그 둘 사이에 어떤 조정 장치를 둘 것인가.

여기서 다섯 번째 기준이 적용되고 난 뒤에, 여섯 번째 기준에 따라 정부가 해야 한다면 정부가 할 여건은 되는가, 우선순위로 그것을 할 수 있는가 하는 문제에 봉착한다. 예산 문제로 1~2차 계획을 순차적으로 세우고 단계적으로 전략 산업의 무게중심을 옮겨가는 방법은 산업화 시절부터 우리가 익히 경험했던 노하우다. 그때는 정부에서 모자란 예산을 대외 원조를 받아 해결하면서 한강의 기적을 성공리에 완수했었다. 하지만 지금으로선 대외 원조를 주는 입장이다. 따라서 우리 문제는 내부 역량만으로 해결해야 하거나 글로벌 기업과 파트너십을 구축하게 된다. 또한 민간기업 위주로 가능한 분야에선 단계적으로 민간으로 무게중심을 이동하는 방식을 검토하게 된다.

이처럼 대개의 국가에서는 정부의 재정 상태, 또 작은 정부를 지향하는지 여부에 따라서 전략 산업을 정부 주도로 진행하는 것에서 양상이 달라진다.

그런데 '천조국'이라는 별칭으로도 불리는 미국의 경우라면 정권에 따라 설령 작은 정부를 지향하더라도, 그래서 전통적으로 민간 중심의 발전을 꾀하였듯이 시장에서 자연적으로 조절되도록 놓아둔다고 해도, 다른 나라에서는 쉽게 따라 하기 어려운 막강한 장점이 있다. 그것은 이미 압도적으로 구축된 초강대국으로서의 영향력이다. 예를 들어 미국은 자신이 설정한 세계 규칙을 통해 산업의 방향 자체를 재편할 능력을 지녔다. 사실 세계는 종종 미국이 설정한 조건에 따라 움직인다. 기축 통화, 할리우드 영화, 팝음악, 재즈, 실리콘밸리 등 모두 그 구조적

힘의 산물이다. 이쯤에서 예술성이 증명된 재즈조차도 만일 아시아 변방 국가의 예술 음악이었다면 지금처럼 세계적으로 광범위하게 확산될 수 있었을까 하는 물음표가 생긴다. 재즈는 그 장르 자체가 뛰어나지만 동시에 미국이 강성해지면서 그 인프라를 통하여 활발하게 해외에 알려졌다. 마치 미국이 장악한 세계 유통망 자체가 지금의 유튜브 역할을 한 셈이다. 누군가 농담하길 메탈리카가 홍대에서 인디 음악을 하는 밴드였다면, 15평짜리 아파트를 마련하는 게 꿈이었을지 모른다고 했다. 그만큼 자체의 내부 역량뿐 아니라 환경적 인프라의 조건은 매우 중요하다. 미국이란 그 존재만으로도 미국 기업과 예술인들에겐 엄청난 배경인 셈이다. 게다가 최강의 선도국으로서 다양한 분야에서 퍼스트무버적이고, 게임체인저적이며, 초격차의 경지를 보여준 덕분에 응용될 선택지도 많다. 대표적으로 정부가 주도하여 구축한 군사 분야 인트라넷을 민간 차원에서 응용한 것이 인터넷이지 않은가.

반면, 한국은 그런 수준의 규칙 설계자 위치에 있지 않다. 그보다는 규칙을 수용하는 참여자에 가깝다. 그렇다고 무기력했다는 뜻은 아니다. 유럽이 식민지 시대부터 쌓아온 무형 자산, 미국의 냉전 시대 인프라를 우리가 흉내 낼 수는 없고, 때로는 그 인프라의 덕을 보는 분야도 있지만, 우리는 주어진 조건 안에서 최대한으로 성과를 일구어냈다. 그동안 한국은 국가 주도의 고속 성장으로 세계가 주목할 만한 성과를 올렸다.

또 앞으로 새로운 전환기에 어떤 기회가 올지 알 수 없는 일이지만, 현재 관점에서 보면 향후 근미래 패권 다툼을 위해 AI 경쟁이 치열하다.

그래서 이재명 정부에서도 AI 3대 강국 도약을 목표로 내걸었다. 아직은 미국이나 유럽만큼의 무형 자산은 없더라도, 차츰 쌓아 나가면 될 일이다. 우리의 처지에서 가장 적합한 분야를 선정하고 예전부터 그래왔듯이 한 걸음씩 나아가면 된다. 갑자기 보폭을 크게 할 수도 없다.

즉, 우리처럼 제한된 재정 여건의 국가에서는 모든 전략 산업에서 국가 주도로 부흥을 이끌 수는 없다. 그렇기에 우선순위를 정하고 단계별로 실시해야 하며, 여건에 따라서는 해외 파트너와의 협업도 검토할 수 있다. 동시에 실현 가능성이 높고, 민간 단독으로는 추진이 어려운 분야에 전폭적인 공공 투자를 해야 한다. 반대로, 민간의 자율성이 돋보이는 분야에서는 정부는 후방 지원자로 물러서야 한다. 이 판단 기준이 명확해야 국가 자원이 낭비되지 않고, 민간의 동력도 억누르지 않게 된다.

☯ 일곱 번째 기준, 윤리적으로 존경받는 지도국이 될 수 있는가?

지금은 실리의 시대라고 하지만 여전히 정의와 공정을 지키는 명분, 즉 윤리적 위상도 무시하기 어렵다. 세계 인권 등 국제적 트렌드를 무시한다면 아무리 군사 강국이나 경제 대국이 되어도 존경받지 못한다. 그러한 나라의 부를 무시하지는 못하지만, 그들을 진정한 리더국으로 여기지 않는다. 트럼프의 미국을 달가워하지 않는 최근의 국제 사회를 보아도 알 수 있다.

우리나라의 경우에는 과거 먹고살기 위한 선택이 압도적으로 중요했다. 그래서 언제나 당장 배고픔을 해결하는 것과 직접적인 상관이 없어 보이는 명분은 후순위로 물리기도 했다. 꼭 필요한 것이 아니라면 세계 시민주의의 관점에서 접근하기보다는 먼저 챙겨야 할 필수적인 것에 집중했다. 또 그러면서도 경제적으로 필요할 경우 국제 사회에서 표준적으로 요구하는 기본적인 덕목은 준수해야 했다. 예를 들어 노동법의 준수, 복지제도의 발달 등 다양한 방식으로 국제 표준을 요구하기도 하는데, 선도적 위치로 나아가려면 이러한 요소는 더욱 중요해진다. 사교 모임에 나가려면 드레스 코드를 맞춰야 하듯이, 기본적인 약속이라는 게 존재하고 윤리적 기준도 외면하기 어렵다. 이러한 요소는 탄소 배출권 등과 같이 기후위기와 연결되는 생태적 요소이면서 경제적인 요소이기도 하고, 때로는 그러한 규범의 이론적 바탕을 제시하는 인문적 요소다. 우리는 아직 생태주의 등 다양한 인문적 이론을 개발하여 세계를 주도한 경우가 없다고 해야겠다. 정교한 논리를 개발하여 보편적으로 안착시키는 일은 주로 미국이나 유럽의 역할이 크다. 사실 이 역시 한 나라의 사상적 역량을 보여주는 것으로 윤리적 선도국이 되려고 한다면 매우 강력한 인프라다.

그러한 지점에서 선도적 위상을 선취하는 것은 국가가 세계 시민사회의 일원으로서 무엇을 지지하고, 금지하며, 대표할 수 있는가를 가늠하는 사건이다. 동시에 산업 질서에까지 실질적인 영향을 미치는 역량과도 연결된다. 도덕적 경쟁우위를 선점하고 윤리적 헤게모니의 주도권을 장악하는 성과이기 때문이다.

만일 전략 산업 분야를 선정할 때 이러한 기준이 국가 발전 방향과

합치하거나, 이왕이면 윤리적으로 찬사를 받으면서 추진할 만한 사업이라면 다른 경쟁 후보보다 선정에 유리할 것이다. 예를 들어 인권·생태·공정성은 실질적인 무역 질서와 국제 규범의 기초가 되고 있다. 탄소배출권, ESG(환경, 사회, 지배구조) 투자 원칙, 공급망 인권 실사법, 디지털 접근권, 기술 윤리 기준 등은 모두 윤리적 기준이 산업 질서를 형성하고 자본 흐름을 제한하는 방식으로 진화하는 사례다.

또한, 선도국은 자신 안에 머물지 않고 표방하는 가치를 주도적으로 퍼트린다. 국제영화제를 정기적으로 개최하고 다양한 국적의 영화에 상을 주고, 외국인 유학생에게 다양한 장학금을 주어 교육의 기회를 열어주는 행위들은 단순한 박애나 허세의 결과가 아니다. 이는 자국의 영향력을 넓히고, '보편적 가치의 대표자'라는 메시지를 세계에 각인시키려는 전략적 행위다. 미국은 이러한 전략을 오랫동안 펼쳐왔다. 인재를 받아들여 미국 내에서 머물게 하거나, 자국으로 돌아가더라도 친미적인 가치관을 갖게 하는 것이다. 일종의 윤리적 소프트파워의 축적 방식이다.

프랑스가 박애정신을 내세워 국경 너머 난민을 받아들이고, 스페인에서 푸틴을 전범으로 규정하려는 시도는 실효성의 문제와는 별개로, 선도국의 도덕적 권위와 국제적 신뢰를 확보하려는 상징적 행위로 볼 수 있다. 그 권위는 무형자산처럼 축적되며, 국제 규범을 재편할 역량의 기반이 된다. 이를 통해 생태윤리, 인문정신, 세계 시민주의 등 세계 보편 가치를 주도할 근거를 확보하는 것이다. 칸 영화제, 베니스 영화제, 노벨 문학상 등 우리는 과거 우리의 자산으로 해외의 아티스트에게 상금을 준다는 방식을 이해하기 어려워했다. 타오는 건 좋지만, 우리가 주는 것은 받아들이기 어려웠다. 차범근이 분데스리가에 진출할 때도 축하보다는 국민을 배신하고 해외로 나간다는 따가운 시선도 있었다. 국부 유출처럼 받아들인 것이다. 지금도 브랜드화된 대외 원조 정책에 거부감을 느끼고 우리의 세금으로 남을 도와주는 것에 대한 거부감을 지닌 경우도 있다. 그만큼 우리는 아직 세계 시민주의의 관점에서 세계를 담대하게 리드했던 경험이 부족하고, 앞으로 연습이 필요하다. 호방하려면 그만큼 넉넉한 자산이 있어야 하고, 주도권을 가져오려면 그만큼 베푸는 투자도 있어야 한다.

이러한 주도권은 단지 명분 차원의 문제가 아니라 산업적으로도 중요한 파급력을 갖는다. 노동권이나 인권 상황이 불량한 국가에 대해 다국적 기업이 투자나 거래를 제한하는 사례는 점점 더 늘고 있다. 디지털 프라이버시, 생명윤리, 환경규범이 글로벌 스탠더드로 정착되면서, 기업들 역시 기술력만큼이나 윤리적 기준의 문턱을 통과해야만 한다. 개발도상국의 추격을 가로막는 '사다리 걷어차기'라는 비판을 피하려면, 선진국은 스스로 윤리적 선도국의 면모를 유지하고 있음을 보여줘야 한다. 윤리적 헤게모니가 실제 정책과 산업의 정당성을 만들어내는 시대다.

힘이 지배하는 국제 질서라고는 하지만, 그만큼이나 인문학적 관점이나 생태적 관점에서 도덕적 리더십을 갖춘 나라가 새로운 표준을 제시하기도 한다. 그러니 이러한 역량을 점검하는 일곱 번째 기준은 다른 기준에 비해 아직은 후순위로 검토되긴 하지만, 향후에는 더욱더 비중을 키워야 하는 기준이다.

이것은 국제 사회의 존경을 받는 차원을 넘어서, 글로벌 자본의 흐름과 산업 기준, 제도 설계의 실질적 결정권과도 맞닿아 있다. 철학과 윤리는 더 이상 부수적 장식이 아니다. 그것은 그 자체로 전략 자산일 때도 있고, 국가 브랜드의 기초를 튼튼하게 형성하며, 규칙을 설계하는 이들의 숨은 무기가 된다.

같은 값이라면 기술만 좋은 나라보다 윤리적으로 신뢰받는 나라가 선택받는다. 그것이 곧 무형의 경쟁력이 된다. 윤리적 주도권을 확보하는 일은 미래의 시장과 제도를 미리 설계하는 일과 다름없다. 또는 그 공간에 인간적인 공기를 주입하는 일이다. 그 공기를 돈 주고 살 것 같지는 않지만, 그게 없으면 그 공간에 있는 생명체는 머지않아 죽는다.

전략 분야 선정을 위한 7가지 기준의 종합

앞에서 살펴본 7가지 기준은 우선순위를 배열하는 과정의 절충형이다. 과거 고속 성장이 중요하던 시절, 그리고 국가 브랜드 이미지를 전략적으로 극대화하여 강조하는 방식의 경우라면 기준의 순서가 약간씩 바뀔 수 있는데, 여기서는 시대에 맞게 발 빠르게 변화해야 하는 상황이면서도 과거와 달리 선도국으로 도약하는 전환점에 있다는 점을 반영했다.

다시 한번 짚어보면 7가지 기준은 다음과 같다.

첫 번째 기준, 국가 브랜드 발전 방향성 및 이미지에 부합하나?

두 번째 기준, 국가 생존에 직결되는 필수 산업인가?

세 번째 기준, 장기적으로 지속가능한가?

네 번째 기준, 현재 시점에서의 산업적 파급력은 어느 정도인가?

다섯 번째 기준, 내외부 요건을 고려할 때 얼마나 어떻게 추진해야 실현 가능한가?

여섯 번째 기준, 국가 주도의 여건이 되나?

일곱 번째 기준, 윤리적으로 존경받는 지도국이 될 수 있는가?

☯ 첫 번째 기준과 두 번째 기준, 이 산업은 우리 국가에 필요한가?

기준에 관한 우선순위 배열로 흐름을 설명해 보자면, 평가 대상이 어떻게 국가에 필요한가를 묻는 단계가 우선적이다. 첫 번째 기준과 두 번째 기준이 그렇다. 이 두 기준은 하나의 공통된 질문의 다른 버전이다. 즉, 전략 산업을 선정하는 데 있어 가장 먼저 해야 할 질문은 "이 산업은 우리 국가에 필요한가?"라는 본질적인 물음이다.

이 물음은 다시 두 가지 관점으로 나눌 수 있다. 하나는 국가 브랜드와 이미지의 발전 방향에 부합하는가, 또 하나는 국가의 생존에 필수적인가다. 이 둘은 때로 대립하지만, 실제로는 균형을 이뤄야 할 두 축이다.

평상시에는 첫 번째 기준인 국가 이미지 및 브랜드 방향성에 더 높은 우선순위를 두기 마련이다. 우리의 경우에는 문화 산업, 기술 산업 등이 여기에 해당한다. 산업 자체의 경제적 파급력과 더불어, 국가의 긍정적인 이미지와 연계되어 수출과 외교력까지 증대시키기 때문이다. K-팝이나 K-드라마, K-뷰티와 같은 콘텐츠산업은 대표적인 예다.

반면 국가 생존에 필수적인 산업, 예컨대 식량·에너지·정보·방위 산업 등은 항상 공기처럼 있기에 일상에서는 깊이 체감되지 않지만, 위기 시기에는 그 가치가 폭발적으로 드러난다. 두 번째 기준은 그런 관점에서 적용된다. 전시 상황이나 세계 공급망 위기, 기후재난 등이 가시화될수록 이 기준은 앞서 등장하며 전략의 우선순위를 전환시킨다. 결국 이 두 기준은 시기와 정세에 따라 가중치가 달라지는 유연한 상보 구조로 작동한다.

☯ 단기적 투자인가 장기적 투자인가, 절충할 수는 없는가?

세 번째 기준은 지속가능성이다. 이는 장기적으로 해당 산업이 퇴보하거나 급변하는 세계 질서 속에서 도태되지 않고 유지될 수 있는지를 따지는 판단이다. 지금 당장은 주목받지 못하더라도, 20~30년 뒤에도 살아남을 산업이라면 전략적 투자가 필요한 법이다. 반대로 지금은 수익이 나더라도 곧 사양산업이 된다면 과도한 투자는 신중히 검토해야 한다.

하지만 미래만 볼 수는 없다. 네 번째 기준은 당대의 파급력, 즉 지금 얼마나 빠르게, 효과적으로 산업적 파급을 일으킬 수 있는가를 본다. 전통적으로 산업화 시대에는 이 기준이 특히 중요했다. 효율성과 성장이 무엇보다 중요했고, 한국도 그 시절에는 수출 중심 제조업을 이 기준으로 선정해 고도성장을 이뤘다.

이 두 기준 역시 장기와 단기의 조화 속에서 병행되어야 하며, 현재를 등한시한 채 미래만 보는 것도, 단기적 유행에 매몰되어 미래 전략을 놓지는 것도 전략적 실패로 이어질 수 있다.

☯ 어떻게 꿈을 실현할 수 있는가?

다섯 번째 기준은 실현 가능성이다. 아무리 유망하고 이상적인 산업이라도, 지금 우리에게 그것을 실현할 수 있는 여건이 되는가를 따져야 한다. 여기에는 기술, 자본, 인력뿐 아니라 국민적 합의도 포함된다. 예를 들어 친환경 에너지 전환은 세계적 흐름이지만, 국내에서 아직 충분한 인프라가 갖춰져 있지 않거나 국민적 합의가 이뤄지지 않았다면 단기간에 추진하기 어렵다. 또 이미 외부적으로 막강한 선도국들이 초격차를 실현했거나 텃세를 부리는 상황이라면 조심스럽게 접근해야 한다. 이를 세 질문으로 분류하자면 다음과 같다.

· 국내 생태계와 인프라는 존재하는가? 그리고 그 성숙도는 어느 정도인가?
· 경쟁국의 대응 수준은 어느 정도인가?
· 사회적 수용성 정도는 어떤가? 국민이 받아들일 준비가 되었는가?

이 요소들은 현실적인 조건을 점검하게 하며, 전략의 이상과 실행 사이에 다리를 놓는 역할을 한다.

여기서 무엇보다 먼저 살펴야 할 것은 국내 생태계의 존재 여부와 성숙도이다. 그렇게 하나의 분야에 주목했다면 이런 질문을 던지기 마련이다.

'해당 산업에 관련된 기업, 인력, 교육 인프라, 연구개발 네트워크, 제도적 기반 등이 이미 형성되어 있는가? 또는 부분적으로 존재하지만 체계화되지 않았는가? 혹은 거의 전무한 상황에서 완전히 처음부터 구축해야 하는가?'

질문을 던지는 이유는 간단하다. 아무래도 황무지 같은 분야에 집중하기는 어렵다. 일단 뭔가 잡히는 것이 있는 지점을 우선적으로 검토하는 게 합리적이다. 국내 생태계가 성숙 단계에 있는 분야라면, 정부는 과감한 추진력과 집행력을 발휘할 수 있다. 때로는 간접 지원 형식으로, 때로는 파격적인 리더십을 발휘하는 방식으로 맞춤형 전략을 수립할 수 있다. 이미 관련 주체들이 경험을 공유하고, 자율적으로 진화 가능한 구조가 마련된 상태이기 때문이다.

반면 형성 중이라면 일정 수준의 제도적·재정적 조정이 필요하며, 핵심 주체들 간의 조율과 방향성 통합이 전략 추진의 열쇠가 된다. 그리고 만약 미비 상태라면, 기술력 확보 이전에 사회적 수요 창출, 기초 연구 인프라 조성, 제도 정비 등 기반부터 단계적으로 쌓아가는 장기 전략이 불가피하다. 이 경우는 생존 필수적이지 않거나 파급력이 크지 않다면 우선순위에서 다소 밀릴 수 있다. 투자와 조정 비용이 크다면 전략적으로 신중해질 수밖에 없다. 먼저 살릴 것부터 살리는 게 낫기 때문이다.

다음으로 중요한 판단 요소는 경쟁국의 대응 수준이다. 우리가 진입하려는 산업 분야에 있어서 이미 다른 국가들이 강력한 선점 효과를 가지고 있는가, 아니면 여전히 경쟁이 미비하거나 변동 가능성이 높은 초기 단계인가를 판단해야 한다. 경쟁국의 대응 수준이 높다면, 단순한 기술 투자나 인프라 확충만으로는 주도권을 확보하기 어렵다. 이 경우에는 차별화된 전략, 틈새시장 공략, 외교적 협력 구조 확보 등 보다 복합적인 접근이 요구된다.

반면 경쟁국의 진입 수준이 낮거나 중간 단계라면, 빠른 시간 내에 기술 우위를 확보하고 산업적 효과를 거둘 수 있는 가능성이 더 높다.

마지막으로 고려해야 할 것은 사회적 수용성이다. 이는 단지 국민의 여론 수준을 넘어 정치적 정당성, 지역사회의 협력 가능성, 윤리적 정합성, 공공성과 사익의 균형 등을 포괄한다. 아무리 국제적으로 주목받는 산업이라도 사회적 거부감이 높거나 갈등의 소지가 크다면 실현이 지체되거나 좌초될 수 있다. 수용성이 낮다면 기술적 가능성과 산업적 유망성이 크더라도, 해당 산업의 확산은 상당히 제약될 수 있다. 이 경우는 특히 환경, 생명, 윤리, 에너지, 방산 등 국민 정서와 가치관이 밀접히 연결된 분야에서 자주 나타난다.

반면 사회적 수용성이 높다면 해당 산업은 정책적으로도 추진이 용이하며, 성과가 나타날 가능성도 크다. 보통 수준이라면, 관련된 이해관계자들 간의 대화와 설득, 점진적인 정책 추진이 필요하다.

따라서 전략 산업을 판단할 때는, 단순히 기술력과 경제성만으로 접근해서는 부족하다. 경쟁 환경, 국내 생태계, 사회적 수용성이라는 세 가지 현실 조건을 종합적으로 고려하여, 국가 전략의 타당성과 실행력을 평가해야 한다. 이 과정은 '실행 가능성'과 '전략적 필연성' 사이의 균형을 따지는 정밀한 작업이 되며, 그것이야말로 전략 산업 선정의 실질적인 기준이자 토대가 된다.

이때 여섯 번째 기준도 다섯 번째 기준과 맞물려 연결되며, 정부의 주도적 개입이 가능한가, 혹은 효과적인가라는 판단을 우선적으로 해야 한다. 어떤 산업은 민간이 주도할 수 있지만, 일부 산업은 국가가 전면에서 나서지 않으면 제대로 작동하지 않는다. 방위산업이나 대규모 에너지 전환, 디지털 주권과 관련된 산업은 대표적인 국가 주도형 산업이다.

이때 정부의 재정 여건이나 긴급한 정책 일정을 고려한다면, 단계별로 추진하거나 외부와의 협력도 검토 대상이 된다. 또한, 기존의 인프라와의 연계를 통해 비용을 절감하는 방식으로 산업 발전을 지원할 수 있는지 검토하게 된다.

☯ 우리는 존경받는 선도자인가?

마지막으로 일곱 번째 기준은 윤리적 주도권이다. 이 기준은 전통적인 산업 전략에서는 후순위로 다뤄졌지만, 오늘날에는 점점 더 중요한 기준이 되고 있다. 한 국가가 인권·생태·공정성 등에서 존경받는 선도국이 될 수 있는가는 단지 명예의 문제가 아니다. 그것은 국가 브랜드의 신뢰도, 산업 진입의 정당성, 글로벌 자본과 규범 흐름에 탑승할 수 있는 자격과 직결된다. ESG 경영, 공급망 인권 실사, 탄소국경세, 디지털 윤리 등은 윤리 기준이 산업 규칙으로 자리 잡는 흐름을 보여준다.

이 기준은 다소 선택적이지만, 선도국을 지향하는 국가일수록 반드시 고려해야 하는 영역이다. 특히 제노사이드를 일으키는 국가나, 마약 제조로 유명한 국가, 치안이 불안정하고 내전으로 소용돌이치는 국가, 독재를 꾀하며 계엄령을 선포하고 정치적 학살을 자행하는 나라, 첨단의 고문기계를 수출하는 나라를 선도국이라 부르기는 어렵다. 윤리적 기준은 국가 전략의 표면으로 잘 드러나지 않을 때도 많지만, 장기적으로 국가의 위상을 형성하고, 제도 설계 권한을 쥐는 데 핵심적이다. 같은 기술력이라면, 신뢰받는 국가에서 개발된 기술이 선택받는 시대다. 그 신뢰의 토대는 윤리다.

복합 기준으로 분류하는 대상의 유형

전략 산업을 선정하는 작업은 국가의 미래를 설계하는 중층적 판단 과정이다. 기술력, 생존 기반, 사회적 수용성, 윤리적 주도권 등 다양한 기준이 고려되며, 그중 어떤 요소는 결정적 요인이 되기도 한다. 또, 어떤 요소는 상황에 따라 가중치가 달라지기도 한다. 중요한 것은 모든 기준을 일괄적으로 충족해야 하는 절대 평가 방식이 아니라, 각 기준 간 상호작용을 바탕으로 복합 기준에 따른 분류 체계를 세우는 일이다.

이러한 접근법은 궁극적으로 검토 대상 산업을 몇 가지 유형으로 분류하게 만든다. 이 분류는 단지 산업의 현재 상태만을 반영하는 것이 아니라 국가 발전 방향, 재정 여건, 사회적 합의, 국제 질서와 트렌드, 기술 발전 가능성 등 복합적 요인을 반영한 동태적 분류다. 아래는 이러한 복합 기준에 따라 도출될 수 있는 대표적인 분류 유형들이다.

첫째, A등급: 전략적 최우선 후보군으로 이니셔티브 유력 후보.

이 범주는 모든 기준 중 핵심 항목, 예컨대 국가 생존 필수성, 국제 경쟁력, 단기적 파급력 및 중장기적 잠재력, 실행 가능성, 사회적 수용성, 윤리적 무결성 등을 모두 충족하거나, 상당히 충족한 산업들이 해당된다. 이 범주에는 국가 브랜드 방향성과 세계 시장 파급력 측면에서 매우 유망하며, 지속가능성과 사회적 수용성 면에서 일정 수준을 갖춘 산업도 검토 대상이 된다. 다만, 일부 기술 기반이나 제도적 여건이 아직 성숙 단계에 이르지 않았을 수 있다.

예컨대 AI 기술, K팝 등의 문화산업, 에너지 고속도로, K-방산 등은 선도국 도약을 위한 집중 투자 대상으로 유력하다. 국가가 본격적인 전략 산업으로 선택할 경우, 국제 표준화 경쟁에서 주도권을 확보할 가능성도 크다. 또한, 국가에 반드시 필요하기에 몇몇 기준에서 논란이 생기더라도 기준의 충족 수준이 상당하다 보고 적극 검토하는 경우도 있을 것이다. 대표적으로 방위산업, 에너지 고속도로, AI 산업 등이 있다. 이들은 국가 주도 아래 당장이라도 대규모 투자와 정책 지원이 가능한 영역이며, 이미 일정 수준의 인프라와 제도 기반이 갖춰진 분야다.

둘째, B등급: 제약 조건이 많아 후순위 고려.

이들은 기술적 가능성이나 윤리적 우위, 또는 국제사회 흐름과의 정합성은 높지만, 국내 생태계가 아직 미비하거나, 경쟁국의 선점 수준이 높아 단기간 내 주도권 확보가 어렵다고 판단되는 산업군이다. 우주항공 산업, 양자컴퓨터, 바이오 산업 등이 그 예시다. 국가적 비전이나 중장기 선도전략에 포함되되, 당장의 목표 달성보다는 기반 조성과 방향성 정립이 우선시된다.

또한 이 범주는 기술적 가능성은 일부 있으나, 사회적 수용성, 제도 정비, 외교적 마찰, 윤리적 논란 등으로 인해 전략적 위험 요인이 높은 산업들도 포함된다. 예컨대 유전자편집(GMO) 식품, 생명 복제 기술, 무제한 데이터 채굴 기반의 감시산업 등은 기술적으로 선도하더라도 사회적 거부감에 부딪힐 수 있다. 민간 계열에서 자생적으로 성장한 게 아니라면, 국가 전략 산업으로 육성하려면 여러 난관이 예상된다. 이에 더해 외교 관계에서 국제 규범과 충돌하거나, 글로벌 가치 연계성이 낮을 수도 있다. 이러한 분야는 상시 모니터링하되 정책적으로는 신중한 접근이 필요하다.

셋째, C등급: 현재로서는 전략 부합도 낮음.

기술 수준이 낮거나 해외의 시장성이 미약하고 국내 생태계도 거의 전무하며, 전략적 가치는 아직 검증되지 않은 분야들이다. 여기에는 일부 낭비적 투자가 이루어졌던 과거의 비효율적 산업도 포함될 수 있으며, 민간에서 자연스럽게 형성되기를 기다려야 할 비주류 기술이나 틈새 영역도 해당된다.

이러한 분야는 국가 전략 산업으로 직접 채택되기보다는, 연구개발 영역 또는 민간 혁신 생태계 안에서 실험적으로 자생하게 된다. 그러한 경우에도 성과가 풍성해질 때 간접 지원의 형식으로 정부가 후발적으로 도움을 주는 방식을 취하곤 한다. 주로 실험 예술 세계에서 보이는데, 사실 이런 유의 분야에서 알아서 해외에서 유명해져서는 우리를 알리는 효자 종목으로 거듭날 때도 있었다. 정부 지원이 없었는데도 금메달을 척척 따오는 비인기 종목 여자 선수들처럼.

물론, 이와 같은 분류는 각 기준을 고정된 점수로 환산해 서열화하는 방식이 아니라, 정책적 판단과 상황적 맥락에 따라 유연하게 산업을 재배치하는 임의적 틀이다. 모든 산업이 동일한 무게로 평가될 수 없듯,

전략 산업 선정 또한 선형적인 계산이 아니라 입체적인 판단의 접근을 취한다. 국가의 미래를 설계한다는 것은 알 수 없는 미래로 향하는 복합적인 가능성과 필요, 감각과 책임 사이의 균형을 설계하는 일이기 때문이다.

대한민국은 무엇으로 세계를 선도할 것인가?

우리는 세계를 선도한 적이 있었나?

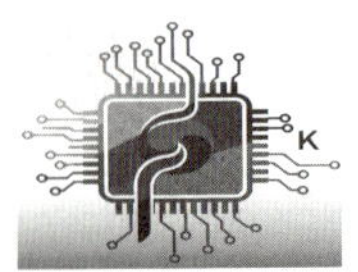

정치적 맥락

한국은 정치 체제나 제도 설계의 관점에서 세계를 선도한 경험이 없다고 해도 과언이 아니다.[6] 고대에서 현대까지의 정치사적 궤적을 돌아보면, 주체적으로 정치 이론이나 체제를 수출하거나 실험했던 역사는 없다고 해도 무방하다.[7] 이는 역사적·지리적·문명사적 구조의 문제이자, 선택이 아니라 숙명처럼 주어진 조건이었다.

그렇다면 왜 한국은 정치 체제 설계에 있어서 후발적일 수밖에 없었는가? 간단히 말하자면, 한국은 일찍이 중국이라는 거대한 질서의 중력에

6) 우리의 민주주의 쟁취 역사에 담긴 개성과 디지털 민주주의의 선도성을 고려한다면, 조금은 박한 평가라 할 수 있으나, 퍼스트무버적이고 게임체인저적인 강력한 선도성의 예로 한정할 때 위와 같이 서술하였다.

7) 중국의 제도를 받아들이던 삼국시대 때만 해도 중국식을 수용하기 직전에는 신라, 백제, 고구려 등에서 자기만의 색깔이 어느 정도 묻어나는 정치 체제가 있었다. 그것이 큰 틀에서 연맹국가의 스타일을 벗어나지 않았다 하더라도, 나름의 개성이 있다고 볼 수 있는데, 그럼에도 선도적 위상을 지녔다고 하기는 어렵다. 오히려 선도적인 체제로 중국의 제도를 수용하게 된다.

깊이 포섭되어 있었다. 중국 문명은 완고한 장벽이자 무한해 보이는 우주였고, 한자문화권은 견고했다. 중국 대륙을 한족이 지배하느냐 북방민족이 지배하느냐만 달랐을 뿐, 통일 왕조의 영향력 아래에 놓이거나 분열된 중국 왕조로 인해 숨통이 트이는 약간의 차이가 있었을 뿐이다. 따라서 한국은 도덕적 안정성과 질서 안에서 중화문명을 학습하는 모범생이어야 할 때가 많았고, 모방의 논리를 뛰어넘는 창조의 궤도로 나아가기는 어려웠다.

그런 상황에서 굳이 정치 제도 자체를 이니셔티브의 분야로 가져가야 할 이유도 없었다. 정치체제는 독창적이기보다는 안정적이어야 한다. 그래서 오랫동안 정치체제는 수입의 대상이었고, 그것이 선진 세계와 호환되는 데 유용한 면도 있었다. 그 질서는 이미 정립되어 있었기에 새로운 것을 설계해야 할 동기나 여유가 부족했다. 조선의 유교 정치는 철저히 정답으로 존재했고, 이를 재해석하기보다 준수하고 내면화하는 것이 관건이었다. 정치적 창의성이 드러날 무대조차 없었다. 거대하고 확고한 문명적 정답이 있던 시대에 굳이 다른 것을 시도함으로써 스스로 오랑캐로 전락하고 싶지는 않았을 것이다. 중국 문명으로부터 멀어지는 선택은 변방의 주변국으로서 위험한 일이었다. 너무도 강력한 태양 같은 중화문명의 인력에 묶인 행성 중 하나였다. 태양의 궤도를 벗어나면 붕괴될 수 있기에 태양계의 충실한 일원처럼 존재해야만 했다. 다른 것을 상상한다는 자체가 불경했다. 또 끝없이 광막한 태양계 안에서 우주 너머를 상상하자니 이미 태양계도 압도적이었다. 이처럼 한국은 지정학적으로 협소한 반도 국가였고, 광대한 인구와 자원, 이질적 문명의 접점이 충돌하는 지점에 위치하지 않았다.

이는 곧 정치 실험의 토대가 되는 '다원성'이 부족했다는 의미다. 다원성이란 단지 다양한 인종과 문화가 공존하는 것뿐만 아니라, 서로 충돌하면서도 공존할 수밖에 없는 조건에서 싹트는 정치적 상상력의 원천이다.

예컨대 고대 그리스는 도시국가들의 경쟁과 대립 속에서 민주정의 씨앗을 틔웠다. 작은 영토에서 다양한 도시국가가 체제 경쟁을 하면서 급속도로 정치 체제와 철학 등 인문학적 성과를 이뤄낸다. 사실 정치체제를 선도한 나라들은 현재의 강대국 위상과 긴밀히 연결된다. 그 필연성까지는 확신할 수 없지만, 새로운 정치 실험을 통해 공동체의 선의에 가까워지는 과정에서 국가의 잠재력이 결집된 것이 아닐까 한다. 정치체제는 단지 제도를 만드는 것이 아니라, 어떤 사회를 만들고 싶은가에 대한 상상력이라 할 수 있다.

그렇게 고대 아테네와 로마, 근대의 영국과 프랑스, 구소련 그리고 현대의 미국은 모두 자국 내에서 정치 질서를 새롭게 실험했다. 기존의 틀이 아니라 자기들에게 최적화된 시스템을 찾아냈다. 자기 자신을 깊이 파악하고 그것에 맞는 공동체의 규칙을 설계하는 경험은 성찰의 결과다. 그리고 그것을 외부로 전파했다. 이들 국가는 단지 정치적으로 선도했을 뿐만 아니라, 세계 질서를 설계하려는 의지를 가진 나라들이었다.

물론 정치 체제를 선도했다고 해서 반드시 경제적 부강이 뒤따르는 것은 아니지만, 정치적 실험과 이론이 창출되고 공유된 경험은 해당 국가의 국제적 위상과 문화적 자존감의 핵심 자원이 된다. 그들은 세계 시민의 규칙을 만들고, 그 규칙을 수호하거나 개정하는 역할을 수행한다.

한국은 이 점에서 여전히 '사용자'일 뿐, '설계자'는 아니다. 더구나 굳이 정치 영역에서 호환이 어려운 창의성을 발휘해야 할 필요는 없다. 그건 과거나 현대나 마찬가지다. 20세기 이후 한국은 미국과의 동맹, 냉전 구조 속의 재편된 정치적 역학 관계, 그리고 산업화의 성과 등으로 새로운 질서에 강력하게 영향을 받게 된다. 그동안 강력하게 버티던 중국의 거대한 문명적 질서에 질식하는 일은 없었지만, 서구라는 또 다른 세계의 질서에 편입된 것이었다. 이때도 우리는 현대 정치체제의 트렌드에 맞게 기존의 체제를 수입했다. 그리고 우리 사회에 맞게 조금씩 고쳐 쓰고 있다.

이 역시 전혀 문제될 것이 없지만, 그럼에도 만일 이 지점에서도 우리의 필요에 따라 체제의 독창성을 발현할 수 있다면, 그만큼 우리 실정에 맞는 가치를 실현하는 데에 치열했다는 의미이기도 하다. 동시에 타자의 질서를 맹종하는 것이 아니라, 스스로 규칙을 제안할 수 있는 사회라는 것을 입증적으로 보여주는 것이겠다. 그런 점에서 한번쯤은 한국에 가장 최적화된 정치 체제는 무엇일지 상상해보는 것도 나쁘지는 않겠다. 우연의 일치일 수도 있겠지만 독창적이면서 윤리적으로 선도할 수 있는 정치 체제를 선보였던 나라들은 하나같이 강대국이었거나 강대국이 되었다.

☯ 문화적 맥락

♂ 한글의 선도성: 자부심과 현실 사이

한국은 오랜 세월, 거대한 절벽처럼 존재하던 중국이라는 세계 속에 갇혀 있었다. 그건 단지 지정학적 의존이 아니라 문화적·문명사적 중력이었다. 중국은 곧 우주였고, 그 질서에 편입되는 것이 곧 문명의 기준이었다. 우리는 그 질서 안에서 길을 찾았다. 자신만의 체제를 설계하기보다 수용하고 계승하는 데 집중했다. 그러나 시간이 흘렀고 세계는 달라졌다. 교통과 통신의 혁신으로 세계는 지구적 단위의 교류로 재편되었다. 한국에 있어 중국은 더 이상 세계 그 자체, 문명 그 자체라기보다는 세계 속의 강대국 중 하나가 되었다.

특히 20세기 들어서 500년 가까이 잠자던 한글이라는 문자가 한자를 대체하면서 한국이 중국 중심 질서로부터 문화적으로 분리되는 상황을 맞았다. 이제 한자는 더는 문명으로 진입하는 증표로 기능하지 않는다. 그보다는 중국이 쓰는 문자, 과거 한반도에서 널리 쓰인 아시아 공용문자의 정도로 그 의미가 축소되었다.

한글은 문자학적으로 정밀성과 체계성 면에서 탁월한 성과였다. 세종대왕이 창제한 이 문자는 소리의 원리를 체계적으로 반영한 과학적인 문자로, 서양 알파벳이나 한자와는 전혀 다른 독창적인 문자 시스템이었다. 세계적으로도 유례가 드문 창제자의 기록과 철학이 함께 담긴 문자라는 점, 소리의 상형적 규칙을 일정 부분 담고 있으며, 문자와 문자의 조합으로 음을 확장하는 유연성이 높다는 점, 표음문자이면서도 유사음을 기록하는 논리적 규칙이 보인다는 점 등은 선도적 문자의 의미를 담고 있다.

그러나 냉정히 말해, 한글은 전 세계적으로 선도적인 위치에 있다고 보기는 어렵다. 예술작품과 달리 문자의 영향력은 실제 일상에서 얼마나 쓰이고, 얼마나 널리 퍼졌는가로 측정되기 때문이다. 학술적 기준으로 보면 한글은 강력한 내구성과 문화적 자부심을 지닌 성취이지만, 영향력 면에서는 제한적이다. 일단 문자가 세계적인 파급력이 있으려면 국력과도 무관하지 않다. 중국의 경우만 보아도 한자처럼 불편한 문자를 쓰더라도 국력 때문에 한자의 위상도 만만치 않다. 특히 동아시아 패권국가였던 고대부터는 절대적인 면이 있었다. 물론 현대에 들어서 수많은 정보를 담아내기에 한계가 있다는 점이 점점 드러났다. 실제로 이 때문에 한자를 간체화나 병음 표시 등을 시도하였다. 또한, 이채롭게도 20세기 초 위안스카이나 20세기 중반(1959) 중국 국가 주석이었던 류사오치가 한글을 공용문자로 쓰이는 것을 검토한 적도 있다고 한다. 하지만 공감을 얻지 못하고 해프닝으로 끝난다. 문자의 채택은 실용성 그 이상의 이해관계가 얽혀 있기 때문이다. 무엇보다 문자는 역사와 국민의 정체성과도 관련된 것으로 여겨진다.

그에 비해 서구의 알파벳은 고대부터 비교적 쉽게 주변으로 보급되었다. 현재 표의문자인 중국의 한자가 표의문자로는 거의 유일하게 동아시아권에서 통용되는 것과 달리 표음문자의 대표격인 서구의 알파벳은 세계 곳곳에서 광범위하게 사용된다. 이처럼 엄청난 보급 성과를 보였고 한자와 달리 대체를 논해야 할 만큼 서구 알파벳의 기능이 나쁘지도 않다. 즉, 가장 뛰어난 성과물이 항상 주류가 되는 건 아니다.

그렇다고 한글의 '패배'를 말하려는 것은 아니다. 이건 문자 자체의 한계가 아니라, 국력의 크기와 관련된 문제다. 좁은 국토, 제한된 인구, 그리고 상대적으로 짧은 국제적 영향력의 역사로 인해 한글은 자국 중심으로만 뿌리내렸다. 글자의 우수성과 영향력의 확장은 별개의 차원이라는 것이다.

선도란 곧 영향력이자 새로운 표준의 제시인데, 당시 한국은 많은 경우 자국 내에 머무는 성취만을 했고, 국제적 확산력을 갖추지는 못했다. 오래전에는 중국 중심 체제와의 구조적 종속성, 세계 교류망의 한계 때문이었다. 또한, 인구가 적고 영토가 작은 요건과도 맞물려 있다.

20세기에 와서도 영향력은 제한적이지만, 문화적 확산 수단의 가능성은 이전과는 차원이 다르다. 케이팝·웹툰·드라마 등 한글로 제작된 콘텐츠가 세계에 퍼지고 있고, 번역을 넘어 원어로의 수용을 시도하는 이들도 생겨나고 있다. 세계 곳곳에서 한국어과와 한국학과 등이 생기고 이제 한글도 그들 문화권에서 자연스러운 문자로 인식된다.

사실 우리나라의 전 역사를 통틀어서 지금까지 변함없이 선도적 잠재력을 드러내는 유산을 꼽는다면 단연 한글이다. 과장하자면 과거의 유산 중에서는 거의 유일하다. 세종대왕 때의 빛나는 과학적 성취도 결국 시대가 흘러 지금에는 낡았다. 그 뒤로 당연히 그러한 성과를 유지하기는 어려웠다. 역사적 기록으로서의 문화재적 가치만 있을 뿐이다. 그와 달리 한글은 발명 때부터 엄청난 첨단성을 지녔고 여전히 빛난다.[8] 다만, 그 영향력이 선도적 특성에 비해 충분히 비례하지 못할 뿐이다. 문자가 선도적 특성을 제대로 드러내고 힘을 발휘하려면, 지속적으로 강력한 이니셔티브를 증명하여 견고한 인프라를 구축해야 한다. 유럽에서 빛나게 된 페니키아의 문자처럼.

우리에게는 이제 막 시작되었을 뿐이다. 이니셔티브의 여정이.

♂ 중심이 되지 못한 빛, 한국 문화의 선도성과 그 한계

앞서 언급했듯이 K-이니셔티브의 고전이라 할 수 있는 한글조차 온전히 세계적으로 역량을 드러내지 못했다. 아직 우리의 세계적 파급력이 부족하기 때문이다.

이는 과거에도 그랬다. 어떤 성과가 진정으로 선도적 위상을 얻으려면, 그 자체의 가치만큼이나 부가적인 영향력이 중요해진다. 아무리 훌륭해도 아무도 선도적 표준으로 삼을 수 없다면, 그 가치가 무색해진다.

예를 들어, 한국이 이룩한 문화적·기술적 성과 중 대표적인 것 하나를 꼽자면 단연 금속활자 기술이다. 이는 내적으로 놀라운 독창성과 정교함을 갖춘 혁신이었으며, 세계사적으로도 눈여겨볼 만한 기술적 성취임에 틀림없다. 그러나 이 위대한 발명은 구텐베르크의 인쇄혁명처럼 인류 문명의 흐름을 뒤흔드는 매체 혁신으로 이어지진 못했다. 그 차이는 기술 자체의 완성도에서 기인한 것이 아니라, 그것을 수용하고 확산시킬

8) 고려청자는 오히려 그런 면에서 당대에 선도적 위치에 있었다고 할 수 있다. 문화재로서 엄청난 가치가 있다는 점에서 어떤 면에서는 현재에도 선도적이라고 하겠다. 하지만 실제로 현재 생산되고 향유된다는 것과는 차이가 있기 때문에 한글의 현재적 선도성과는 구별하였다.

외교·경제·정치적 조건의 차이에서 비롯되었다.

한국은 오랫동안 지리적 고립과 폐쇄적인 국제 질서 속에 놓여 있었다. 대외관계에 있어서도 중국이라는 대국의 상황에 많은 영향을 받았다. 설령 그러지 않았다고 해도 교통의 한계가 있던 시절이었다. 그래서 동아시아의 지정학적 상황에 갇혀 있었다. 고려의 경우, 세계를 누비며 무역을 했다고는 하지만, 상업주의로 연계할 만한 유인 요소가 낮은 품목의 경우, 예를 들어 종교적 이유 등으로 폐쇄적인 유통에 머물러야 하는 산물도 있었다. 이런 구조적 제약 속에서 한국 문화는 국제 사회의 표준이 되지 못했다. 그 위대함조차 널리 인식되지 못한 채 제한된 공간 안에서 머물러야 했다.

그 때문에 15세기에나 발생한 구텐베르크의 인쇄혁명과 달리 세계사의 물줄기를 바꾸지는 못했다. 당대의 파급력 면에서는 공간적 제약에 갇혔던 셈이다. 그로 인해 성취의 연쇄적 파괴력이 작아졌고, 결과적으로 문명사적 사건으로 발전하지 못했다. 기술 자체의 완성도나 선구적 가치에는 하자가 없었다. 오히려 세계 최초라는 타이틀도 한국의 몫이다. 그럼에도 금속활자는 한반도에 머물렀고, 구텐베르크의 인쇄기는 유럽을 넘어 전 세계로 파급되었다. 그 차이를 만든 것은 기술력이 아니라 역사적·문화적 배경이었다.

좀 더 상술하자면, 13세기에 개발되었다고 알려진 한국의 금속활자는 주로 종교적 목적, 특히 불경 인쇄에 집중되었다. 팔만대장경이나 『직지심체요절』(1377) 같은 유산은 그 정교함과 철학적 깊이에서 높은 평가를 받지만, 그것이 사회 구조를 바꾸거나 문화적 기준을 새로 세우는 데까지 이어지진 못했다. 유통의 경로는 폐쇄적이었고, 생산도 유교적 관료주의와 불교적 도그마 안에 갇혀 있었다. 결과적으로 금속활자는 우리만의 사건으로 남게 되었고, 문명사적 파급력은 제한적일 수밖에 없었다.

반면 구텐베르크의 인쇄기는 종교개혁, 르네상스, 계몽주의, 근대 민주주의를 견인한 결정적인 매체였다. 이 배경에는 중세에서 근세로 이행하던 유럽 사회의 개방성[9]과 상업주의가 있었다. 유럽은 중세 말부터 활발한 도시 교역망을 통해 정보와 사상의 흐름을 가속화했고, 인쇄 기술은 곧바로 상품으로서 가치를 지니게 되었다. 책은 독점된 지식이 아닌 유통되고 소비되는 지식이 되었다. 이는 곧 사회의 구조를 근본적으로 뒤흔드는 파급력을 낳았다. 그 전에는 장인의 공예품처럼 책을 만들었다. 각종 문양을 넣고, 일일이 필사해서 책을 만든 것이었다. 그건 예술품이었다. 특히, 성경은 자물쇠로 걸어놓고 단 한 권 성당에 비치하는 방식일 수밖에 없었다. 건물값만큼 비싼 성경도 있었다고 한다. 그런 시대에 책의 실용성을 강조하며 기계적으로 찍어내는 보급용 책을 만든다는 것은 책 공예가들에게는 치욕적이었을지 몰라도, 모두에게 성경이 보급되고 각종 지식이 쉽게 전파되는 계기가 되었다. 또 이건 실용적인 값싼 책을 사려는 사람들이 존재했다는 의미로, 상업적으로 대량생산은 책을 생산하려는 입장에서도 이해관계가 맞아떨어졌다. 그만큼 한 나라의 인구는 적었더라도, 지식을 소비하려는 계층이 유럽

---

9) 여기서 개방성이란 중세처럼 폐쇄적인 사회에서 조금씩 개방적으로 변하던 인문주의 시대를 가리키기도 하지만, 설령 중세였다고 해도 서로 교류할 분명한 여러 대상, 즉 주변에 엇비슷한 국력의 나라들이 경쟁하는 상황이었다는 것을 의미하기도 한다.

전역에 있었던 것이다. 그들은 라틴어보다 자국어를 선호했다.

방금 언급했듯이 유럽은 수많은 군소국가들이 경쟁하던 다극 체제였다. 심지어 당시 독일은 자국 내에도 무수한 공국이 존재했다. 통일된 나라가 아니었으므로 각자가 자기 이해관계가 있었다. 또한 독일, 이탈리아, 프랑스, 영국, 스페인 등은 서로 다른 이해관계 속에서 긴장과 견제를 이어갔고, 새로운 기술과 사상의 등장으로 유럽 전체의 정치적·문화적 경쟁력이 강화되었다. 결과적으로 구텐베르크의 발명은 독일을 넘어 유럽 전체의 구조 변화를 이끄는 기폭제가 되었다. 그리고 지금까지도 그 영향력이 이어진다고 봐야 한다. 심지어 출판은 현대에도 그 형식이 크게 바뀌지 않았다.

그런데 한국은 달랐다. 앞서 언급했듯이 중국이라는 거대한 절벽 때문이었다. 만약 동아시아가 중국식의 통일 제국이 아닌, 유럽처럼 군소국가들이 경쟁하는 춘추전국의 다극 체제를 유지했다면 어땠을까. 만약 한국이 중국의 영향권에 놓이는 대신, 엇비슷한 인접 국가들과 경쟁하고 교류했다면, 우리는 금속활자나 세종 시대의 과학 성취를 통해 일부 분야에서 아시아 표준을 먼저 설정했을지도 모른다.

그러나 역사에서 가정은 부질없다. 이러한 문명 구조의 차이는 결국 우리가 뻗어나갈 수 있는 방향의 지형을 결정지었다. 오랫동안 동아시아 문명권의 한반도에서는 기술이 있었지만, 그것을 확산시킬 다극적 경쟁도, 국제적 상업 유통 구조도 충분히 갖추지 못했다. 우리는 너무 일찍 하나의 문명 중심에 편입된 단극 구조 속에 갇혔다. 그 구조 안에서도 우리는 위대한 것을 만들었지만, 그 선도적 잠재력에 비한다면 표준이 되는 것을 충분히 현실화하지는 못했다. 지금 우리가 해야 할 일은 과거의 기술을 자랑하는 것이 아니라, 그 위대함이 왜 표준이 되지 못했는지를 성찰하는 것이다. 그래야만 다음번에 금속활자와 같은 성과물을 다시 만들었을 때 세계로 확산시킬 수 있을 것이다.[10)]

물론, 우리에게도 중세와 근세를 기준으로 동아시아 지역을 선도하는 경우가 있었다. 한국 문화는 역사적으로 깊고도 탁월한 성취를 남겼다. 고려청자의 신비로운 비색과 정제된 조형, 고려 불화의 섬세한 필치와 색감, 금속활자의 세계 최초 실현, 그리고 세종 시대에 이르러 절정을 이룬 천문·음악·측량 기술 등은 단연 세계 문화유산이라 부를 만하다.

그러나 이러한 위대한 성취들이 세계사적 기준에서 지속적인 선도성을 발휘했는지에 대해서는 냉철한 성찰이 필요하다. 물론 오늘날의 기준으로 과거를 재단하는 것은 역사 인식의 오류일 수 있다. 12~15세기의 동아시아 문명은 교통과 통신, 외교와 상업의 구조적 한계 속에 놓여 있었다. 당연히 지금처럼 국제 표준이라는 개념이 실질적으로 작동하기 어려운 시대였다. 따라서 그 시기의 문화 성취는 지역 내에서 얼마나 중심적 역할을 했는가를 기준으로 평가해야 마땅하다.

그런 점에서 한국 문화도 시대의 제약 속에서 분명히 선도적 역할을

10) 덧붙여 세종대왕 대의 천문 · 수학 · 음악 · 농업 기술 역시 마찬가지였다. 그것은 동아시아는 물론 세계적으로도 당대 최고 수준이었다고 하지만, 그러한 역량이 국제적인 파급력을 지니지는 못했다. 고립된 위대함으로는 세계사의 주류를 형성하기 어렵다. 또, 실제로 그러한 요소는 현재까지 진행될 파급효과로 남지 못했다. 유럽에서 시작된 과학 혁명으로 세종 시대의 성과 중 많은 것이 추월당했고, 그때의 기술은 아니지만 유럽은 그러한 성과를 바탕으로 지금도 파급력 있는 분야를 선점하고 세계를 선도하고 있다.

수행한 바 있다. 비록 교통 등의 한계로 세계적인 선도의 가치를 품고도 실제로는 실현하지 못했지만, 당대에 전 세계라고 해도 무방한 지역에서 영향력을 행사한 경우는 제법 있었던 것이다. 예를 들어 고려청자는 송대 도자기 흐름 속에서도 중요한 영향을 주었으며, 금속활자는 서구보다 200~300년 앞선 기술적 성취를 보여주었다. 비록 전 지구적 파급력을 갖추지는 못했더라도, 동아시아 문명권 내에서는 충분히 독자적 정체성과 위상을 형성해냈다. 이는 중국이라는 문명적 절벽, 즉 거대한 세계관 속에서도 뚜렷한 족적이었다.

그런데 이런 경우에도 국력의 한계로 중국이라는 압도적인 표준, 거의 모든 것의 표준이라 할 만한 동아시아의 맹주를 근본적으로는 뛰어넘을 수 없었다. 단순히 국력 차이가 아니라 오랜 시간 쌓인 중화 문명 프리미엄 때문이었다. 그러다 보니 엇비슷한 타국과 경쟁하기보다는 중국을 따라가는 것이 문명의 길이라고 여겼다. 이길 수 없는 것을 이기려 하는 것도 생존에는 위협이기 때문이다. 그래서 만세라 하지 못하고 천세라 하였으며 중국 황제의 건물보다 높이 올리지 않는 양식을 발달하게 했다. 필요한 것은 중국에 거의 모두 있었기 때문에 굳이 위험을 감수하면서까지 그 너머를 보려 하지 않았다.

이처럼 한국의 많은 문화 성과는 필요한 만큼만 생산되고, 폐쇄적으로 운용되는 질서 속에서, 대외적인 확산보다는 내부적 완성도와 상징적 가치에 무게를 두었다. 이로 인해 그 성과는 시대와 지역 안에서는 어느 정도 선도적인 경우도 있었으나, 이후까지 이어지는 영향력을 지속하기에는 구조적 한계에 직면했다.

게다가 근대 이후 세계 질서는 서구 표준에 의해 재편되었다. 그 과정에서 동아시아의 기존 질서는 단절을 겪었다. 이는 곧 문화적 연속성의 위기이기도 했다. 시조는 더 이상 주요한 예술 장르로 평가받지 못하고, 고전소설은 현대문학과의 감성적 괴리를 안게 되었으며, 우리의 음악, 글쓰기, 미술 또한 서구식 분류 체계에 따라 재해석되거나 주변화되었다. 선도적 위치에서 평가받던 전통이 있었더라도 어느새 잊히거나 박물관 안에 갇힌다.

이러한 현실을 올바르게 인식하지 않은 채 '왜 우리는 중심이 되지 못했는가'라고 자책하거나, 반대로 '우리는 원래 위대했다'는 식의 과도한 자부심만 붙잡는 것은 바람직하지 않다. 문화의 가치는 언제나 시대와 지역을 초월하여 존중받을 수 있다. 그러나 문화가 선도적이라는 인정을 받기 위해서는 그것이 시대의 흐름 속에서 어떤 역할을 했는가, 얼마나 많은 이들의 삶을 바꾸었는가, 어떤 새로운 기준을 제시했는가를 따져보아야 한다.

그렇기에 우리는 단지 과거에 위대했다는 식의 자부심에 머무를 것이 아니라, 그 위대함이 왜 이어지지 못했는지를 물어야 한다. 문화의 선도성은 순간의 성취보다도 그것이 얼마나 널리 영향을 끼쳤고, 얼마나 오래 살아남았으며, 다른 문화에 어떤 기준을 제시했는가로 판단된다. 그것은 곧 문화가 외부와 어떻게 연결되었는가, 그리고 그 연결 속에서 살아남을 구조를 만들었는가의 문제다.

과거의 성취는 결코 작지 않았다. 그러나 그 성취가 오늘날에도 표준이 되려면, 우리는 이제 새로운 방식의 '연결'을 설계해야 한다. 단절된 유산을 다시 잇고, 내부의 아름다움을 외부와 소통시키는 시스템을 구축할 때 '한때 위대했던 민족'이 아니라 '지속적으로 선도하는 문화'의 공동체로 자리매김할 수 있을 것이다.

다행히 오늘날의 우리는 다른 환경에서 세계를 대면하고 있다. 이제는 확산의 조건도, 접점의 조건도 바뀌었다. 문화는 기술을 통해 실시간으로 교류되고, 평가받는다. 따라서 우리의 과거 유산이 당대에 중심이 되지 못했다는 사실을 곱씹으며, 오늘날 어떤 조건 속에서 지금의 선취를 새롭게 중심화할 수 있을지 고민해야 한다. 혹시 놓쳐버린 과거의 가능성이 있다면 그것을 이 시점에 다시 호출하여 우리의 미래적 가능성으로 탈바꿈할 수도 있는 것이다. 이를 위해 주체적인 해석과 세계적 공감대를 만들어낼 재맥락화 전략이 필요하다.

우리는 과거에 중심이 되지 못했던 그 문화유산의 가능성을 다시 살펴볼 수 있는 시대에 살고 있다. 그것은 과거를 복원하는 일이 아니라, 미래를 설계하는 일이기도 하다.

※ 선도적인 잠재력은 품질의 우수함만을 의미하지는 않는다

> “ 비틀즈는 그 당대의 클래식 작곡가들보다 더 뛰어난 이론적 배경을 지녔다고 보긴 어렵다. 그러나 그들은 당대의 음악 산업을 새롭게 규정했고, 이후 수십 년간 대중음악의 표준을 설정하는 역할을 해냈다. 이처럼 파급력은 단순한 예술적 가치와는 다른 차원에서 문명사적 위상을 결정짓는 중요한 요소다. 아무리 실험적이고 정교한 예술이나 기술이라 하더라도, 그것이 외부와 연결되지 못하고 개인의 창작에 그친다면, 결국 그 존재조차 알지 못한 채 지나치게 된다.

우리가 K-이니셔티브라는 이름으로 세계에 우리의 아이디어를 제안하고

자 할 때, 그 기준은 단지 우리만의 우수함을 자부하는 것이 아니다. 그것은 다른 문화권이 참고하고 따를 수 있는 표준이 되었느냐의 여부에서 의미가 생긴다. 기준은 스스로 선포한다고 성립되는 것이 아니라, 타인의 수용을 통해 작동한다.

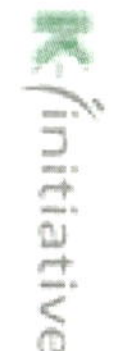

♂ 선도적인 이론과 평가의 문제: 한국 예술, 그 찬란한 단편들

한국의 예술은 때로 세계를 놀라게 했다. 최근 창작 K-뮤지컬인 『어쩌다 해피엔딩』이 토니상 6관왕에 오르는 기염을 토했으며, 한강이 모두의 예상을 깨고 노벨문학상을 받으며 한국문학의 위상을 드높였다. 또한, 이수지나 백희나와 같은 그림책 작가들이 세계적인 상을 꾸준히 받으며 K-그림책의 탄탄한 수준을 증명하고 있다. 박찬욱, 봉준호, 홍상수 등의 우리 감독들도 칸 영화제 베를린 영화제 등에서 괄목할 만한 성과를 거두었는데, 이러한 경우 모두 해외의 권위 있는 상을 받았다는 공통점이 있다.

사실 우리의 예술 작품은 최근에 K-무브먼트라 불릴 만큼 다방면에서 두각을 나타내고 있다. 그것이 장르를 뒤흔들 정도로 퍼스트무버적이거나 게임체인저급의 사건이 아니라고 해도 상당한 수준에서 진지하게 거론될 만큼 선도자 그룹의 위상이라 하겠다. 또 유수의 콩쿠르에서 우리의 클래식 연주가들이 두각을 보이는 가운데, 집중적이고 체계적인 교육 시스템이 새삼 조명받고 있다. 이중 임윤찬은 18세라는 나이가 믿기지 않을 만큼 거장의 품격을 보이며 세계 클래식 팬들의 주목을 받기도 했다. 그것이 연주 방면에서 초격차나 연주의 신기원을 열었다고까지 말하기는 조심스럽지만, 적어도 초격차의 경지에 이르기 위한 여정에 올랐다고는 할 수 있다. 역시 이것을 위한 인프라를 얻기 위해서 그는 세계적인 콩쿠르인 반 클라이번 국제 피아노 콩쿠르 등에서 우승하는 과정을 거쳤다. 아무래도 한국의 한예종에서 우수한 성적을 거둔 것만으로는 세계적인 차원의 기회를 얻기 쉽지 않다. 관련 시스템의 축적된 무형자산의 혜택을 입는다는 것, 그 때문에 많은 예술가들이 그 분야의 공인된 등단이나 수상을 위한 노력을 외면하지 못한다. 그 자체가 이미 특정한 권위를 인정하고 수용하는 것이라 할 수 있다.

사실 우리가 수상에 실패할 때마다 노벨상은 그저 서구의 유명 상 중 하나일 뿐이라고 애써 위상을 축소하려 하지만, 실제로는 담담하지 않았다. 우리는 K-방역이라는 이름을 붙이고 유력 외신의 평가를 갈망한다. '국뽕'이라는 신조어까지 등장했는데 사실 그렇게 나라를 자랑스러워한다는 건, 그만큼 자랑할 일이 많지 않았다는 방증이기도 하다. 너무 많으면 시큰둥해지기 마련이다. 더는 대단한 것이 안 될 만큼 많아지면, 그때부터는 굳이 외신이 칭찬하는 기사를 찾아보지 않게 된다.

그런데 여전히 '국뽕'을 갈망하는 것을 보면, 아직 그 경험이 부족한 것이다. 심지어 우리가 그들에게 인정받은 것을 두고, 그들보다 앞섰다는 것으로 착각하는 경우도 생긴다. K-팝이 유행하는 것을 근거로, 우리의 우수성이 증명되었고 그들에게 이겼다고 착각하는 경우도 그러한 예이다. 이것 하나밖에 없다는 사실을 깨닫지 못하고, 그들에게 과시하는 모양새다. 그들의 평가에 의존하면서 우쭐하는 어색한 모양새라고도 하겠다. 사실 그들에게 축적된 엄청난 대중음악 유산을 고려한다면,

우리의 참신한 파급력은 여전히 작은 편이다.

반면, K-팝을 인정하는 유럽의 입장에서는 수많은 우수한 문화를 자기화했다는 자부심이 있다. 또한, 자국의 국제영화제를 통해 수많은 나라의 예술가를 발굴한다는 주관자의 모습도 보인다. 이를테면 세계시민이라는 주인의식이 있는 셈이다. 어찌 보면, 이미 대중음악의 수많은 형식을 탄생시킨 미국이나 유럽 입장에서는 K-팝은 하나의 옵션일 뿐이다. 심지어 독창성 면에서 압도적인 수준도 아니다.

비록 그들의 유행이 낡았더라도 유행이란 늘 지나가기 마련이고, 그건 지금의 유행에도 예외는 아니다. K-팝도 낡은 유행이 될 것은 분명하다. 그때 남는 것은 다양한 인프라다. 그들에게는 빙산의 꼭대기에 불과한 유행 밑에 엄청나게 다양한 대중음악 유산과 언더그라운드 계열의 성과물이 있다. 우리는 그들에게 인정받고자 하면서도, 그들을 이기고자 하는 모순적 심리에 시달린다. 그 모순이 온전히 풀리려면 시간의 성실함을 견뎌내면서 우리의 이니셔티브 역사를 다져가야 할 것이다.

사실 우리에게도 퍼스트무버적인 예술적 사건이 있었겠지만, 실제로 고전예술에서 이것을 발견하기 어려웠던 것은 우리의 시선과 이론이 중국의 규범에 갇혀 있었기 때문이다. 특히 동아시아의 유교 문화에서는 규범을 암기하고 그것을 통하여 정답을 수양하는 방식이었기에, 현대적인 선도성과는 결이 맞지 않았다. 그러다 20세기에 이르러 서구의 관점이 수입된 뒤로, 같은 대상에서도 그동안 발견하지 못했던 가치를 다른 각도로 재조명할 수 있게 된다.[11)]

그리고 지금의 관점에서 유의미한 엄청난 예술적 사건을 꼽자면, 백남준이 비디오 아트를 창시한 것을 들 수 있다. 이는 세계사적 관점에서 한국인이 이룩한 성과 중 최고로 두어도 무리가 없다. 그도 그럴 것이 그의 업적은 세계 예술사의 관점에서, 특히 주류에 해당하는 서구의 예술사에서 하나의 사조를 열어젖힌 수준이었다. 하나의 장르, 하나의 세계관이 세워지는 순간에 코스모폴리탄적인 한국인이 주요한 창조적 선도자였다. 그것은 후대에 막대한 영향을 끼친다. 주로 이미 확고부동한 서구적 정통 장르에서 하나의 이채로운 개성을 드러내는 경우는 있어도, 거장의 풍채로 예술사의 길목이나 장르의 문 앞에 선 예술가가 우리 근대사에서는 그리 많지 않다.

이것은 서구의 이론과 평가를 따라붙게 만드는 사건이었는데, 한국적 맥락에서 이루어진 것이라기보다는 백남준이 서구적 사고를 하던 세계 시민이었기에 가능했던 것으로 보인다. 한국적 맥락과 별 상관없는 개인의 역량 덕분이었겠지만, 동시에 그가 수용했던 서구적 인프라 덕분이기도 했다. 그건 김연아의 등장과도 유사하다. 그녀는 백남준처럼 갑자기 하늘에서 뚝 떨어졌다고 해야 적절한 존재였다. 김연아가 "그저 한국인이었을 뿐"이라는 농담이 있듯, 백남준이야말로 우연히 "비디오 아티스트가 한국인이었다"고 말할 수 있을 정도로 특수한 존재였다. 그만큼 우리 입장에서는 아직 현대 예술을 선도할 역량이 충분하지

---

11) 판소리의 경우 민속음악으로서도 개성이 있지만, 서사와 음악의 결합을 통해 연극적 · 문학적 차원까지 아우르는 독특한 복합 예술로, 세계 민속음악 연구에서 하나의 참조 모델로 자리 잡았다. 20세기 이후, 세계음악학 분야에서 동양 서사음악의 대표적 케이스로 꾸준히 연구되고 있다. 다만, 현재 당대의 파급력이 있다고는 하기 어려우며, 서구의 이야기 예술로서의 대중음악과 접점이 있지도 않다.

않았다고 볼 수 있다. 그래서 하늘에서 갑자기 뚝 떨어진다는 말이 아직 익숙하다. 각자가 자기 역량으로 온갖 역경을 딛고 성공하여 부모 앞에 나타난 셈이다. 그래도 낳아준 은혜가 있다면서 그 공로로 노후 연금을 주겠다면서.

그런가 하면 김덕수처럼 한국 문화 자체에서 창조적인 성과물을 낸 경우도 있다. 그는 사물놀이를 통해 전통 민속음악의 새로운 가능성을 세계에 각인시킨 주역이다. 물론 사물놀이 자체가 유럽에서 하나의 장르로 자리 잡고 지속적으로 다양한 연주인을 탄생시켰다고 할 수는 없다. 다만, 그 자체를 동양의 문화로 파악하고 수용하는 유럽인의 역량을 보여주는 예술 장르로 기능한다고 해야 할까. 이러한 사물놀이는 자체적으로 타악의 진경을 보여주면서 유럽인의 지적 스펙트럼을 넓혀 주었다. 김덕수의 타악 예술은 재즈나 프리 임프로비제이션 분야의 실험적 아티스트들과 협연하면서 그 가능성이 넓다는 것을 인정받는다. 그런데 아이러니하게도 사물놀이의 가치를 미국과 유럽에서 먼저 인정받자 그때서야 해외에서 보급되는 사물놀이 음반을 역수입해야 했다. 김덕수의 예술적 가능성을 주도적으로 알아본 곳이 유럽 재즈의 명레이블인 ECM이었고, 독일과 미국 등지의 예술 평론계였다. 그들은 예술비평적 이니셔티브의 인재들이 충분히 있었던 것이다.

사실 재즈뿐 아니라 1950년대 할리우드 명감독의 미학조차 프랑스의 평론가들이 재발견했다는 말도 있으니, 유럽인들의 안목, 세상의 시선을 주도하는 자신감과 역량은 대단하다 하겠다. 그들이 보는 대로 평가되고 그것이 세계의 표준이 될 가능성이 높다는 것, 여기에 인문학적 깊이의 강력한 힘이 있다. 우리의 가능성이 보편적 흐름으로 이어지지 못하는 원인은 인문학적 담론을 주도하지 못하는 것에서도 기인한다. 다양한 의견을 제시하고 그것을 다시 부수며 '북 치고 장구 치고' 하는 유럽의 이론가들이 보여주는 자신감과는 확실히 다르다.

그렇다면 현대 말고 과거의 우리에게는 이런 선도적 성취가 있었을까? 사실 거의 없었다고 해야겠지만, 조선 시대 이황의 이기이원론은 중국에서도 연구하는 독창적인 성리학 이론이다. 어쨌든 이러한 성취의 경험이 그다지 많지 않았고, 지금 시대에 성리학 이론을 적용하는 사례가 없기 때문에 사실상 '거의 없다'고 해도 무방하다.

이처럼 퍼스트무버적인 사건을 많이 경험하지 못해서 일일이 표준을 설계해야 하는 경험이 적었던 게 아닐까 싶다. 먼저 현상이 오고 해석이 따라붙기 마련인데, 그러한 현상을 먼저 경험하지 못한 것이다. 만일 그러한 현상을 주도하는 경험을 자주 했더라면 필연적으로 표준을 세우기 위해 인문학적 이론을 치열하게 개발해야 했을 것이다. 자기 목소리로밖에는 현상을 설명할 이론이 마땅치 않은 난감한 상황이기 때문이다. 그런데 한국의 경우 아무도 설명해줄 수 없을 때의 난감함보다는 익숙한 정답의 길을 경험할 때가 많았다.

하지만 이제는 달라야 한다. 김춘수의 「꽃」이나 생텍쥐페리의 『어린 왕자』에서 말하듯 우리가 이름을 불러줄 때 그들은 다가와 우리에게 소중한 의미가 되듯이, 그 이름에 새로운 의미를 불어넣어줄 때 그것은 우리가 모르는 신비롭고 다층적인 의미로 다가와 우리를 풍요롭게 해줄 것이다.

그것이 바로 서구가 세상을 주도하기 시작할 때부터 지금까지 하는 것이고, 우리가 아직도 못하는 것이다. 그러다 보니 우리의 것이 지닌 가치에 대해서도 그들의 입을 통해 듣는다. 우리가 진정 선도자의 반열에 들기 원한다면, 해외 무대에서 인정받는 몇몇 예외적인 성공에 도취할 것이 아니라, 내부에서 그 흐름을 자생적으로 기획하고 이어가는 구조를 설계할 수 있어야 한다.

♂ 원조 받던 나라에서 원조하는 나라로, 한국의 성공 스토리

이론적 빈약함 때문에 실망했다면, 누구도 쉽게 경험하지 못한 불굴의 성공 스토리 역시 중요한 자산이라는 점을 기억해 두자. 그 지점에서만큼은 충분히 자랑스럽다. 그 자체로 특수한 경쟁력이고 국가 브랜드 가치에서도 유의미한 면이 생긴다.

우리의 경우에는 산업화 시대에 고속 성장을 하며 한강의 기적을 일군 스토리가 그렇다. 한국은 한때 세계에서 가장 가난한 나라 중 하나였다. 6·25전쟁의 폐허 위에서 국민소득은 바닥이었고, UN과 선진국의 원조 없이는 아무것도 할 수 없을 나라로 평가받았다. 그러나 우리는 미국의 대외 원조에 안주하지 않고, 그것을 기반으로 체제를 정비하고, 사회를 조직하고, 산업을 일으켜 세웠다. 그렇게 가난에서 벗어났을 뿐 아니라 세계적인 경제 강국이 되는 기적을 일으켰다.

대외 원조는 단지 돈이나 식량의 문제가 아니었다. 그 원조를 어떤 방식으로 활용할지, 어떤 가치를 중심에 둘지에 대한 사회적 선택이 중요했다. 우리 시민은 독재와 맞서 싸우며 끝내는 민주주의와 시장경제를 선택했다. 단기적으로는 불안정과 혼란을 겪었지만, 지속가능한 발전을 위해서는 정치적 자유는 필수였다. 권위주의 독재 체제로 선진국 수준에 이른 국가는 싱가포르 등이 특별한 예외라는 점만 보아도, 반드시 민주주의로의 전환이 필요했다. 그리고 대만도 그랬듯 한국은 시민의 성장으로 질적인 풍요를 이루는 민주적 발전을 지난 반세기 동안 증명해 왔다.

그 과정에서 한국은 드물게도 대외 원조 수원국에서 공여국으로 전환하는 데 성공한 국가가 되었다. 이제 우리는 과거처럼 원조를 받는 나라가 아니라, 다른 나라의 미래를 돕는 주체가 되었다. 공식적으로는 거의 유일하다고까지 볼 수 있다. 그렇기에 "대외 원조를 받던 나라에서, 민주주의를 이루고, 원조를 주는 선진국 그룹에 속하게 된 국가"라는 서사는 그 자체로 하나의 커다란 성과다. 그것만으로는 선도적 위상이라고 할 수 없지만, 세계 어디에도 흔하지 않은 독보적인 전환의 이야기인 것은 분명하다.

특히 산업화를 진행하는 개도국 입장에서는 한국의 성공 서사 자체로도 특별한 가치를 띠게 된다. 절대적인 의미로는 이미 대외 원조의 표준을 미국과 유럽이 세워놓았지만, 직접 그 분야에서 수원국이었다가 공여국이 된 사례는 한국밖에 없다. 대외 원조와 관련된 표준은 기존의 것을 참고해야겠지만, 한국의 성공 스토리는 개발도상국에게 퍼스트무버이자, 영웅적 대서사시로 다가온다. 이는 단지 한국이라는 국가의 성공을 말하는 것이 아니다. 이를테면 세계 질서 안에서 후발 주자가 어떻게 전략적으로 도약할 수 있는지를 보여주는 교본이다. 동시에 미래의 글로벌 협력체계를 주도할 자격이 있음을 증명하는 사례다. 한국이 도와준다는 건 단지 금전적·기술적 제공 이상의 의미를 지닌 셈이다. 직접 경험한 국가로서 개도국의 애로사항을 먼저 해결했던 자산 덕분이다. 우리와 협력하는 제3세계 국가들과 긴밀한 관계를 수립하고 상생 발전하는 데 이보다 더한 자산은 없다고 해야겠다.

영국은 코먼웰스(영연방, The Commonwealth of Nations)라는 국제기구를 통하여 여전한 국제정치의 영향력을 유지한다. 대영제국의 식민지였다는 공통분모로 묶인 연합체로, 영향력 면에서 무시할 수 없다. 유럽 중세 사회에서의 기독교라는 공통 질서, 이슬람 네트워크의 동질감, 유대인과 화교 등 민족 공동체의 끈끈함과 같이 다양한 공통분모를 통해 뜻밖의 시너지 효과를 발휘한다.

한국 역시 대외 원조를 브랜드화해 국제적 네트워크를 선도적으로 묶어낼 가능성은 없을까? 물론 이 역시 아직은 시작에 불과하다.

☯ 경제적 맥락

선도자라는 개념은 사실 그 사회가 여러 선택지를 놓고 경쟁하고, 새로운 기준을 제시할 만큼의 환경을 갖췄을 때 비로소 성립할 수 있다. 하지만 우리의 역사에서 선도의 시기를 찾는 일은 생각보다 어렵다.

폐쇄적인 사회 구조, 지역 간 교류의 부족, 그리고 무엇보다도 산업 발전의 더딤.

이 세 가지 단점으로 선도자가 되기 위한 기본 환경 자체가 허용되지 않았다. 자연스럽게, 한국 사회는 오랫동안 선도라는 개념과는 거리가면 방식으로 성장해 왔다. 특히 조선 후기까지의 역사를 보면, 지역 간 교류는 중앙집권적 정치 구조 하에서 매우 제한적이었다. 자유롭게 경쟁을 허용하는 '시장'은 협소했다. 각 지역은 자기 내부의 생계 논리 안에서만 생존을 유지했다. 지역적 특색이 경쟁력을 발휘하거나 확장되는 구조가 아니었다. 더욱이 조선 사회는 유교 이념에 따라 문(文)을 숭상하고, 상(商)을 천시한 구조였기에, 산업적 혁신이나 기술 발전이 미덕으로 여겨지기 어려웠다. 더구나 어떤 분야에서든 '먼저 나아간다'는 것은 위험한 일로 간주되었고, 제도의 억제를 받기 쉬웠다.

그렇기에 지금 우리가 말하는 선도자, 혹은 퍼스트무버(First Mover) 같은 개념은, 근대 이후 산업사회로의 진입 과정에서야 비로소 유효해진 말이다. 즉, 게인체인저급의 사건이었던 1990년대의 CDMA 표준화와 초격차를 강조한 삼성의 반도체 전성시대로 요약되는 지난 30년은 패스트팔로워로서 천천히 선진국의 길로 나아가는 역동적인 시간이었다.

그전까지의 한국 사회는 지속과 방어, 보존의 논리 속에서 작동하는 사회였다. '먼저 나서기보다는 어울려 따르며 질서를 유지하는 것'이 미덕이었다. 이런 역사적 맥락을 이해하면, 왜 오늘날 한국 사회가 선도를 이야기할 때 여전히 어색한 감정과 동시에 강한 열망을 느끼는지도 설명된다. 경험이 부족했던 만큼 욕망이 크고, 욕망이 큰 만큼 조바심도 생긴다. 하지만 그럴수록 우리는 역설적으로 기초부터 차근차근 쌓아가는 선도의 방식을 배워야 한다. 진정한 리더가 되는 법을 배워야 할 시간이 왔다는 것만으로도 이미 대단하다.

☯ 그렇다고 의기소침할 이유는 없다

선도자의 자리는 드물고, 대부분은 후발 주자로서 따라가면서 성장한다. 퍼스트무버, 게임체인저 그리고 초격차의 이룬 주인공들은 생각보다 훨씬 희귀한 존재다. 산업이든 예술이든, 역사의 흐름 속에서 그런 이름을 가진 인물은 극소수에 불과하다. 어떤 국가나 기업이 그러한 선취에 도달하는 것은 예외적인 사건이지, 일반적인 발전 경로가 아니다. 실제로 대부분은 패스트팔로워로 출발해, 현실적이고 점진적인 전략을 통해 선도자 그룹에 진입해왔다.

'클래식' 음악도 따지고 보면 유럽이라는 집합적 문화권에서 형성된 이름이지, 개별 국가의 힘으로만 만들어진 것은 아니다. 고전 예술의 주역들을 단일 국가 기준으로 나누어 보면, 그 수는 의외로 적다. 영국만 해도 클래식 역사에서 중심에 있다고 보기는 어렵다. 독일이 주도적이며, 이탈리아와 프랑스, 러시아 등지에서 그다음으로 많은 음악가를 보유했다. 물론 오페라와 연주곡을 세부적으로 분류해 본다든지, 바로크 시대 등 시기별로 살펴본다면 양상이 조금 달라질 수도 있겠지만, 대체로 독일을 중심으로 일부 국가에서 압도적인 수의 음악가를 보유하였다. 핀란드, 벨기에, 스웨덴 등 클래식 주변국에서는 퍼스트무버나 게임체인저 또는 초격차의 경지에 이른 선도적 위상을 보인 사례는 거의 없다고 할 정도다.

개인적으로 오스트리아는 재즈의 거장 조 자비눌과 모더니즘 문학의 정점이라 할 로베르트 무질을 통해 기억된다. 포르투갈은 최근에서야 시인 페르난두 페소아를 통해 널리 알려지기 시작했으며, 폴란드는 쇼팽이라는 거대한 인물을 떠올릴 수 있지만, 현대에 들어서는 재즈

피아니스트인 레셰크 모즈제르나 영화감독 키에슬로프스키 같은 인물이 뒤를 잇는다. 스웨덴도 근래에 들어서야 북구 유럽풍의 재즈를 비롯해서 음습한 분위기의 일렉트로닉 재즈로 세계적 시선을 받고 있으며, 노르웨이는 뭉크의 시대부터 미학적으로 독특한 입지를 점하기 시작했다. 핀란드는 시벨리우스나 노키아가 세계를 흔들던 시기를 제외하고는 선도자적 존재가 드물다. 이처럼 대다수 국가들의 경우, 몇몇 예외적 이름을 통해 존재감을 드러내는 경우가 많다.

그리고 이러한 사실에 놀랄 필요가 없다. 퍼스트무버 자체가 본래 확률적으로 극히 드문 사건이기 때문이다. 미국, 독일, 영국, 프랑스, 중국, 혹은 러시아와 같은 특정 국가들 외에 그 자리까지 도달한 나라는 손에 꼽을 정도이다.

그렇기에 한국이 아직 그 자리에 들지 못했다고 해서 자책하거나, 반대로 몇몇 사례만으로 과잉 자부심을 가질 필요는 없다. 그런 선도적 사례는 거의 모든 국가에서 그리 많지 않다. 예를 들어, 백남준 외에 세계사적 영향력 있는 한국의 문화 인물 혹은 창조적 퍼스트무버가 쉽게 떠오르지 않는 것도 자연스러운 일이다. 우리의 결핍이 아니라, 전 세계적 현실이다.

물론, 드물게 일부 문화 강국에서는 소위 '넘사벽' 수준의 결과를 끌어내기도 했다. 최상위권 중에서도 압도적인 최상위권과는 격차가 크다고 하겠다. 대표적으로 미국·독일·영국·러시아·프랑스 등의 나라에서는 여러 분야에서 다른 나라들이 해냈던 성과와는 비교도 안 되는 수준의 창의적 다양성을 보여준다.

그렇다면 어째서 이들은 그러한 압도적인 선취를 할 수 있었을까? 우선 퍼스트무버의 관점에서 보면, 이들이 전성기에 진입할 시점에 거대한 변혁이 있었다. 그때 생긴 지각변동으로 새로운 탐험 지대를 선점하는 행운도 있었다. 그런 기회는 아주 드물게, 황무지를 처음 개척한 자에게 주어진다. 그곳에 처음 깃발을 꽂고 규칙을 세운 이에게는, 최초라는 영예가 주어진다.

예를 들어 20세기에는 현대 자본주의가 급속도로 팽창했고 스포츠산업이나 대중음악산업 같은 분야에서 새로운 블루오션이 있었다. 우선 스포츠의 경우 해당 산업이 발달할 무렵, 야구, 농구, 미식축구 등 미국은 창의적인 스포츠 규칙을 창조했을 뿐 아니라, 그것을 산업화하면서 모든 것을 다 새롭게 세우는 경험을 했다. 문화적인 면에서도 산업적인 면에서도 압도적인 퍼스트무버적인 성취였다.

그런가 하면 또 다른 예로 20세기 대중음악을 떠올리게 된다. 영국과 미국이 대중음악의 선도적 위치를 확보하는 과정에서 보여준 경이로운 성과는 실로 대단하다. 그리고 그렇게 상업음악부터 실험음악까지 아우르며 방대한 빙산처럼 산업을 형성했다. 수면 위로 보이는 것은 빙산의 일각일 뿐이다. 그리고 개인적으로는 가장 빛나는 성과로 마일즈 데이비스의 선도적 성과를 떠올린다. 그것은 그동안 유럽이 세워놓은 클래식이라는 금자탑에 대응하는 미국의 미학적 대안이자 빛나는 선취 중 하나였다고 생각한다.

어떻게 이들은 이렇게 대단했던 것일까. 물론 조금 불편한 마음으로 굳이 트집을 잡자면 이런 결과는 그들이 유리한 판에서 활약했다는 점도 간과하기는 어렵다. 서구 중심의 패러다임이 견고한 상황에서 다른 집단이나 문화권에서 진정으로 압도적인 선도적 승리는 불가능에 가깝다.

한편 게임체인저의 관점에서 접근하면, 기존의 판을 뒤흔들며 전복하는 사건은 사방에 널려 있다. 그런 사건 자체가 어려울 뿐이지, 주인 없는 땅을 찾는 일보다는 덜 희귀하다. 그것은 기존의 영역에 질문을 던지고 이름표를 떼고 다시 붙였을 때 발생하는 균열을 파고드는 과정이다. 의자에 책상이란 이름을 붙였을 때 생기는 균열을 감지하는 일이다. 그렇게 인간은 너무도 당연하게 보이는 것을 당연하게 받아들이지 않을 때 고정관념이 무너지고, 거기서 새로운 인식의 에너지가 폭발해서는 전혀 새로운 무언가를 분출하기도 했다. 니체가 현대 철학사의 주요한 인물이 된 것도 인간 인식의 판도를 뒤흔든 상징적 사건을 일으켰기 때문이다. "신은 죽었다"는 선언은 단지 하나의 명제 교체였지만, 유신론적 명제가 뒤바뀐 이후엔 모든 이름과 질서가 바뀌는 기현상이 일어났다. 하나의 넘어짐으로 인해 그동안 당연하다고 여겨왔던 믿음이 연쇄적으로 넘어지는 도미노와 같은 사건이었다.

그러한 인식의 과정에서 사유의 기초를 붙들어 전환을 이루어내면 그냥 건드리는 것마다 마법처럼 변화가 일어난다. 그것은 황금열쇠로 봉인된 모든 서랍을 여는 일과도 같았다. 예를 들어 이분법의 서구 인식을 동양의 삼분법으로 바꾸어도 모든 걸 사유하는 내용이 달라진다. 또 삼분법에 방향성을 부여하면, 이는 곧 헤겔의 변증법이 되어 전혀 다른 양상을 만들어낸다. 모든 것을 건드릴 때마다 방향이 생겨난다. 역시 엄청난 변화를 일으킨다. 마치 0과 1의 비트적 계산 방식에서

0과 1 사이에 2가 생긴다고 가정한다면 그러한 세 개의 큐비트는 압도적인 계산 능력을 보이면서 상황을 전혀 다른 국면으로 이끌게 된다.

인식 도구 하나가 하찮아 보여도, 그것 하나로 모든 이름표를 바꿀 수 있다. 간단해 보이지만 의외로 드물며, 이것이 선취되었을 경우 모든 인식의 출발점에서 압도적인 대전환을 이루기도 한다. 이후 모든 것에 영향을 미칠 수 있는 시너지 효과와 도미노 효과가 발생한다. 그러한 인식의 대전환, 가치 전도를 니체도 보여주었고, '인식의 역사'에서 사상의 대전환이 일어나는 사건이 가끔 있었다. 그렇게 패러다임의 전환이 발생하면서 게임체인저급 사건은 퍼스트무버적인 사건으로 되기도 했다.

이처럼 게임체인저급 사건에서 경험하는 것은 판을 뒤집는 경험이다. 여기에는 판을 뒤집을 만큼 핵심적인 인식과 기술의 확보가 있었기 때문에 가능하기도 하다. 게임체인저급의 대전환에 따라 시대의 핵심 인식을 얻을 때는 모든 분야를 건들 때마다 개성을 발현하는 미다스의 손이 되기도 하는 것이다. 모든 분야에 손을 댈 때마다 전혀 새로운 분야처럼 만들어버리니, 퍼스트무버가 된 것이나 마찬가지이게 된다. 여러 분야에서 초격차의 우위를 확보한 20세기의 미국이 그랬다. 다양한 초격차 지점에서 더 나아가 주기적으로 게임체인저급 격동을 일으켰고, 그 가운데 퍼스트무버적인 수준의 격변도 완수했다.

마치 빅뱅을 일으키는 창세기적 변화이며, 이런 경험을 한 국가는 소수에 불과하다. 이와 같은 사례가 많은 경우 확률적 조합에 따라 더 다양한 가능성이 기하급수적으로 커진다고 해야 할까. 거대한 세계를 발견하고 육성하고 나니, 그 거대한 세계끼리 충돌과 혼합을 일으켜

스파크가 일더니 기어이 거대한 세계만큼이나 역동적이고 다양한 새로운 경향성이 탄생했다. 하나의 가능성만을 지닌 나라는 그 가능성을 살리는 데에만 집중할 수밖에 없지만, 100개의 가능성이 있는 곳에서는 그 100의 확률에서 다양한 경우의 수가 파생한다. 그만큼 다양한 갈래로 확장될 가능성이 커진다. 그렇게 창조적 가능성에 가속도가 붙는다.

현재 기준으로 미국·영국·프랑스·독일 정도가 그 자리에 있다. 이들은 단순히 자원을 많이 가진 국가가 아니라, 세계적 전환기마다 전례 없는 사고나 기술, 미감을 주도하고 전파하는 선도 국가라 할 수 있다.

진짜 선도자는 기준을 만든다

- 표준 없는 곳에 표준을 만드는 힘 -

진정한 선도자란 무엇인가. 단지 기술이 빠르거나, 시장 점유율이 높다고 해서 선도자가 되는 것은 아니다. 선도자의 조건은 훨씬 더 까다롭다. 표준이 없는 곳에서 표준을 만들고, 가치를 만들어내며, 그것을 지속가능한 메커니즘으로 유지할 수 있어야 한다. 즉 평가 체계와 권위를 확보하고 인문적 가치를 세계로 유통시키고 그에 따른 표준을 만든다면 그것이야말로 최고의 성과다. 우리의 평가가 곧 어떤 대상에 대한 평가 중 가장 권위 있게 된다면 실로 대단한 일이겠다. 현실적으로 이것은 표준 담론을 장악한 권력이기도 하다. 그리고 이는 그것에 참여하는 구성원이 있어서 자발적인 선순환이 가능하다. 즉, 일회성이 아니라 체계여야 하고, 모방이 아니라 창조여야 한다. 이런 의미에서 보면, 진정한 선도자는 퍼스트무버의 과감함과 게임체인저의 파괴력을 일정 부분 지닌 존재이면서, 동시에 보이지 않는 가치까지 생산하는 인문학적 평가자이기도 하다. 눈에 보이는 기술적 성취에만 머무는

게 아닌 셈이다.

말하자면 신기술의 관점으로만 볼 사안이 아니다. 그건 어떤 방식으로 사회적·산업적 질서를 재편할 것인가 하는 문제이며, 그 결과를 어떤 논리로 국제 표준으로 정착시킬 것인가 하는 문제이다. 선도란 단지 기술의 빠르기를 넘어서 방향성과 기준의 설정 능력을 뜻한다. 선도자라면 그 기준이 될 수 있는 가치를 우리 내부에서 찾는다. 또는 외부에서 찾더라도 그것을 자기화할 수 있는 맥락을 찾아낸다. 결국 우리가 진정한 선도자가 되기 위해서는, 스스로 기준을 설계하고 실천할 수 있는 주체적 생산 역량이 필요하다.

외부의 인정에 지나치게 기대거나, 다른 나라에서 평가받는 것에 집착하는 태도는 여전히 패스트팔로워의 한계를 벗어나지 못한 모습이다. 인정은 최후의 목표가 아니라 자연스럽게 곁따라오는 부차적인 결과여야 한다.

사실 진짜 선도자의 자세는 퍼스트무버의 태도라 할 수 있는데, 한국의 경우라면 이미 세계적 표준이 자리 잡은 분야에 진입하는 상황이 대부분이므로, 진짜 선도자가 되기 위한 사전 단계를 훈련하는 것이라 하겠다.

즉, 일반적인 선도자 그룹은 텅 빈 분야에서 갑자기 등장하는 것이 아니다. 대부분의 경우 어느 정도 합의된 분야에서 최고 수준의 성과를 내며 올라선다. 따라서 퍼스트무버의 독창성과는 다르지만 동일한 규칙 아래에서 최상위권의 성과, 다시 말해 질적·양적으로 초격차에 근접하는 경지를 보여준다는 점에서, 패스트팔로워와는 분명히 구별된다. 삼성은 퍼스트무버가 되지 않고 초격자의 경지에 도달하는 쪽을 택했는데, 사실 우리나라 전체는 패스트팔로워였고 삼성이 걸어온 길도 패스트팔로워였으나, 기어이 특정 분야에서는 선도자 그룹에서도 단연 돋보이는 초격차의 경지에 이르렀다고 할 수 있다. 이 역시 매우 대단하고 사실상 이것만 추구하여도 충분하며 실제로는 이조차 어렵다. 특히 경제적 성과로 단기간에 누구나 열광할 만한 위상을 차지하려 한다면 초격차의 지점을 파고드는 편이 현명하다.

다만, 진정한 선도의 경향이 강하려면 희소한 특성인 퍼스트무버적인 도전과 게임체인저다운 전복의 기운을 담아내기 마련이다. 이를 압도적인 초격차의 우위로까지 보여준다면, 선도자의 위상은 기념비적으로 기억될 것이다. 이는 '기존 질서를 잘 따르는' 방식이 아니라, 새로운 질서를 설계하고 그것을 모두가 따르도록 만드는 힘에서 나온다. 그리고 그 힘은 수많은 실패와 시행착오, 그리고 일관된 방향성과 구조적인 투자 속에서 커진다. 우리는 이제, 외부 기준에 맞추던 관성에서 벗어나야 한다. 기준 없는 곳에 기준을 만드는 힘. 그것이 선도자의 가장 유의미한 업적이다.

☯ 패스트팔로워에서 선도자 그룹으로

앞서도 말했듯이 우리는 아직 선도자로서의 역사와 경험이 충분하지 않다. 그래서 선도자라는 말은 종종 극적으로 묘사된다. 1등의 경험이 많지 않아서 1등에 집착하고, 그걸 부러워하는 누군가가 1등이라고 인정해주길 원하게 된다. 마치 최고가 되어야 직성이 풀릴 것처럼 접근한다.

이렇듯 최고가 되어야만 의미가 있는 것으로 받아들여지지만, 현실에서의 선도는 가장 높은 곳이 아니라, 가장 안정적인 표준을 제공하는 것에 더 가깝다. 그래서 선도자 그룹은 훨씬 현실적이다. 한국이 다방면에서 진입하려는 선도자 그룹 역시 표준과 가치의 확립에 기여하는 자리지만 퍼스트무버나 게임체인저보다는 보편적인 위상이라 하겠다.

물론 선도자 그룹의 조건이라고 해서 간단치는 않다. 표면적으로는 기술이나 생산력, 산업 구조의 고도화가 있어야 하고, 더 근본적으로는 지속가능한 가치 생산 메커니즘을 갖춰야 한다. 그리고 그 가치가 자국 내 합의만이 아니라 외부의 인정과 수용이 있어야 한다. 혼자만 인정하는 표준이란 영향력 면에서 의미 없기 때문이다.

선도자 그룹이라는 말에는 언제나 묘한 이중성이 깃들어 있다. 그것은 매우 선진적인 무언가를 이루어낸 집단을 가리키지만, 동시에 '이미 누군가 만들어 놓은 질서 위에서 최고를 논할 수준에 도달한 자들'을 뜻한다. 그래서 최상위권으로 표현했다. 선진국 그룹에는 상위권 국가로서 패스트팔로워와 선도자들이 뒤섞여 있다면, 선도자 그룹에는 표준을 세우는 부류로 선진국에서도 높은 위상을 지닌 경우다.

이들은 창조적인 아이디어뿐 아니라 이미 갖춰진 산업 인프라, 인문학적 기반, 문화적 체계 위에서 연쇄적 성과를 탁월하게 내는 상태다. 선도자 그룹이란 그런 현실의 접점을 잘 찾아 균형감 있게 선도적 위상을 쟁취한 존재다. 이상적인 퍼스트무버와 게임체인저는 희소하고,

억지로 시도해도 성과를 내기 어려울 때가 많다. 한국처럼 패스트팔로워에서 막 선진국 그룹에 진입한 상태라면, 선도적 위상을 조금씩 점검해보면서 인프라 구축을 위한 경험을 해야 한다.

그러므로 앞서도 언급했듯이, 일단 욕심을 부리지 않는 것이 중요하다. 기대를 크게 갖지 않는 대신 지구력이 있어야 한다. 하나를 얻고 다음을 얻으면 된다는 여유를 지니되, 끈기 있게 노력하는 성실함도 간과해서는 안 된다.

현재 한국이 선도자 그룹에 진입하려는 문턱에 있다고 할 때, 모든 분야에서 동시에 최고를 꿈꾸는 전략은 비현실적이다. 실제로 현 정부에서도 높은 목표를 잡기보다는 현재 상당한 수준에 오른 산업 분야에 초점을 맞추었다. 예를 들어 문화산업과 AI 분야 등 몇 군데에 집중하려는 행보를 보인다. 선택과 집중을 하면서 실현 가능한 목표를 세우는 것으로 판단된다. 아직 우리 스스로 만들어낸 표준의 수는 제한적이고, 대개 선진국이 구축한 질서 위에서 경쟁력을 얻던 관성이 반영된 목표일 것이다.

현재 잘하는 것에서 미래를 파생시키려는 접근이 중요하다. 아직은 당대의 파급력을 중시하면서, 동시에 미래의 방향성을 다잡아야 할 것이다. 그런 식으로 지금 우리가 산업적으로 경쟁력을 가진 분야인 반도체, 배터리, 웹툰, K-콘텐츠, 의료, 우수한 인력 등 이들 지점의 응용 확장 또는 융복합화에 집중하는 것이 미래 인프라로의 전환에 효과적이다. 거기서부터 앞으로 발을 뻗어야 한다. 현재의 성과는 향후 산업 전환과 글로벌 표준으로 이어질 잠재력을 내포하고 있다.

결국 선도자 그룹이 되는 과정은 현재 잘하는 분야의 경쟁력을 지속가능하게 유지하고, 그 경쟁력으로부터 미래로 향하는 힘이 생성되도록 설계하는 과정이다. 지금의 한국은 기술적인 역량에서 그 문턱에 가까워졌지만, 그 선도성을 유지하고 퍼뜨릴 기획과 인문학적 상상력이 아직 부족한 실정이다. 무턱대고 앞서가기보다, 우리 자리에서 밀도 깊은 경쟁력을 쌓고, 그것을 통해 새로운 질서를 만들어갈 때 진정한 선도자의 길이 열린다.

예전에 패스트팔로워일 때 만족하던 성과 너머를 조금만 더 생각하자. 이제는 보이는 수치뿐 아니라, 보이지 않는 방향성까지 설계해야 한다. 표준을 만들겠다는 비전을 세워야 하는 것이다.

현재로부터 미래를 여는 선언, 이재명 정부의 K-이니셔티브

☯ 이재명 대통령의 공약, 책자형 선거공보 중심으로

이재명 정부는 'K-이니셔티브'라는 선언적 수식을 통해 선도국으로 나아가겠다는 국가 비전을 제시하였다. 이 책의 기획 또한 'K-이니셔티브'라는 표현에서 비롯되었기에, 현 정부가 제시한 이니셔티브의 실현 방안과 그 한계를 면밀히 살펴보는 과정이 필요하다. 그래야 비로소 정부가 설정한 미래 방향성과 전략적 의도를 정확히 이해할 수 있다.

다만, 이제 막 이 비전에 관한 구체화 단계가 진행 중이므로, 그 초안이라 할 수 있을 이재명 대통령의 대선 후보 공약집을 출발점으로 삼았다. 구체화 과정에서 폐기되거나 수정되는 사안이 있겠지만, 기본적인 방향성 파악에서는 큰 무리가 없을 것으로 보았다. 이런 맥락에서 책자형 선거공보를 살펴보고자 한다.

그러면 우선 슬로건으로 "이제부터 진짜 대한민국" 또는 "내일의 세계는 진짜 대한민국이 주도할 것입니다!"를 내세웠다는 것이 눈에 띈다. 또한, 이재명 후보의 국가 비전 프레임 '세계 주도 대한민국'은 여섯 가지 강국으로 구성된다.

첫째, 경제 강국은 AI 인재들의 일자리가 넘쳐나는 나라를 지향한다.
둘째, 외교안보 강국은 국익 중심의 실용외교와 최첨단 방위산업, 스마트 강군을 통해 국가 안보를 튼튼히 한다.
셋째, 문화 강국은 세계인을 감동시키는 콘텐츠로 미래산업을 창출한다.
넷째, 민주주의 강국은 이해충돌과 갈등을 합리적으로 조정하며 세계의 모범이 되는 민주주의를 구현한다.
다섯째, 복지 강국은 전 세대가 어우러지는 촘촘한 복지 체계를 구축한다.
여섯째, 균형발전 국가는 도시와 농촌, 산촌, 어촌이 함께 잘 사는 고르게 발전된 대한민국을 목표로 한다.

K-이니셔티브를 통한 경제 강국 실현 공약

"

▶ AI 세계 3대 강국 진입

- 정부·민간 100조 원 투자로 AI 시대 개막, AI 인재 양성
- 국가 AI 데이터 집적 클러스터 조성, 고성능 GPU 확보
- AI 기본사회 구축, 생성형 AI 무상 사용 추진
- 수학·과학·공학·기술 교육 강화

▶ 글로벌 기업 육성, 과학기술 강국

- AI, 바이오·헬스케어, 콘텐츠·문화, 방위산업·우주항공, 에너지, 제조업 등에서 글로벌 기업 프로젝트
- 국가 연구개발(R&D) 예산 확대

- 지방거점 국립대를 세계 수준 연구중심대학으로 육성
- 중소기업 디지털 전환(AI·로봇 등 활용) 지원
- 첨단산업 국내 생산 지원 확대

▶ 주가지수 5,000 시대 개막
- 중장기 국가 산업·경제성장 전략 수립
- 주가조작 '원스트라이크 아웃제' 도입
- 주주 충실의무 도입과 집중투표제로 소액주주 보호 강화
- 글로벌 선진국 지수(MSCI) 편입 추진

▶ 경제성장과 기후 위기 대응의 대동맥, 에너지 고속도로 건설
- 2030 서해안, 2040 한반도 에너지 고속도로 건설 추진
- RE100 산업단지 조성, 에너지 저장 장치(ESS) 보급 확대
- 재생에너지 지능형 전력망 구축
- 햇빛·바람 연금 확대로 소멸 위기 지역 경제 활성화

"

이재명 대통령은 대선 후보 시절 새로운 성장의 동력으로 K-이니셔티브를 제시하고, 대한민국을 세계를 선도하는 경제 강국으로 만들겠다는 비전을 제시하고 있다. 그의 공약은 인공지능, 첨단산업, 글로벌 기업 육성, 금융시장 개혁, 에너지 전환, 지역 균형발전 등 다양한 전략을 포함한다.

우선 인공지능 산업의 경우 정부와 민간이 총 100조 원을 투자해 AI 인프라를 조성하고, 고성능 GPU 확보, 국가 데이터 클러스터 구축을 통해 세계 3대 AI 강국으로 도약하겠다는 계획이다. 동시에 생성형 AI의 무료 활용 기반을 마련하고, STEM(수학·과학·공학·기술) 교육을 강화해 인재 양성에도 집중한다.

이와 함께, 인공지능·바이오헬스·콘텐츠·우주항공·방위산업·에너지·제조업을 중심으로 6대 분야 글로벌 기업 육성 프로젝트를 추진한다. 국가 연구개발(R&D) 예산을 확대하고, 지방 국립대학을 세계적 수준의 연구중심대학으로 육성하며, 중소기업의 디지털 전환과 첨단산업 생산 지원도 확대한다.

금융 분야에서는 '주가 5,000 시대'를 열기 위해 산업 및 경제성장 전략을 수립하고, 글로벌 자본 유치를 위한 제도 개선과 소액주주 보호 장치를 강화한다. 모건스탠리(MSCI) 선진국 지수 편입도 추진할 계획이다.

에너지 전환 측면에서는 2040년까지 한반도 에너지 고속도로를 구축하고, 재생에너지와 에너지 저장 장치(ESS)를 확대하는 등 에너지 주권 강화를 위한 기반을 마련한다. 특히 '햇빛·바람 연금(태양광 및 풍력발전 관련 연금사업)' 등으로 소멸위기 지역의 녹색 전환과 지역경제 활성화를 함께 도모한다.

이러한 공약에는 한국의 미래 산업 기반을 재정비하고, 국가의 성장 동력을 다각도로 확장하겠다는 의지가 담겨 있다.

기본이 튼튼한 복지 강국

▶ 빈틈없는 사회 안전망 구축

- 영·유아, 초등생, 간호·간병, 장애인, 어르신 등 '돌봄 국가책임제' 추진
- 국민의 기본적인 삶을 보장하는 '기본사회' 추진, 의료 공공성 강화
- 다양한 주택 공급 확대, 재개발·재건축 규제 합리화 및 지원 확대
- 내수회복 대책 추진, 소상공인·자영업자 지원 확대

▶ 사람·노동 존중 사회 실현

- 사회적 합의를 통한 주4.5일제 단계적 도입 및 점진적 연장 추진
- 일하는 모든 사람 권리 보장 추진, 지방정부 근로감독 권한 강화
- 여성 권리 증진 및 건강·안전 사회 실현, 청년 자산형성 지원 확대
- 농어업 재해보상 현실화 및 스마트 농어업 확산

세계 질서 변화에 실용적으로 대처하는 외교안보 강국

▶ 전략적 실용외교, 스마트 K-국방 달성

- 굳건한 한미동맹 기반의 국익 중심 실용외교 추진
- 경제·통상 위기 극복을 위한 경제외교 강화
- AI·첨단기술 기반 스마트 강군 육성, 군장병 복무 여건 개선
- 범정부적 지원으로 방위산업 4대 강국 달성

세계 문명을 선도하는 소프트파워 문화 강국

▶ K-컬처 시장 300조 원 시대 개막

- K-팝, K-드라마, K-웹툰, K-게임, K-푸드, K-뷰티 등 세계 진출 지원 확대
- 문화예술 분야 인재 양성, 창작공간·비용 등 지원 강화
- 인문학의 문화적 확대, 전 국민 인문 교육 활성화 추진
- 콘텐츠 불법 유통 단속 강화

통합과 상생의 가치를 실현하는 민주주의 강국

▶ 통합하는 정치, K-민주주의 위상 회복

- 정치보복 관행 타파, 탕평 인사를 통해 국민 통합형 대통령
- 국민의 정책 참여 확대를 위한 디지털 플랫폼 활성화
- 불법 계엄 재발 방지 대책 마련
- 세종 행정수도, '5극 3특' 중심 국토균형발전 실현 추진

"

이재명 대통령은 대선 후보 당시 세계가 부러워하고 따라 하는 대한민국을 만들기 위해 네 가지 축을 중심으로 공약을 제시하고 있다.

먼저 복지 강국을 실현하기 위해 영유아, 초등생, 간병·간호, 장애인, 어르신을 위한 돌봄 국가책임제를 추진하려고 하며, 국민의 기본적인 삶을 보장하는 기본사회 실현과 의료 공공성 강화를 통해 빈틈없는 사회 안전망을 구축할 것을 계획하고 있다. 다양한 주택 공급 확대, 재개발·재건축 규제의 합리화, 소상공인과 자영업자 지원 확대를 통해 경제적 기반을 뒷받침할 예정이며, 주4.5일제의 단계적 도입과 연장, 지방정부의 근로감독 권한 강화, 여성 권리 증진, 청년 자산 형성 지원,

농어업 재해보상 현실화 및 스마트 농어업 확대 등 사람과 노동을 존중하는 사회를 만들어가려고 한다.

또한, 외교안보 강국을 목표로 삼으면서 굳건한 한미동맹을 기반으로 국익 중심의 실용외교를 강화하고, 경제·통상 위기 극복을 위한 경제외교를 추진하며, 인공지능과 첨단기술 기반의 스마트 강군을 육성할 것을 공약하고 있다. 군장병 복무 여건 개선과 함께, 방위산업을 세계 4대 강국 수준으로 발전시킬 계획이다.

한편 문화 강국 실현을 위해 K-팝, K-드라마, K-웹툰, K-게임, K-푸드, K-뷰티 등 문화산업의 세계 진출을 적극 지원하고, 문화예술 인재 양성, 창작 공간과 비용 지원을 확대하며, 전 국민 인문 교육을 활성화할 예정이다. 콘텐츠 불법 유통 단속도 강화할 계획이다.

마지막으로 민주주의 강국으로서 정치보복의 관행을 타파하고 통합형 인사를 통해 국민 통합을 이끌고, 국민의 정책 참여 확대를 위한 디지털 플랫폼을 활성화하며, 불법 계엄의 재발 방지를 위한 대책을 마련할 계획이다. 세종시 행정수도 완성과 함께 '5극 3특' 구도에 기반한 국토균형발전을 추진하는 것 역시 공약에 포함되어 있다.

☯ 이재명 대통령의 세부 공약

- 열림에 공유된 공약 정리 문서를 중심으로 -

앞서는 책자형 선거 공보를 살펴보았지만, 여기서는 조금 더 상세한 공약 내용을 살펴보고자 한다.

[더불어민주당 이재명] 제21대 대통령선거 공약 목록 주요 내용

1. [경제·산업] 세계를 선도하는 경제 강국을 만들겠습니다.
2. [정치·사법] 내란극복과 K-민주주의 위상 회복으로 민주주의 강국을 만들겠습니다.
3. [경제·산업] 가계·소상공인의 활력을 증진하고, 공정경제를 실현하겠습니다.
4. [외교·통상] 세계 질서 변화에 실용적으로 대처하는 외교안보 강국을 만들겠습니다.
5. [사법·행정·보건의료] 국민의 생명과 안전을 지키는 나라를 만들겠습니다.
6. [행정·경제 ·산업] 세종 행정수도와 '5극 3특' 추진으로 국토 균형발전을 이루겠습니다.
7. [교육·경제·복지] 노동이 존중받고 모든 사람의 권리가 보장되는 사회를 만들겠습니다.
8. [경제·복지] 생활안정으로 아동· 청년·어르신 등 모두가 잘사는 나라를 만들겠습니다.
9. [교육·복지] 저출생 · 고령화 위기를 극복하고 아이부터 어르신까지 함께 돌보는 국가를 만들겠습니다.
10. [환경·산업] 미래세대를 위해 기후위기에 적극 대응하겠습니다.

이처럼 정책의 우선순위에 따라 10개 군으로 분류하더라도, 실질적으로 이니셔티브 관련 내용은 2개 군에서만 유의미하다고 보았기 때문에 지면 관계상 2개 군만 선정하였다.

아래 자료에 제시된 10개 군 중에서 2~9번까지는 선거공보에서 '복지와 균형발전 및 외교안보 강국'에 밀접하게 관련 있으며, 우리가 표준을 제시하려는 시도라기보다는 기존의 표준을 충실히 수행하기만 해도 안정적인 선진국의 위상을 획득하는 기본 토대로, 선도적인 위상을 위해 필요하되 사전적 차원이라 할 수 있다.

다만 2번의 경우 디지털 민주주의의 관점에서 K-이니셔티브의 영역으로 해석해볼 여지도 있는데, 동시에 아직은 기존 표준을 실현하는 것만으로도 충분히 구현할 수 있다는 점에서 온전히 선도적 차원에는 딱 들어맞지 않는 지점도 있다고 보아, 선도성 획득을 위한 사전적 토대로 규정했다.

그러면 지금부터 공약 내용을 좀 더 보면서 정리해 보자.

선거명	제21대 대통령 선거				
후보자명	이재명	기호	1	소속정당명	더불어민주당
정책 순위: 1	세계를 선도하는 경제 강국을 만들겠습니다			분야	경제·산업

□ 목 표

○ AI 등 신산업을 집중 육성하여 새로운 성장기반 구축

○ K-콘텐츠 지원 강화로 글로벌 빅5 문화강국 실현

□ 이행방법

○ 인공지능 대전환(AX)을 통해 세계 3대 AI 강국으로 도약

- AI 예산 비중의 선진국 수준 이상 증액과 민간 투자 100조 원 시대 개막

- AI 데이터센터 건설을 통한 'AI 고속도로' 구축 및 국가 혁신거점 육성
- 고성능 GPU 5만 개 이상 확보와 국가 AI데이터 집적 클러스터 조성
- '모두의 AI' 프로젝트 추진 및 규제 특례를 통한 AI 융복합 산업 활성화
- AI 시대를 주도할 미래인재 양성 및 교육 강화

○ 대한민국의 미래성장을 위한 글로벌 소프트파워 Big5 문화강국을 실현

- K-컬처 글로벌 브랜드화를 통한 K-이니셔티브 실현 및 문화수출 50조 원 달성
- K-콘텐츠 창작 전 과정에 대한 국가 지원 강화 및 OTT 등 K-컬처 플랫폼 육성
- 문화예술인의 촘촘한 복지 환경 구축 및 창작권 보장

○ K-방산을 국가 대표산업으로 육성

- K방산 수출 증대를 위한 컨트롤타워 신설 및 방위사업청 역량 강화
- 국방 AI 등 R&D 국가 투자 확대 및 방위산업 수출기업 R&D 세제 지원 추진

○ 국가첨단전략산업에 대한 대규모 집중투자 방안 마련

- 국민·기업·정부·연기금 등 모든 경제주체들이 참여할 수 있는 국민참여형 펀드 조성
- 일반국민·기업의 투자금에 대해 소득세·법인세 감면 등 과감한 세제혜택 부여
- 산업생태계 뒷받침을 위한 기금을 설치하여 맞춤형 자금공급 지원

○ 안정적 R&D 예산 확대 및 국가연구개발 지속성 담보

- 정부 R&D성과가 전체 산업으로 확산되는 혁신성장 체계 구축
- 기초 원천분야 R&D의 안정적 투자
- 혁신성장을 견인할 미래형 창의인재 양성

○ 벤처투자시장 육성으로 글로벌 4대 벤처강국 실현

- 모태펀드 예산 및 벤처·스타트업 R&D 예산 대폭 확대

- M&A 촉진 등을 통한 벤처투자의 회수시장 활성화
- 지역 여건을 고려한 스타트업파크 조성, 대학·지식산업센터 등 지역거점으로 육성

○ 스마트 데이터농업 확산, 푸드테크·그린바이오 산업 육성, K-푸드 수출 확대, R&D 강화, 농생명용지 조기 개발로 농업을 미래농산업으로 전환·육성

□ **이행기간**

○ 법률 제·개정 사항은 2025년 6월부터 준비하여 단계적으로 추진

○ 재정사업은 2025년 추경과 2026년도 예산 수립부터 단계적으로 추진

□ **재원조달 방안 등**

○ 정부재정 지출구조 조정분, 2025~2030 연간 총수입 증가분(전망) 등으로 충당

정책 순위 1번에서는 인공지능과 신산업 집중 육성을 통해 새로운 성장 기반을 구축하고, K-콘텐츠 지원을 강화해 글로벌 문화강국으로 도약하겠다는 목표를 제시한다.

이를 위해 인공지능 대전환(AX) 전략을 추진하며, AI 예산을 대폭 증액함과 동시에 민간 투자 100조 원 시대를 열겠다고 밝혔다. AI 데이터센터를 건설해 'AI 고속도로'를 구축하고, 고성능 GPU 5만 개 확보, AI 데이터 클러스터 조성, AI 융복합 산업 활성화, 인재 양성 교육 강화 등을 포함한다.

또한 K-컬처 산업을 글로벌 브랜드로 육성해 문화수출 50조 원을 달성하고, 콘텐츠 창작 전 과정을 국가가 지원할 예정이다. OTT 등 플랫폼 육성과 창작자 권리 보호, 복지 확대도 병행할 계획이다.

K-방산은 국가대표 산업으로 집중 육성하려고 한다. 방산 수출 컨트롤타워를 신설하고, 국방 AI 및 관련 R&D 투자 확대, 세제 지원을 통해 경쟁력을 높인다.

국가첨단전략산업에는 국민펀드를 통해 대규모 투자가 이뤄질 것으로 보인다. 국민과 기업의 참여를 유도하고, 소득세 및 법인세 감면 등 과감한 세제 혜택을 제공할 예정이다. 산업생태계 전반을 뒷받침할 기금도 설치할 계획이다. R&D 분야에서는 기초·원천연구에 안정적 투자를 확대하고, 정부 R&D 성과의 산업 확산 체계를 구축하려고 한다. 미래형 창의인재를 양성해 혁신성장을 뒷받침할 뿐 아니라, 벤처·스타트업을 위한 투자 확대와 회수시장 활성화, 스타트업파크 조성 등으로 글로벌 4대 벤처강국을 실현하겠다는 목표를 제시하고 있다. 지역 거점 기능도 함께 강화한다. 한편 농업 분야에서는 스마트 데이터농업, 푸드테크·그린바이오 산업 육성, K-푸드 수출 확대, 농생명용지 개발 등을 통해 미래 농산업으로 전환을 시도할 것이다.

이행을 위한 법 개정은 2025년 6월부터, 재정사업은 2025년 추경과 2026년 예산부터 추진하며, 재원은 지출 구조조정과 2025~2030년의 연간 총수입 증가분을 활용해 마련할 계획이다.

선거명	제21대 대통령 선거				
후보자명	이재명	기호	1	소속정당명	더불어민주당
정책 순위: 10	미래세대를 위해 기후위기에 적극 대응하겠습니다			분야	환경·산업

□ 목 표

○ 기후위기 대응 및 산업구조의 탈탄소 전환

□ 이행방법

○ 선진국으로서의 책임에 걸맞는 온실가스 감축목표 수립

- 2030년 온실가스 감축 목표 달성 추진과 과학적 근거에 따른 2035년 이후 감축 로드

맵 수립

- 헌법불합치 결정 취지를 감안하여 책임있는 중간목표를 담은 탄소중립기본법 개정

- 2028년 제33차 기후변화협약 당사국총회(COP33) 유치

○ 재생에너지를 중심으로 한 에너지 전환 가속화

- 2040년까지 석탄화력발전 폐쇄

- 햇빛·바람 연금 확대, 농가태양광 설치로 주민소득 증대 및 에너지 자립 실현

- 태양광 이격거리 규제 및 재생에너지 직접구매(PPA) 개선

○ 경제성장의 대동맥이 될 에너지고속도로 구축

- 2030년까지 서해안, 2040년까지 한반도 에너지고속도로 건설 추진

- 분산형 재생에너지 발전원을 효율적으로 연결·운영하는 '지능형 전력망' 구축

- '에너지산업 육성' 및 공급망 내재화를 통한 차세대 성장동력 마련

○ 탄소중립 산업전환으로 경제와 환경의 조화로운 발전 도모

- 태양광 · 풍력 · 전기차 · 배터리 · 수전해 · 히트펌프 등 탄소중립산업의 국산화 및 수출경쟁
력 제고
- RE100 산업단지 조성으로 수출기업의 기후통상 대응역량 지원
- 철강 · 석유화학 · 시멘트 등 탄소 다배출 업종의 저탄소 공정 및 기술혁신 지속 추진,
기업 탈탄소 전환 지원책 마련
- 기후테크 R&D 예산 확대, 탄소중립 신산업·신기술 발굴로 탄소중립 역량 강화

○ 건축물 · 열 부문 탈탄소화

- 민간 · 공공 그린리모델링 지원 확대 및 절차 간소화를 통한 노후건물 에너지 효율화

○ 전기차 보급 확대 및 노후 경유차 조기 대·폐차 지원을 통한 수송부문 탈탄소 가속화

○ 영농형태양광 적극 보급, 친환경 유기농업 확대 및 지속가능한 축산업으로 농업 탄소 배출량 저감 추진

○ 탈플라스틱 국가 로드맵 수립 및 바이오플라스틱 산업 육성 지원

○ 한반도 생물 다양성 복원

- 산불 발생 지역 생물 다양성 복원 추진
- 육지와 해양의 생물 다양성 보호구역 단계적 확대

○ 4대강 재자연화(Rewilding)와 수질개선 추진

○ 탄소포인트제 등 국민의 탄소 감축 실천에 대한 인센티브 강화

○ 정의로운 전환을 위한 실현 방안 마련

- 배출권거래제 유상할당 비중 확대 등 기후 대응기금 확충
- 정의로운 전환 특구 지정 및 고용전환과 신산업 역량 개발 지원

○ 2028년 제4차 UN해양총회 유치

□ 이행기간

○ 법률 제 · 개정 사항은 2025년 6월부터 준비하여 단계적으로 추진
○ 재정사업은 2025년 추경과 2026년도 예산 수립부터 단계적으로 추진

□ 재원조달방안 등
○ 정부재정 지출구조 조정분, 2025~2030 연간 총수입증가분(전망) 등으로 충당

한편 정책 순위 10번에 따르면, 기후위기 대응과 산업 구조의 탈탄소 전환을 국가적 과제로 제시하고 있다. 또한 2030년 온실가스 감축 목표를 달성하고, 과학적 근거에 기반한 2035년 이후 로드맵을 마련하겠다고 밝혔다. 이를 위해 탄소중립기본법 개정과 함께 COP33(2028년) 유치를 추진할 계획이다.

재생에너지를 중심으로 한 에너지 전환도 강조된다. 이를 위해 2040년까지 석탄화력발전을 폐쇄하고, 햇빛·바람 연금과 농가 태양광을 확대하여 주민소득과 에너지 자립을 동시에 달성할 목표를 제시했다. 에너지 고속도로 건설과 지능형 전력망 구축을 통해 분산형 재생에너지의 효율적 운영도 꾀한다.

산업 분야에서는 태양광, 전기차, 배터리, 수전해 등 탄소중립 산업의 국산화와 수출경쟁력 제고를 목표로 한다. RE100 산업단지 조성과 함께 철강·화학 등 탄소 다배출 업종의 저탄소 전환도 병행하며, 기후테크 R&D 투자도 확대한다.

수송 부문에서는 전기차 보급 확대 및 노후 경유차 조기 폐차를 추진하고, 건축물·열 부문 탈탄소화를 위한 그린리모델링도 강화한다. 농업 분야에서는 영농형 태양광, 유기농업, 지속가능 축산을 통해 탄소

배출을 줄일 예정이다. 또한, 탈플라스틱 로드맵 수립과 바이오플라스틱 산업 육성도 병행할 것이다.

한반도 생물다양성 복원과 4대강 재자연화, 국민 참여형 탄소 감축 인센티브(탄소포인트제 등), 정의로운 전환 특구 지정과 고용전환 지원도 포함된다. 관련 법률은 2025년 6월부터 개정 준비에 들어가고, 예산은 2025년 추경과 2026년 본예산부터 반영되며, 재원은 지출구조 조정과 향후 수입 증가분으로 충당할 계획이다.

☯ 8월 13일 발표한 5대 국정 과제 중심으로

이러한 공약의 요소는 8월 13일에 발표한 국정 과제에서도 어느 정도 드러났다. 당초에는 123개 국정 과제에 대한 564개의 세부 계획을 발표할 예정이었으나, 일단은 방향성을 재확인하고 우선순위를 정리하는 선에서 그 윤곽이 드러났다.

이재명 정부 123대 국정과제 I

국민이 하나되는 정치 (19개)

전략 1 : 국민주권과 민주주의의 확립

1	'진짜 대한민국'을 위한 헌법 개정 (국조실)
2	국민의 군대를 위한 민주적·제도적 통제 강화 (국방부)
3	수사와 기소 분리를 통한 검찰개혁 완성 (법무부)
4	경찰의 중립성 확보 및 민주적 통제 강화 (경찰청)
5	감사원의 정치적 중립성 및 독립성 강화 (감사원)
6	국민주권 실현을 위한 사법체계 개혁 (법무부)
7	미디어 공공성 회복과 미디어 주권 향상 (방통위)
8	모두의 존엄과 권리가 보장되는 인권선진국 (인권위)

전략 2 : 정의로운 국민통합의 실현

9	통합과 참여의 정치 실현 (국조실)
10	국민통합을 저해하는 과거사 문제 해결 (행안부)
11	나라를 위한 헌신에 합당한 보상과 예우 실현 (보훈부)
12	전 세대를 아우르는 보훈 체계 구축 (보훈부)

전략 3 : 문제를 해결하는 유능한 정부

13	충직·유능·청렴에 기반한 활력있는 공직사회 구현 (인사처)
14	국민과 함께 소통하고 혁신하는 정부 (행안부)
15	국민이 체감하는 지속가능발전 기반 확립 (국조실)
16	국민권익을 실현하는 반부패 개혁 (권익위)
17	재정운용의 투명성·책임성 강화 (기재부)
18	성장과 민생에 기여하는 공공기관 경영 혁신 (기재부)
19	민생·안전과 공정·상생을 위한 규제 합리화 (국조실)

세계를 이끄는 혁신경제 (29개)

전략 1 : AI 3대 강국 도약

20	AI 3대 강국 도약을 위한 AI고속도로 구축 (과기정통부)
21	세계에서 AI를 가장 잘 쓰는 나라 구현 (과기정통부)
22	초격차 AI 선도기술·인재 확보 (과기정통부)
23	안전과 책임 기반의 'AI기본사회' 실현 (과기정통부)
24	세계 1위 AI 정부 실현 (행안부)
25	국민이 안심할 수 있는 개인정보 보호체계 확립 (개인정보위)

전략 2 : 기초가 탄탄한 과학기술

26	과학기술 5대강국 실현을 위한 시스템 혁신 (과기정통부)
27	기초연구 생태계 조성과 과학기술 인재강국 실현 (과기정통부)
28	세계를 선도할 넥스트(NEXT) 전략기술 육성 (과기정통부)

전략 3 : 혁신으로 도약하는 산업 르네상스

29	신성장동력 발굴 · 육성으로 첨단 산업국가 도약 (산업부)
30	주력산업 혁신으로 4대 제조강국 실현 (산업부)
31	미래 모빌리티와 'K-AI 시티' 실현 (국토부)
32	의료AI·제약·바이오헬스 강국 실현 (복지부)
33	서비스업 경쟁력 제고로 내수·수출 활성화 (기재부)
34	제3벤처 붐으로 여는 글로벌 벤처 4대 강국 (중기부)
35	미래 신기술로 성장하고, 글로벌로 도약하는 중소기업 (중기부)
36	경제·산업 도약을 위한 신산업 규제 재설계 (국조실)
37	통상으로 지키는 국익, 흔들림 없는 경제안보 (산업부)

전략 4 : 기후위기 대응과 지속가능한 에너지 전환

38	경제성장의 대동맥, 에너지고속도로의 구축 (산업부)
39	재생에너지 중심 에너지 대전환 (산업부)
40	지속가능 미래를 위한 탄소중립 실현 (환경부)
41	탄소중립을 위한 경제구조 개혁 (산업부)
42	순환경제 생태계 조성 (환경부)
43	국가 기후적응 역량 강화 (환경부)
44	모두가 누리는 쾌적한 환경 구현 (환경부)
45	4대강 자연성 및 한반도 생물다양성 회복 (환경부)

전략 5 : 성장을 북돋는 금융혁신

46	진짜 성장을 뒷받침하는 생산적 금융 (국민성장펀드 100조원 조성) (금융위)
47	코리아 프리미엄을 향한 자본시장 혁신 (금융위)
48	디지털자산 생태계 구축 (금융위)

모두가 잘사는 균형성장 (23개)

전략 1 : 자치분권 기반의 균형성장

49	'5극3특'과 중소도시 균형성장 (행안부·국토부)
50	행정수도 세종 완성 (국토부·행복청)
51	2차 공공기관 이전 등 균형성장 거점 육성 (국토부·산업부)
52	주민 삶의 질 향상을 위한 자치분권 역량 제고 (행안부)
53	지방재정 확충으로 자치재정권 확대 및 지역경제 활성화 (행안부·기재부)
54	소멸위기지역 재도약을 위한 지원 강화 (행안부)
55	지역교육 혁신을 통한 지역인재 양성 (교육부)
56	북극항로 시대를 주도하는 K-해양강국 건설 (해수부)
57	교통혁신 인프라 확충 (국토부)

전략 2 : 활력이 넘치는 민생경제

58	금융안정과 생산적 금융을 위한 가계부채 관리 (금융위)
59	서민·취약계층을 위한 포용금융 강화 (금융위)
60	국민 생활비 부담 경감 (기재부)
61	다시 일어서는 소상공인, 활기 도는 골목상권 (중기부)
62	주택시장 안정을 위한 주택공급 확대 (국토부)
63	두텁고 촘촘한 주거복지 실현 (국토부)

전략 3 : 협력과 상생의 공정경제

64	공정한 시장질서 확립 (공정위)
65	소비자 주권 실현 및 불공정행위 근절 (공정위)
66	금융투자자 및 소비자 권익보호 강화 (금융위)
67	기술탈취는 근절하고, 상생의 기업환경 조성 (중기부)

전략 4 : 희망을 실현하는 농산어촌

68	국민 먹거리를 지키는 국가전략산업으로 농업 육성 (농식품부)
69	국가 책임을 강화하는 농정 대전환 (농식품부)
70	균형성장과 에너지 전환을 선도하는 농산어촌 (농식품부)
71	어촌·연안 경제 활성화를 위한 수산·해양산업 혁신 (해수부)

자료 : 국정기획위원회

이재명 정부 123대 국정과제 Ⅱ

기본이 튼튼한 사회 (37개)

전략 1 : 생명과 안전이 우선인 사회

72 국민안전 보장을 위한 재난안전관리체계 확립 (행안부)
73 재난 피해 최소화를 위한 예방·대응 강화 (행안부)
74 국민안전을 위한 법질서 확립 및 민생치안 역량 강화 (법무부·경찰청)
75 일하는 모든 사람이 건강하고 안전한 나라 (고용부)
76 흔들림 없는 해양주권, 안전하고 청정한 우리바다 (해수부)

전략 2 : 내 삶을 돌보는 복지

77 기본적 삶을 위한 안전망 강화 (복지부)
78 지금 사는 곳에서 누리는 통합돌봄 (복지부)
79 장애인 삶의 질 향상과 기본적 권리 보장 (복지부)
80 사람과 동물이 더불어 행복한 사회 (농식품부)
81 사회연대경제 성장 촉진 (기재부)
82 생애주기별 금융 자산·소득 형성 (금융위)

전략 3 : 국민건강을 책임지는 보건의료

83 지속가능한 보건의료체계로 전환 (복지부)
84 지역격차 해소, 필수의료 확충, 공공의료 강화 (복지부)
85 일차의료 기반의 건강·돌봄으로 국민 건강 증진 (복지부)
86 국민 의료비 부담 완화 (복지부)

전략 4 : 인구위기를 극복하는 대전환

87 아이 키우기 좋은 출산·육아 환경 조성 (복지부)
88 아동·청소년의 건강한 성장 및 다양한 가족 지원 (여가부)
89 청년의 정책 참여 확대와 기본생활 지원으로 함께 만드는 미래 (국조실)
90 든든한 노후 보장을 위한 연금제도 개선 (복지부)
91 인구가족구조 변화 대응 및 은퇴세대 맞춤형 지원 (복지부)
92 인구 변동, 디지털 변화, 기후위기에 대응하는 노동대전환 (고용부)

전략 5 : 누구나 존중받는 일터

93 차별과 배제 없는 일터 (고용부)
94 노동존중 실현과 노동기본권 보장 (고용부)
95 일, 가정, 삶이 공존하는 행복한 일터 (고용부)
96 통합과 성장의 혁신적 일자리정책 (고용부)

전략 6 : 내 삶에 기회를 여는 성평등

97 기회와 권리가 보장되는 성평등 사회 (여가부)
98 여성의 안전과 건강권 보장 (여가부)

전략 7 : 각자의 가능성을 키우는 교육

99 AI 디지털시대 미래인재 양성 (교육부)
100 시민교육 강화로 전인적 역량 함양 (교육부)
101 교육격차 해소를 위한 공교육 강화 (교육부)
102 학교자치와 교육 거버넌스 혁신 (교육부)

전략 8 : 함께 누리는 창의적 문화국가

103 K-컬처 시대를 위한 콘텐츠 국가전략산업화 추진 (문체부)
104 전 국민이 누리고 세계인과 소통하는 K-컬처 (문체부)
105 자유로운 예술 창작 환경 조성 (문체부)
106 모두가 즐기는 스포츠 (문체부)
107 3천만 세계인이 찾는 관광산업 기반 구축 (문체부)
108 미래지향적 디지털·미디어 생태계 구축 (방통위)

국익 중심의 외교안보 (15개)

전략 1 : 국민에게 신뢰받는 강군

109 국방 환경 변화에 대비한 정예 군사력 건설 (국방부)
110 한미동맹 기반 전방위적 억제능력을 바탕으로 전시작전통제권 전환 (국방부)
111 강력한 국방개혁으로 전투임무에 집중하는 군체계 확립 (국방부)
112 군인 사기진작을 위한 장병 복무여건 개선 (국방부)
113 K-방산육성 및 획득체계 혁신을 통한 방산 4대강국 진입 (방사청)

전략 2 : 평화 공존과 번영의 한반도

114 화해·협력의 남북관계 재정립 및 평화 공존 제도화 (통일부)
115 국민이 공감하는 호혜적 남북교류협력 추진 (통일부)
116 분단고통 해소와 인도적 문제 해결 (통일부)
117 국민과 함께하는 한반도 평화·통일정책 추진 (통일부)
118 한반도 평화경제 및 공동성장의 미래 준비 (통일부)

전략 3 : 세계로 향하는 실용외교

119 국익 중심 실용외교로 주변 4국관계 증진 (외교부)
120 국제사회 공헌과 참여로 G7+ 외교 강국 실현 (외교부)
121 경제 안보·통상 위기 극복을 위한 경제외교 역량 강화 (외교부)
122 북핵문제 해결과 한반도 평화체제를 향한 실질적 진전 추구 (외교부)
123 재외국민 안전과 편익 증진 및 재외동포 지원 강화 (외교부·동포청)

자료 : 국정기획위원회

이 중에서 이니셔티브 관점에서 공약과 연계지어 보면 "세계를 이끄는 혁신경제(29개)" 항목에서 이니셔티브와 관련된 방향성이 명확하게 보이며, 이 중 AI 3대 강국 도약, 바이오, 과학기술 5대 강국, 기초연구 생태계 조성과 과학기술 인재 강국 실현, 에너지 고속도로, 재생에너지 중심의 에너지 대전환, 국가 기후 적응 역량 강화, 주력산업 혁신으로

4대 제조강국 실현, 코리아 프리미엄을 향한 자본시장 혁신 등에서 선도적 가능성이 확인된다. 또한, 북극항로 시대를 주도하는 K-해양강국 건설, K-방산, K-컬처 시대를 위한 콘텐츠 국가전략산업화 추진 등에서도 국방 안보 및 문화적 요소가 경제적 맥락과 결합한 방향성을 보여주고 있다.

패스트팔로워로서 당연히 달성해야 할 선진국의 조건, 민주주의 모범 국가로 앞서 나가려는 의욕은 전략1로서 확고히 표명되고 있으며, 이는 이니셔티브의 실현을 위한 기본 토대이기도 하다. 또한, 과학 인재 양성 목표와 함께 지역 인재 양성 역시 기본적으로 좋은 인재를 발굴하여 이니셔티브의 지속가능성을 높여줄 기본 요건으로 보인다.

그런 점에서 패스트팔로워로서 세계 표준을 달성하여 선진국으로서의 위상을 다지려는 노력과 함께, 세계를 주도하려는 이니셔티브적인 요소 역시 공약의 범위를 벗어나지 않고 반영된 것으로 보인다.

☯ 이니셔티브의 관점에서 공약에 관한 인상 평

이처럼 대선 후보 시절의 정책 공약, 그리고 이를 반영하려는 이재명 정부의 국정 과제는 대한민국의 미래 경제구조를 재편하고 산업적 경쟁력을 확보하기 위해 매우 의욕적으로 설계되어 있다. 그리고 그것은 갑자기 등장한 계획이 아니라, 이미 우리 정부와 산업계 각 분야에서 추진해왔던 성과를 재구성하여 K-이니셔티브라는 선언 아래 모아놓은 것이기도 하다.

여기서 이재명식 흑묘백묘론과 탕평적 실용주의자의 면모가 드러난다. 일단 큰 욕심을 부리지 않고 우리가 준비하던 것, 우리의 맥락과 맞는 것, 단기적으로 해낼 수 있는 것부터 출발해서 그 방향성을 다잡으려는 실사구시적 태도라고 할 수 있다. 이를 통해 우리의 잠재력을 최대한 끌어올려 현실의 표면으로 드러내려는 것이다. 뜬금없이 모든 것을 뒤집어 자신의 정치관을 고집하는 데 시간을 낭비하기보다는 최대한 정확하게 현상을 인식하고 그에 걸맞은 대비책 마련에 온 힘을 기울여 짧은 5년의 기간 동안 최선의 성과를 내려는 접근법이라 하겠다. 그렇게 다시 한번 성장의 발판을 마련해야 유의미한 분배 정의 실현이 가능해지고, 더 나은 대한민국의 새로운 국면이 마련되는 것이기도 하다. 선진국으로 안착하고 선진국 내에서도 지속가능한 경쟁력을 갖추기 위한 시작점인 것이다.

하지만 그렇기에 지금까지 논의해 온 이니셔티브와 그 선정 안목에서 보자면, 이번 공약집의 내용이 과거의 관성에서 비롯된 지점도 있다는 것을 느끼게 된다. 선도국가가 완성되려면 단순한 기술 리더십이나 수치의 경쟁력을 넘어, 인문적 정체성과 제도적 설계, 그리고 민간의 창의성과 공공의 행정력 간의 섬세한 균형이 필요하기 때문이다.

그래서 이번 공약을 '전반적으로 역동적인 제안이되 개선점이 있는 것'으로 보았다. 아직은 우리가 다음으로 미루어야 할 과제겠지만, 분명히 인지하고 있어야 할 지점이다. 즉, 공약은 그 시작점에서 '할 수 있는 만큼'을 현실적으로 제시했으며, 향후에는 실질적으로 이니셔티브의 진정한 완성 지점으로 더 근접하기를 바란다.

그러면 방금 언급한 공약의 개선 지점을 살펴보도록 하겠다.

♂ 산업 중심 전략의 강세, 그러나 선도력의 본질을 제공하는 인문적 맥락은 미비

이재명 후보의 공약은 전반적으로 산업 중심, 특히 AI·방위산업·바이오·반도체·재생에너지 등 첨단기술 기반의 미래 성장동력에 방점이 찍혀 있다. 이러한 정책 방향은 단기적인 민생 안정과 중장기적인 국가경쟁력 확보를 동시에 노린 것으로 보인다. 특히 먹고 사는 문제(먹사니즘)를 해결하는 데에 집중했던 과거의 기조를 넘어 이른바 '잘사니즘'이라는 공감대와 결합하여 현실적인 호응을 유도하고 있다. 하지만 다시 한번 크게 성장해야 제대로 된 분배가 가능하다는 점을 강조하는 데서도 알 수 있듯이 '잘사니즘'은 정확히는 '먹고잘사니즘'이라 할 수 있다. 경제적 맥락에 강하게 묶여 있다는 의미다.

이러한 정책 경향은, 지금의 한국이 공식적으로 선진국 반열에 올랐음에도 불구하고, 이미 곳곳에서 구조적 저성장의 징후가 관찰된다는 점과 무관하지 않다. 이는 단순한 경기침체를 넘어 인구 감소, 생산성 정체, 투자 위축 등 구조적 한계에 직면하고 있다는 진단으로 이어지며, 정치적·사회적 불안정성까지 더해져 새로운 모델의 구축이 필요하다는 결론이 도출된다.

과거 일본이 세계 2위의 경제대국으로 부상한 직후, 버블경제의 붕괴와 함께 '잃어버린 30년'을 겪었던 전례는 한국에도 중요한 시사점을 준다. 특히 한국이 겪는 저성장의 도래가 일본보다 훨씬 더 이른 시점에서 나타난다는 점에서, 여전히 기적적인 경제성장의 기억이 남아 있음에도 불구하고 그 기억 자체가 쇠락의 덫으로 작용할 수 있는 이중적 현실을 보여준다.

이런 상황에서 이재명 후보의 공약은 과거의 고속 성장을 재현하려는 국가적 기획으로 해석될 수 있으며, 그것이 선도국가로 도약하기 위한 하나의 현실적인 돌파구로 보일 수도 있다. 즉, 지금 우리가 마주한 위기 상황을 돌파하기 위해 과거의 방식, 이를테면 국가 주도 산업화, 기술 집약적 성장, 수출 기반 확장을 한층 업그레이드했을 뿐 방법적으로는 재활용하는 셈이다. 이는 단기적으로는 정당화될 수 있지만, 그동안 행했던 검증된 방식을 반복하려 할 경우 미래의 가능성 자체를 제약하는 부작용이 생길 수 있다.

그런 의미에서 현재의 공약들은 이니셔티브를 획득하기 위한 필사적인 노력인 동시에, 기존 프레임에 갇힌 자기복제적인 성격도 함께 가지고 있다. 이니셔티브란 단어가 내포하는 진정한 의미는 단순한 기술투자나 산업정책만으로는 실현되기 어렵다. 실질적인 국제 규범 제시자 혹은 문명 주도국이 되기 위해서는 기술력과 수출 지표뿐 아니라, 그 밑에 깔리는 철학적 기초, 인문적 성찰, 제도적 실험이 병행되어야 한다.

예컨대 'K-컬처 300조 원대 시장' 공약은 문화산업의 시장 확대 가능성과 글로벌 영향력에 대한 초점을 맞추고 있는데, 이는 K-컬처의 인문학적·미학적 잠재력, 그리고 세계에 미칠 수 있는 영향력은 부차적인 요소로 치부되는 인상을 준다. 숫자로 증명되는 방식은 즉각적인 성과를 강조할 수 있지만, 외부의 찬사와 열광이 사그라질 때 함께 사그라질 위험도 있다. 그러나 콘텐츠의 내재적 가치, 고유한 서사, 창의적 개성을 제대로 다루고 이를 돋보이게 할 줄 안다면, 변화의 흐름조차도 우리가 주도하는 방향으로 이끌 수 있다. 이런 점에서 인문적 접근은 문화주권과 영향력 확보의 핵심 기초다.

문화 콘텐츠산업은 기술만으로 성립되는 것이 아니며, 창작자의 상상력, 사회적 감수성, 철학적 통찰이 결합되어야만 다른 국가들이 모방하고자 하는 문화적 위상, 다시 말해 선도국가의 문화 주도권을 얻게 된다. 이런 맥락에서 지역의 연구거점 대학 설립 공약 또한 '서울대 10개 만들기'라는 프로젝트는 근본적인 시너지를 일으킬 요소지만, 공약에서는 이들 거점 대학을 산학협력의 중심, 기술력 확보의 전진기지로만 제시하고 있다. 이는 인문사회학적 역할을 굳이 배제했다기보다는, 당장의 경제적 성과로 이어지기 어려운 분야에서는 K-이니셔티브의 파괴력을 국민이 체감하기 어렵다는 인식이 깔린 결과로 보인다.

사실 표준을 창출하는 인문학의 위력은 사치처럼 여겨질 수도 있다. 이는 인문적 가치가 경제적 효과로 전환되는 경험을 온전히 축적한 적이 드물기 때문이다. 유럽이 영화제나 문학상, 예술 아카데미 등을 통해 전 세계 문화 기준의 중심에 서 있는 현실을 고려하면, 인문성 기반의 영향력은 결코 추상적 가치에 그치지 않는다. 그럼에도 불구하고 우리는 여전히 문화와 예술에 대한 평가를 외부 권위에 의존하는 경향이 강하다. 자기 평가 능력의 부재는 곧 기준을 창출할 수 없는 상태로 이어지고, 이는 선도국가로서의 이니셔티브 확보에 근본적인 한계를 초래한다.

따라서 지금 우리가 해야 할 일은 외부 평가에 적응하는 수준을 넘어, 우리의 기준을 창출하고 타국이 그것을 따르도록 만드는 성취, 즉 문명국가로서의 사유 기반을 확립하는 경험을 쌓는 것이다. 그리고 아쉽게도 이번 공약에서는 단기성과에 집중하는 듯하다. 이는 현실적인 판단이자, 현시점의 어쩔 수 없는 한계로도 해석할 수 있다.

당장에는 부득이한 면이 있지만, 언젠가 이러한 점이 극복되기를 바란다. 하나씩 실제 성과로 선취해낼 때 비로소 더 깊은 의미의 이니셔티브를 구상할 여유도 생길 것이다. 지금은 그 토대를 형성해가는 초기 실험의 시기이며, 이러한 점에서 산업 중심의 공약은 현실적인 선택이자 동시에 상상력의 제약을 드러내는 징후로 볼 수 있다. 이 한계는 향후 반드시 극복해야 할 숙제이며, K-이니셔티브의 완성을 위한 핵심 과제다.

그때 필요한 것은 과거 성공 공식의 한계를 넘어서는 새로운 시도다. 다시 말해 문명국가로의 전환을 설계할 사유의 구조를 체계화하는 것이다. 그리고 그 구조는 기술만으로는 세울 수 없으며, 인문성과 상상력에서 비롯된다.

♂ K-이니셔티브의 모호성, 선도적 창조자 vs. 능동적 추진자

이재명 대통령의 공약 중 일부는 이니셔티브의 본래 의미에 부합한다. 특히 인공지능(AI), 바이오-헬스케어와 같은 영역은 지금 우리가 반드시 투자하고 발전시켜야 할 핵심 분야다. 이들 분야는 이미 세계적 기술 경쟁이 치열하게 벌어지고 있으며, 한국은 다소 늦게 출발했지만, 과학기술 국가로서의 위상을 확보하기 위해 막대한 자원을 투입하고 빠르게 속도를 올리고 있다. 이는 과거의 추월 경험을 근거로 다시 한번 세계 선도국가의 반열에 오르려는 명백한 시도이자, 반드시 거쳐야 할 국가적 과제이다.

기후 위기 대응 또한 그와 유사한 맥락에 있다. 이 분야는 이미 일정 부분 국제적 표준이 형성되어 있는 가운데, 지속가능한 경쟁력을 확보하려는 국가 간 경쟁이 치열하게 전개되고 있다. 그럼에도 불구하고 한국이 이 분야에서 선도적 입지를 구축할 여지는 여전히 존재한다.

방위산업 역시 마찬가지다. 한국은 일부 분야에서 이미 독자적인 기술력과 시장을 확보하고 있으며, 비록 퍼스트무버라고 평가하기는 어렵더라도, 글로벌 방산 시장에서 선도자 그룹에 포함될 충분한 경쟁력을 보유하고 있다. 특히 국가 생존과 직결되는 영역이라는 점에서, 이 분야에서의 입지 확보는 경제적 차원을 넘어 전략적으로도 필수적인 과제로 간주된다.

문화산업 영역에서는 이미 세계적으로 인정받은 사례들이 존재한다. K-팝은 그 대표적인 예로, 단순한 수출 콘텐츠를 넘어 새로운 문화적 문법과 미적 기준을 제시한 장르로 성장하였다. K-그림책도 세계 시장에서 점차 주목을 받고 있으며, 그 서사와 감수성이 다른 문화권에서 모방 혹은 참고 대상이 될 만큼 창의성과 완성도를 갖추고 있다. K-무비 역시 일정한 수준의 독창적인 스타일과 서사로 글로벌 수요를 받아왔으며, 보는 시각에 따라 선도적 콘텐츠로 평가받을 여지가 충분하다.

이러한 분야들은 모두 한국이 선도적 창조자로 자리매김할 잠재력을 지닌 영역들이다. 이니셔티브라는 개념이 단순한 산업적 확장이나 수출 증대가 아니라, 새로운 기준과 질서를 제시하는 것을 의미한다면, 이들 분야는 적어도 그 방향성과 실현 의지를 내포하고 있다.

하지만 이니셔티브라는 용어가 광범위하게 사용되면서, 그 의미가 다소 모호해지는 경향도 감지된다. 본래 이니셔티브는 '선도적인 방향 제시' 또는 '새로운 기준 설정'이라는 의미로 자주 쓰이지만, 실제 공약집이나 관련 기사에서 드러나는 사용 맥락을 보면, 단지 '적극적인 시도' 또는 '의욕적인 추진' 정도로 해석될 만한 경우도 많다.

이러한 흐름 속에서 이니셔티브는 마치 기업의 프로젝트 문서나 비즈니스 전략에서 흔히 쓰이는 용어처럼 변용되는 듯하다. '주도권을 잡는다'는 본래의 어감보다는, 무엇이든 빠르게 능동적으로 추진한다는 어감으로 확장된 것이다. 특히 정책 분야별로 이니셔티브라는 이름 아래 묶인 다양한 사업이나 계획들은, 실제로는 선도성과는 거리가 있는 단기적 추진 중심의 프로그램인 경우도 있다. 일부 언론에서 언급하듯이 K-푸드, K-민주주의[12], K-외교 등을 이니셔티브의 영역에 포함하면 다양한 분야에서 역동적이고 강력한 상징성을 가질 수 있지만, 진정한 의미의 '표준 제시' 혹은 '문명적 전환'과는 거리가 있는 경우도 있다. 이니셔티브의 명료성이 다소 떨어지는 느낌도 들었다.

특히 K-푸드의 경우, 글로벌 트렌드에 편승한 식문화 수출로 해석되기도 하며, 삼각김밥이나 냉동김밥이 해외에서 인기 있다는 사실만으로 이니셔티브라는 표현을 붙이기에는 무리가 아닌가 하는 생각이 들었다. K-팝이 미국 팝 문화의 하나의 선택지로 들어갔던 것처럼 그러한 사례로 남으려는 것이 아닐까 싶었다. K-팝이 서구 대중음악의 댄스팝

12) K-민주주의는 직접적으로 공약에서 이니셔티브의 영역에 포함되었다고 말하기는 어렵지만, 이재명 대통령도 우리 민주주의의 위대한 성취와 독자적인 개성을 언급하고 있으며, 일부 언론에서도 이를 다루고 있으므로, 민주주의 성취 과정의 서사적 관점에서 이니셔티브한 요소에 주목한다고 할 수 있다.

에서 하나의 스타일을 제시했듯이 K-푸드 역시 세계인의 식단에서 하나의 리스트로 추가되는 성취를 꾀하는 것으로 봐야 할까. 하지만 그들이 갑자기 간장 고추장 소스로 자국의 음식을 만드는 걸 표준으로 삼지는 않을 것이므로, 다소 부족하게 느껴진다.

세계인의 메뉴 중에 입맛을 바꿀 정도의 음식, 예컨대 K-양념치킨과 같은 놀라운 출현이 뒷받침되거나, 편의점 음식으로 김밥이 세계인의 간편식 기능을 확고히 하게 된다거나, 세계 음식의 한 장르로 한식이 확고해지면서, 세계인의 양념 표준에 간장과 고추장이 보편적으로 수용된다면 또 모르겠다. 그렇지 않다면 아무래도 단순한 해외 판매 실적은 선도보다는 확산에 가깝다. 음식의 영역은 언어처럼 표준이 쉽게 바뀌지 않는다. 그래서 K-푸드는 부분적으로는 선도적 창조의 가능성을 내포하고 있으나, 전체적으로는 세계 식품 시장에서의 점유율 확대를 목표로 한 능동적 추진자의 전략으로 해석될 여지가 크다.

즉, 수출 경로의 확장과 영향력 구축 수준으로 평가하는 것이 보다 적절해 보인다. 패스트팔로워로서 세계 식단에 추가되는 정도로도 충분히 대단한 사건이기 때문이다. 어쩐지 최근 해외에 수출해서 인기 얻는 트렌디한 현상을 두고, 이니셔티브라는 명칭을 과도하게 적용하려는 시도로 보였다. 이는 개념의 남용이라 볼 수도 있으며, 단순히 '이니셔티브'라는 표현이 유행처럼 사용되고 있는 것으로 보이기도 한다.

이런 맥락이라면 과거 패스트팔로워로서 수출 100만 달러 시대에도 무수한 사건이 있었고 이 모두를 이니셔티브라 표현할 수 있을 듯했다. 그냥 적극적 추진이라면 어디든 붙일 수 있는 특별할 것 없는 선언이 되고 만다. 이미 우리는 2020년대에 선진국에 들 때까지 매해 이니셔티브를 실현했다고 해도 무방하기 때문이다. 선도성과 혁신은 유사해 보이지만, 실은 똑같지 않다. 혁신은 기존 구조를 개선하는 데 그칠 수 있고 이는 그동안 고도 경제성장을 하는 가운데에도 패스트팔로워로서 이루었던 무수한 혁신적 성과를 포함한다. 반면, 선도성은 새로운 구조를 제시하고 다른 국가가 이를 따르게 만드는 것까지 포함한다. 우리는 혁신은 많이 겪었지만, 선도적 위상을 획득한 경우는 많지 않다.

물론 AI 기반 푸드테크나 스마트팜처럼 기술이 결합될 경우에는 선도성의 가능성이 확연히 달라질 순 있다. 또 저칼로리 음식의 대명사가 되어 세계인의 식단에 큰 변화를 일으키거나, 김처럼 친환경적으로 인식된 식재료로 뜻밖의 윤리적 선도성을 확보한다면, 이니셔티브의 영역에서 검토되어야 하는 것이 맞다.

K-민주주의의 경우에는 관점에 따라 K-이니셔티브의 정당성을 부여할 수 있는 사례로도 평가할 수 있다. 후진국에서 민주주의를 달성하고, 동시에 경제적 번영을 이룩한 역사적 서사는 세계사적 맥락에서도 유례가 드물기 때문이다. 이는 단순한 정치제도 모방이 아니라, 역사적 고통과 시민 참여의 결합을 통해 형성된 하나의 사례적 가치를 지닌다. 또한, 디지털 인프라와 연결되어 민주주의의 가치를 실현하는 점에서 본다면, 한국의 디지털 민주주의는 선도적인 성과가 분명하다. 이는 향후 직접 민주주의를 더 강력하게 선도할 만한 기반이기도 하다.

다만 일부 언론에서 K-외교 역시 이니셔티브 영역에 놓는 경우를 보아서 언급하자면, 외교에서의 적극적 능동적 결단과 주도성을 두고도 이니셔티브의 영역을 놓는 게 어색했다. 이니셔티브에 어울리려면 우리가 세계 외교를 새롭게 바꿀 만한 표준을 제시하는 것이어야 할 텐데, 적어도 그보다는 우리가 주도적으로 능동적인 외교를 펼치자는 정도라면, K-이니셔티브의 영역에 놓기에 부족해 보인다. 간혹 각 분야에서 관련 사업에 힘을 받기 위해 유행 따라 그런 표현을 붙이고 본다는 생각도 든다.

그런 면에서 보면 외교와 달리, 이는 "주가 5,000 시대 개막" 공약 중 일부는 이니셔티브적 요소에 부합한다. 산업적인 면에서 주가조작 '원스트라이크 아웃제' 도입은 한국만의 독자적인 발상이라 할 수 있어 선도적이라 평가할 만하다. 주주 충실의무 도입 및 집중투표제 강화 역시 일정 부분 선도적인 시도이며, 글로벌 선진국 지수(MSCI) 편입 추진은 국제 표준 수용 움직임으로 평가할 만하다.

결국 이니셔티브라는 용어를 지나치게 포괄적으로 사용하면 개념의 명료성을 떨어뜨리고, 오히려 정책의 실질적 차별성과 선도성을 판단하기 어렵게 만드는 결과를 낳을 수 있다. 이는 '이니셔티브'라는 개념의 본래 의미에서 멀어지고, '적극적 추진'이나 '과감한 시도' 정도로 의미가 희석되는 현상으로 드러난다.

물론 이는 이니셔티브라는 개념에 대한 다양한 해석이 이루어지는 과도기적 양상으로 볼 수 있다. 즉, 문제라기보다는 확장과 조정의 과정일 수 있다. 우리가 아직 선도국가로서의 전통을 가진 나라는 아니기에, 이니셔티브의 외연은 넓을 수밖에 없다. 현재는 패스트팔로워의 연장선에서 약진 중인 시기로 보이며, 그 자체로도 중요한 의미가 있다. 그러나 향후에는 구체성과 지속성, 제도적 기반까지 아우르는 수준으로 발전해야 이니셔티브의 본질에 다가설 수 있을 것이다. 지금 필요한 것은 완벽한 정의나 기준이 아니라, 다양한 분야에서 표준이 될 수 있는 사례를 쌓아 나가는 것이며, 그 과정에서 이니셔티브의 의미는 점점 더 선명해질 것이다.

♂ 민간 주도, 국가 보완으로

이재명 대통령의 공약에 담겨 있는 구체성, 이행 방안, 재원 조달 방법은 공허하지 않다. 단순한 슬로건이나 수사적 구호에 머무르지 않고, 「전략 목표 → 세부 실행안 → 이행 절차」라는 비교적 구조화된 3단계 체계를 따르고 있다는 점에서 일정 수준의 완성도를 갖추었다고 평가할 수 있다.

우선, 각 분야에서 정책 목표가 명확하게 설정되어 있다. 예를 들어 인공지능 분야에서는 "AI 3강 진입", 문화산업에서는 "K-컬처 수출 50조 원 달성", 환경 분야에서는 "탄소중립 산업구조 전환"이라는 식으로, 비전 제시가 명료하다.

그에 뒤따라 구체적인 세부 실행방안도 제시되어 있는데, 예컨대 "GPU 5만 개 확보", "기후대응 R&D 예산 확대", "국민펀드 조성" 등은 추상적 방향 제시에 그치지 않고, 수단의 범위와 성격까지 구체화하고 있다. 이는 유권자가 공약의 실현 가능성을 가늠하는 데 실질적인 도움이 되는 요소다.

또한 법률 개정 시점이나 예산 편성 일정을 분명히 명시하고 있다는 점은 정책 이행의 현실성과 의지를 함께 보여준다. "무엇을 언제, 어떤 방식으로" 실현할 것인지를 설명하는 데 집중하고 있다는 점에서, 구체성과 실행력을 모두 고려한 공약 설계라고 평가할 수 있다. 실행 여부는 정치적 환경과 예산 집행력 등에 따라 달라질 수 있지만, 기획단계에서의 설계 수준은 충실한 편이다.

또한, 공약은 국가가 산업을 직접 이끄는 방식보다는, 제도 설계자이자 조력자로서의 역할에 무게를 두고 있다. 민간이 주체가 되어 투자와 실험을 이끄는 자율적 생태계를 중심에 두며, 국가는 이를 제도적·재정적으로 뒷받침한다. 예컨대 AI와 반도체 분야에서는 국가가 인프라 구축과 규제 완화를 담당하고, 민간이 연구개발과 창업을 주도한다. 문화산업에서는 창작권 보장과 플랫폼 지원을 통해 콘텐츠 제작과 확산을 민간이 주도하고, 방산산업은 수출 인프라를 국가가 제공하며 기술 개발은 국가와 민간이 공동으로 담당하는 구조다. 이러한 접근은 과거의 국가 주도형 모델과 달리, 민간의 창의성과 유연성을 살리되, 국가가 그 가능성을 보완하고 정책 이행의 실효성을 높이기 위한 전략으로 볼 수 있다.

이는 앞서 언급한 다섯 번째 기준과 여섯 번째 기준에서 볼 때 국가의 역할을 분명히 하고, 기존의 산업 분야에서 이미 충분히 검토된 지점, 또 반드시 필요한 지점에서 힘을 실어주는 모양새다. 국가는 직접 개입보다 '환경 조성', '재정·제도 보완'에 중심을 둔 것이다. 공약의 많은 부분은 민간이 먼저 기회를 포착하고, 국가가 제도적·재정적으로 이를 보완하는 구조를 암묵적으로 제안하고 있다. 예컨대 국민펀드 조성, 민간 R&D 투자 유도, 디지털 전환 기반의 AI 활용 등은 국가가 직접 주도하기보다는 환경을 설계하고 민간이 주체가 되는 모델에 가깝다. 다만, 이 같은 구조가 실효성 있게 작동하려면 민간과 국가의 상호신뢰, 리스크 분담 시스템, 명확한 규칙 설정이 전제되어야 한다. 그렇지 않으면 국가의 지원이 형식에 그치거나, 민간의 모험이 헛수고가 될 수 있다.

다행히 현재로서는 공약의 내용이 구호에 그치지 않고 실제 실현 가능한 구체적인 이행안을 제시하고 있다. 그 구체성은 어느 정부에서나 있을 수 있으나, 최근 정부의 정책 추진 속도를 보건대, 구호에만 그치지 않고, 충분히 실현될 것이라는 기대감이 생긴다.

마지막으로, 공약은 재원 조달 방식에 있어서 단기성과와 중장기 구조를 함께 고려하고 있다. 단기적으로는 2025년 추경에 반영해 가시적인 효과를 빠르게 창출하고, 2026년부터 본예산을 투입하여 정책의 안정적 추진을 도모한다. 중기적으로는 2025년부터 2030년까지 총수입 증가분과 지출 구조조정을 병행하여 재원을 충당하겠다는 계획이다. 이와 함께 장기적으로 국민펀드 조성, 세제 감면 등을 통해 민간 자본의 참여를 유도함으로써 국가 재정 부담을 완화하려는 보완 전략도 마련되어 있다.

이러한 조달 방식은 추가 국채 발행 등 단기적 재정 확대에 의존하지 않고, 재정적 지속가능성을 염두에 둔 점에서 긍정적이다. 다만 세입 증가 전망이 다소 낙관적일 수 있으며, 경기 둔화나 세수 부족이 발생할 경우 계획에 차질이 생길 가능성도 있다. 또한 법률 개정이나 제도 신설을 위해서는 국회의 협조가 필수적이며, 국회 구성에 따라 진행이

지연될 수 있다. 아울러 민간 주도 모델이 정부 책임 회피로 비칠 우려도 있으므로, 이를 방지하기 위해서는 명확한 정책 설계와 민관 간의 신뢰 구축이 뒷받침되어야 한다. 정치적 실행력, 국회 협조, 재정 여건 변화, 민간 신뢰 확보 등은 실제 집행의 성패를 좌우할 핵심 변수로 남아 있다.

☯ 재분류: 인문적 로드맵

앞선 인상 평 중에서 인문적 맥락으로 볼 여지가 있는 지점을 찾아서, 산업적인 요소를 가급적 배제하고 재분류를 시도해보았다. 이를 통해 새로운 관점을 하나 덧댐으로써, 향후 이니셔티브를 분류하는 선택지를 하나 추가하고자 하였다.

때로는 이러한 분류만으로도 엉켜 있는 실타래를 풀 가능성이 생긴다. 조금 더 다각도로 이니셔티브라는 거대한 코끼리의 실체를 파악하여 정책에 접목할 수 있기 때문이다.

여기서는 그러한 맥락에서 인문적 로드맵을 하나 추가하여 기존 공약에서 몇몇을 추출했고, 관련 내용의 추진 내용이 무엇인지 소개하도록 하겠다. 그 외의 것은 경제적 산업적 로드맵에 속하므로 여기서는 생략하였다.

♂ K-민주주의

기술적 관점에서 한국의 디지털 민주주의는 분명 선도적인 면이 있지만, K-민주주의를 말할 때는 본질적으로 정치 제도 및 문화적인 면에서 민주주의의 가치가 실현되는가를 주로 보게 된다. 그런 점에서 보자면, 우리의 경우 선도적이라 말하기에는 미흡한 면도 있다. 오히려 민주주의를 성실히 배워가는 열정적인 학생에 가깝다.

사실 이 영역에서는 국제 표준을 따르는 것만으로도 충분하며, 그렇게만 해내도 대단한 성취라고 본다. 특별한 우리만의 것을 개발하기보다는 선도자 그룹에서 제시한 표준이 무엇인가를 깊이 공부하고, 우리의 역사적 맥락에 잘 어울리는 방식을 응용 적용하면 될 일이다. 즉, 정치적 맥락에서 역사적으로 우리가 중국의 정치 제도를 넘어서는 선도성을 보여준 적이 없지만, 그것은 국제 관계의 호환도를 위해서, 또 익숙한 관례를 위해서도 현실적이고 필요한 선택이었다. 더구나 자연스럽게 정치적 맥락이 발현되어 독자적인 체제가 확립되는 것이라면 모를까, 굳이 개발해야 할 만큼 정치 제도가 개성이 절실한 지점도 아니다. 그런 점에서 정치적 맥락만으로 따로 놓아서 분류하기보다는 인문적 로드맵에 정치적 문화적 맥락을 함께 포함하였다.

어쨌든 이 지점은 앞서 언급했던 우리만의 독특한 민주주의 쟁취의 서사가 없더라도, 국제 인권 등 다양한 글로벌 표준과 맞물려서 꼭 갖추어야 할 필수 요소라고도 할 수 있다. 그러니 민주화의 성과가 없었다면 모를까 이미 성취하고 발전시켜 놓은 것을 포기해서는 안 된다. 그것은 세계시민이 대한민국을 진정으로 좋은 나라, 좋은 리더로 인지하게 하고, 우리나라에서 살고 싶게 하는 중요한 요소 중 하나다. 결국 모든 이니셔티브적 요소에 날개를 달아주는 기저의 요소다. 민주주의라는 탄탄한 바탕을 통해 공정성과 신뢰성으로 국가 브랜드는 향상한다.

이런 맥락에서 공약도 국제 표준과 상식에 부합하도록 내란 극복과 국민통합, 민주주의 회복을 목표로 한 정치·사법 ·미디어 분야의 전면적 개혁을 제시한다.

공약의 계획대로라면, 우선 대통령의 계엄 권한에 대한 국회의 통제권을 제도적으로 보장하여 민주적 견제를 강화하고, 정치보복 관행을 근절하며 국민통합을 추진할 것이다. 국회의원 국민소환제 도입 등 책임정치를 위한 직접민주주의 강화도 포함된다.

또한 군의 문민통제를 강화하고 정보기관 개혁을 추진하며, 3군 참모총장 인사청문회를 도입해 군의 공공성과 책임성을 높일 계획이다. 국가인권위원회는 국민 추천제 도입 등으로 정상화를 도모하며, 감사원은 감사개시 및 고발에 대한 내부 의결절차와 외부 감찰관 도입을 통해 정치적 중립성을 확보할 예정이다.

검찰은 수사·기소 분리를 통해 권한을 제한하고, 검사에 대한 징계제도 도입으로 기소권 남용을 방지할 계획이다. 사법 개혁에서는 대법관 정원 확대, 온라인재판 도입, 국민참여재판 확대, 판결문 공개 확대 등 사법서비스의 신속성과 접근성을 제고한다.

공직자의 이해충돌 방지와 고위공직자 자산 신고제 도입을 통해 반부패 개혁도 추진된다. 공공기관장 임기를 대통령 임기와 일치시켜 책임경영 체계를 확립하고, 사법절차에서는 국선변호인 확대, 한국형 증거개시제도, 피해자 진술권 보장 등 인권 친화적 제도를 강화할 것이다.

변호사 징계권 외부 위임과 비밀유지권 법제화로 법조 공공성을 높이고, 방송통신위원회·심의기구의 정치적 중립성 확보 및 공영방송 독립성 강화 정책도 추진된다. 반사회적 콘텐츠에 대한 플랫폼 책임 강화, 역사교육 및 진실화해위원회 조기 출범도 포함된다.

관련 법률은 2025년 6월부터 준비해 단계적으로 추진하고, 예산은 2025년 추경과 2026년 예산부터 반영되며, 재원은 지출 구조조정과 향후 수입 증가분으로 충당할 계획이다.

♂ '서울대 10개 만들기'

책자형 선거공보물에서는 "지역 여건을 고려한 스타트업 파크 조성, 대학·지식산업센터 등 지역거점으로 육성" 또는 "지방거점 국립대를 세계 수준 연구중심대학으로 육성"으로 명시되어 있고, 8월 13일 발표한 국정 과제에서는 "지역 교육 혁신을 통한 지역 인재 양성"으로 되어 있어 이것이 서울대 10개 만들기 프로젝트와 정확히 동일한 것인지는 불확실하지만, 대체로 그러한 대학 교육의 개혁을 통하여 공약에서 첨단기술을 지원하는 산학협력 체계도 연결된다고 볼 수 있다.

물론 이니셔티브와 관련된 분야는 아니지만, 국토균형발전을 위한 정책 순위 6번의 공약에서 제시한 표현을 인용하자면 다음과 같다.

○ 수도권 중심의 대학 서열화 완화를 통한 국가 균형발전 달성

- '서울대 10개 만들기'로 지역 거점국립대에 대한 전략적 투자와 체계적 육성 추진
- 지역과 함께 성장하고 국립대·사립대가 동반성장하는 RISE 체계

구축

이처럼 이재명 정부는 '서울대 10개 만들기'라는 표현으로 지역 거점 국립대를 육성하겠다는 계획을 내놓고 있다. 이것만으로는 이니셔티브를 창출할 직접적인 연결고리는 보이지 않지만, 이 공약은 사실 K-민주주의만큼이나 지속가능한 K-이니셔티브의 길을 열어주는 초창기 방안으로 적절하다고 생각한다. 미국의 주립대학처럼, 특히 캘리포니아를 위시한 서부 지역 국립대학의 사례로도 알 수 있듯이 분명한 선례가 있어 방법적인 면에서 따라 하기도 어렵지 않다.

'서울대 10개 만들기' 정책은 이니셔티브라는 개념을 수사적 장식에 그치지 않게 만드는, 비교적 현실적이고 지속 가능한 접근 방법이다. 특히 인문적 관점에서 다양한 생각의 개발에 집중하고, 경쟁할 수 있다면, 다원적 경쟁 체제에서 뜻밖의 아이디어로 우리를 설명할 날이 올 수도 있다. 이는 표면적으로는 기존 표준(서울대 중심 체제)을 따르는 것으로 보이지만, 실질적으로는 우리 사회가 이니셔티브의 창의적 본질에 한 걸음 다가가는 사전 작업이다.

더구나 현재의 경쟁 중심 교육 문화에서 이 정책은 거부감 없이 수용될 수 있다. 교육 체제의 근본 전환이 당장은 어렵기 때문에, 기존 질서와 일정 부분 호환되는 이니셔티브로 기능한다는 점에서 실현 가능성 또한 높다. 특히 다원주의 사회로의 이행을 위한 기초 인프라로서, 불완전하더라도 올바른 방향의 진입로를 열어줄 수 있다.

우리는 이미 산업 발전, 교육 정책, 과학기술 분야에서 이러한 패스트 팔로워 전략을 통해 성과를 낸 경험이 있다. '서울대 10개 만들기'는 그러한 경험이 집약된 구조적 시도로서, 대안적이고 창의적인 이니셔티브를 가능케 하는 기반이 될 수 있다.

무엇보다 이 정책의 장점은 명확한 목표 설정에 있다. 10개를 만든다는 간결한 지향점은 사회적 합의 도출에 유리하며, 문화, 관습, 가치관 자체를 바꾸는 것에 비해 실현 가능성이 높다. 물론 실제 운영을 위한 세부 설계와 재원 조달 등의 과제는 남아 있으나, 우리 사회가 반복해 온 '단순하지만 확고한 목표 지향형 실행'의 틀 속에서는 충분히 도전 가능한 과업이다.

♂ K-컬처 전체에 대한 인문적 접근, 또는 K-인문학

K-컬처는 현재 산업적 성공 맥락에서 주로 조명되지만, 그 기반을 지탱하고 확장시킬 인문학적 성찰과 담론 형성은 상대적으로 미약한 상태다. K-인문학이라고 할 만큼 우리만의 경쟁력 있는 독창적인 담론이 형성되기에는 시기상조다. 어쩔 수 없이 외국의 인정을 받으며 산업적 맥락에서 뚜렷한 성과를 보이는 것에 만족하고 있다. 이 역시 중요하지만, 실제로 모든 가치의 평가 체계를 선도할 경우 예상치 못한 엄청난 파급 효과를 기대할 수 있다. 그것은 경제적인 효과의 재창출로도 이어질 수 있다. 예를 들어, 친환경 논리에도 과학적 설명과 함께 생태 윤리 개발로 그 당위성을 더욱 강화하기 마련이다. 그것은 일곱 번째 기준인 윤리적 선도성과 연결되며 이러한 면모가 강할수록 국가 브랜드의 위상도 높아진다. 문화적 부문도 이러한 지점에서 라이프스타일에 크게 영향을 줄 수 있는데, 흔히 산업기술적인 선도성에만 초점을 맞추면

그것을 평가하는 인문학적 요소의 중요성을 놓칠 수 있다.

물론 현재로선 우리에게 척박한 지점이기에 고려할 만한 유력한 후보군이 거의 없지만, 향후에는 이러한 지점까지 고려할 수 있도록 방향을 설정해야 할 것이다. 즉 K-컬처의 관점에서 보자면, 한국의 문화와 예술을 세계적 표준의 관점에서 비평하고 옹호할 이론적 틀과 인문학적 시선을 확보할 필요가 있다. 이는 단지 문화 산업의 성장을 위한 부수적 요소가 아니라, 지속가능한 K-이니셔티브를 위해 반드시 선행되어야 할 핵심 토대다.

K-컬처를 소비 중심의 산업으로만 해석할 경우, 결국 타자의 시선과 자본의 흐름에 종속될 수밖에 없다. 따라서 우리 문화와 예술이 지닌 고유한 가치와 미학을 자립적으로 설명할 비평 체계, 철학적 기반, 그리고 인문학 어휘를 정립하는 것이 필수적이다. 이 과정은 일견 추상적이고 공허한 제안처럼 보일 수 있으며, 구체적인 시기를 특정하기 어렵겠지만 장기 전략으로 설정해두어야 한다. 이는 '서울대 10개 만들기'와 같은 제안과도 연관된다. 다원화된 경쟁을 통하여 지적 기반의 질적 다양화와 확산을 꾀해야 할 것이다.

궁극적으로 K-인문학은 한국의 문화적 서사를 글로벌 담론에 편입시키고, 나아가 세계 문화 비평 등 다양한 사상의 지형에서 새로운 기준과 관점을 제시하는 데 이바지해야 한다. 이는 단기적 산업 수익에는 부합하지 않을 수 있지만, K-이니셔티브의 철학적 깊이와 문화적 지속가능성을 확보하기 위해 필수적인 투자이며, 진정한 의미의 선도자로 자리잡기 위한 사전 작업이다.

우리의 현재와 미래, 인문적 가치의 관점에서

앞서도 언급했지만 이재명 대통령의 공약집이 지닌 특징만이 아니라, 애초에 한국에서 K-이니셔티브의 후보를 고를 때, 인문적 가치의 관점에서는 취약한 편이다. 어쩌면 삶의 초점 자체가 경제적으로 먹고 잘 사는 것에만 맞추어져 있었고, 교육 역시 비판적 상상력을 기르는 방향과는 거리가 멀었기 때문일 것이다. 그래서 척박하고 협소한 상상력은 오로지 돈을 버는 데만 집중하는 자본주의 찬가에만 머문 것도 사실이다.

이러다 보니 새롭고 다양한 시각으로 우리의 가치를 평가해보겠다는 시도는 판타지에 가까웠다. 이런 척박한 상황에서도 자본주의와 결이 맞게끔 자생하고, 놀라울 정도로 다채롭게 문화를 키워왔다는 것에 감탄할 일이다.

그럼에도 언젠가는 세계인 모두가 우리의 이론과 사상을 통해 우리가 평가하는 우리의 가치에 귀를 기울이고 그것으로 세상을 바라볼 시절이 오기를 바라기도 한다. 그건 우리가 개발한 새로운 프리즘으로 세상의 모든 것을 달리 바라보게 되는 상상이다.

물론, 지금은 일단 욕심을 부리지 말고, 우리에게 있는 것부터 잘 챙기는 게 우선이겠다.

☯ 인문적 가치의 관점: 선도자의 위상

♂ 대한민국 성공 스토리 자체가 대외 원조 브랜드 이미지

앞서 대외 원조 브랜드로서 대한민국의 위상을 말했다. 그리고 그것으로 개도국의 선도자로서 우리의 성공 스토리가 그들에게 귀감이 되는 것을 상정하고, 경제적·문화적 공동체와 같은 네트워크가 가능해지는 것을 상상해 본다. 대외 원조국으로서 대한민국만의 독특한 위상을 선도적으로 만들어 대한민국의 희소한 성공 방식을 통하여 기존 표준에 약간의 개성을 얹는 정도를 고려했다. 그 역시 분명 선도적 성과이고, 여러 개도국의 전략적 파트너로 우리만의 입지를 쌓을 수 있을 것으로 보았다. 상생협력의 윤리적 이미지를 구축하는 것으로, 첫 번째와 일곱 번째 기준을 적용하는 선도자 그룹에 속하면 된다.

이 지점에서는 우리의 K-민주주의 서사 역시 복합적으로 엮이며 하나의 브랜드로 발전할 수 있을 것이다.

♂ K-민주주의 성공 스토리

K-민주주의는 아직 명확하게 개념화된 브랜드는 아니지만, 세계적 관점에서 선도적일 가능성을 지니고 있다. 물론, 그 제도적 구조 자체는 이미 많은 선진국에서 오래전부터 정착되어 있고, 보다 성숙하게 운영되고 있다. 대통령 탄핵제도, 지방자치, 시민참여 예산, 디지털 플랫폼을 통한 참여 등은 이미 미국, 독일, 프랑스, 북유럽 국가들에서 널리 채택된 모델이었다. 즉, 한국의 제도들은 많은 경우 이들 국가의 영향을 받아 도입된 수입형 구조에 가깝다.

그러나 한국 민주주의의 진정한 강점은 제도의 고유성이 아니라, 그것이 작동하게 된 과정, 그리고 그 안에서 형성된 집단적 서사와 시민 문화에 있다. 대표적인 예가 촛불혁명과 빛의 혁명이다. 하나는 박근혜의 탄핵, 그리고 다른 하나는 12·3 불법 비상계엄을 선포한 윤석열의 퇴진을 이끌어낸 한국 민주주의사의 기념비적인 사건이다. 이 사건들은 단순히 한 대통령의 탄핵에 그치지 않고, 비폭력과 헌법적 절차를 바탕으로 한 대규모 민주시민 운동의 성공이라는 점에서 세계적으로도 모범적인 사례다. 물론 이러한 바탕에는 민주 시민의 강인한 승리의 기억이 있기 때문에 가능했다. 우리 역시 많은 국가에서 고통을 견디며 불의에 대항하던 시민 시위가 있었고, 한때는 일상적으로 데모가 있던 시절도 있었다. 한때는 독재 기간이 너무 길어지면서 정의에 대한 희망이 꺾이고 자괴감에 시달리던 때도 있었다. 하지만 시민들은 그런 시간을 꿋꿋이 견뎌 민주주의를 시민의 품으로 되돌려놓았고, 한국은 지금 고도 경제성장과 함께 발전하는 민주주의 국가로 인정받고 있다. 특히 80년 5월 광주 민주화 운동은 세계인의 기억에 각인되었고, 독재 정권에 억압받는 나라에서는 광주의 저항을 인상 깊게 기억하는 이들이 많다. 명진 광주시의원이 "K-민주주의 광주, 브랜드화해야" 한다고 했듯이, 민주주의 역사에서 80년 광주는 중요하다. 어떤 사례는 누군가의 가슴에 불을 지피고 두려운 마음을 달래주는 놀라운 이야기로 남는다. 이러한 경험은 민주주의 제도를 '살아 있는 공동체의 힘으로 작동시킨' 드문 사례로, 그만큼 강력한 서사적 자산이다.

따라서 K-민주주의가 이니셔티브로 발전하기 위해서는 제도 자체의 독창성을 강조하기보다, 그 제도를 어떻게 작동시켰는가에 대한 스토리와 실천적 문화를 브랜드화하게 된다. 촛불혁명, 광주민주화운동, 시민참여형 쟁취의 경험 등은 그 자체로 세계적인 교육 콘텐츠가 될 수 있으며, 민주주의를 도입하거나 회복하려는 국가들에게 실질적인 작동 사례로 작용할 수 있다.

결국 K-민주주의는 "민주주의를 어떻게 실질적으로 작동하게 만들었는가"에 대한 한국의 응답이며, 이를 기반으로 민주주의 교육, 공공리더십 훈련, 시민사회 역량 강화 프로그램 등의 형태로 정책 수출 및 플랫폼화가 가능하다. 이는 한국형 시민정치 모델의 선도적 제시이며, 민주주의의 다음 세대를 준비하는 세계적 이니셔티브의 출발점이 될 수 있다.

♂ K-디지털 민주주의

세계 1위 AI 정부 실현을 목표로 한 국정 과제에서도 알 수 있듯이, 한국은 디지털 민주주의 인프라와 기술력 측면에서는 이미 세계적 수준에 도달했다. 한국의 디지털 민주주의는 그 잠재력과 제도적 시도 면에서 분명한 진전을 보였고, 부분적으로 선도자임에 분명하다. 또한, 전반적으로는 여전히 선진국 평균 수준이라고 평가할 수 있다.

우선, 전자정부와 디지털 행정 인프라 부문에서는 한국이 세계적으로도 손꼽히는 선도국이다. 정부24, 홈택스, 국민비서, 모바일 공공인증 등으로 대표되는 행정 디지털화는 높은 수준의 통합성과 접근성을 확보하고 있으며, UN 전자정부 평가에서도 지속적으로 최상위권에 위치하고 있다. 이러한 영역에서는 단순한 기술 도입을 넘어 실질적인 국민 편익 증진과 행정 효율성 향상에 기여하고 있어, 다른 국가의 벤치마킹 대상이 되고 있다.

하지만 이러한 기술적 우위가 곧바로 민주적 참여로 확장되지는 못하고 있다. 특히, 정치적 참여 플랫폼과 디지털 기반 직접·숙의 민주주의 제도에서는 아직 실험적 수준을 넘어서지 못한 상황이다. 정당과 국회의 디지털화는 지체되고 있으며, 전자투표 시스템 역시 신뢰성과 보안 문제로 인해 전국적 제도화에는 실패했다. 국민청원과 참여예산 등 시민참여 제도는 존재하지만, 공론화 결과가 실질적 정책 결정으로 연결되는 구조는 미약하고 형식적인 경우가 많다.

더 나아가 디지털 숙의 민주주의 제도화 역시 제한적이다. 대만의 vTaiwan, 핀란드의 Open Ministry, 스위스의 온라인 국민투표 시스템 등과 비교할 때, 한국은 여전히 기술을 의견 수렴의 수단으로만 활용할 뿐, 그것을 제도화하거나 입법 과정에 통합시키는 시도는 부족하다. 디지털 숙의 과정이 제도적 권한과 연계되지 않기 때문에, 시민 참여가 실제 정책 변화로 이어지는 구조를 만들어내지 못한다.

이러한 한계에도 불구하고 디지털 민주주의의 가능성은 여전히 열려 있다. 이재명 정부는 직접 민주주의 요소의 확대를 강조하며, 개헌안에서도 국민참여형 개헌 방식을 제안한 바 있다. 이는 디지털 기술을 활용한 사이버 공간 기반의 공론장 실험과도 연결될 수 있다. 실제로 디지털 플랫폼을 통한 숙의적 참여가 제도적 통로와 연결된다면, 한국은 민주주의의 기술적 심화뿐 아니라 정치적 참여의 질적 전환을 이끌 조건을 갖추게 될 것이다.

다만 이를 위해서는 다음과 같은 과제가 뒤따라야 한다. 첫째, 디지털 기술이 실질적 참여와 연계되는 제도 설계가 필요하며, 둘째, 정당·의회 시스템의 디지털 전환과 혁신이 동반되어야 한다. 셋째, 디지털 격차 해소를 위한 포괄적 접근이 전제되어야 하며, 넷째, 기술에 대한 신뢰성을 높이고, 정치적 회의주의와 피로감을 극복할 수 있는 정치 문화적 전환이 병행되어야 한다.

디지털 민주주의 인프라와 기술력 측면에서는 이미 세계적 수준에 도달했더라도, 이를 정치 참여와 제도적 연결로 전환하는 데에는 여전히 과제가 많다. 그럼에도 불구하고, 시민 주권 강화와 직접 숙의 민주주의의 실현이라는 장기적 목표를 향해 디지털 기술을 전략적으로 활용한다면, 한국은 기술 민주주의 시대의 진정한 선도국으로 발돋움할 잠재력을 갖추고 있다.

이를 통하여 직접 민주주의와 숙의 민주주의의 가치를 새로운 경지에서 선도적으로 보여준다면, 정치적 맥락에서도 국제 표준을 퍼스트무버적으로 주도하는 경험을 하게 될 것이다. 이는 우리에게도 역사적인 사건이 될 것이다. 기술력이 되고, 그동안 쌓아온 민주주의 성취의 역사를 고려한다면 미래에 놀라운 사건이 발생할 수도 있다. 잠재력은 충분하다. 또한, 이런 선도적 성취를 통해 일곱 번째 기준인 윤리적 선도성의 주도권을 잡게 되면 세계 리더로서 이민 오고 싶은 나라가 되는 데 기여할 수 있다. 이는 지속가능한 이니셔티브를 구축하는 데 긍정적인 토대가 된다.

♂ K-팝의 감각

대중음악 분야에서 한국은 오래도록 패스트팔로워였다. 특히 개발독재의 산업화 시대에는 터무니없는 이유로 검열되고, 장발 단속 등 각종 규제로 대중음악은 억압을 받았다. 물론, 건전가요가 횡행하는 가운데에도 우리는 종종 독창적인 성과를 내기도 했다. 신중현의 기타 주법이라든지 프로그레시브록이나 재즈적 요소의 매력적인 변용 등 지금보다 더 다채로운 면도 있었다. 다만, 그 기술적 완성도나 유통망 등의 한계로 우리 안에서만 향유되었을 뿐이다. 사실 2000년대까지지도 그런 면이 강했다. 또, 1990년대까지는 일본 대중음악에 한참이나 뒤져 있는 것으로 여겨져, 2000년대에는 일본 시장을 진출하기 위해 본격적인 노력을 기울였다. 개인 가수가 일본에 진출하는 경우도 있었지만, SM에서 보아를 통해 시도했던 일본 진출 방식이 진화하여 이제는 시스템적으로 가수를 육성하는 단계에 이르렀다. K-팝 연습생 시스템의 시작이다.

K-팝은 기존 글로벌 팝음악의 흐름을 능동적으로 흡수하며 출발했다. 기획사 중심 트레이닝 시스템, 퍼포먼스 위주의 무대 연출, 정교화된 뮤직비디오 미학 모두 시장에 반응하며 치열하게 자기 혁신을 거듭하는 과정에서 체계화되었다. 이즈음 한국은 모방 단계를 넘어서기 시작했다. 더는 참고 대상이 애매해질 정도로 개성적인 모습들이 등장한 것이다. 그리고 글로벌 팬층을 고려한 콘텐츠 기획, 유튜브와 트위터 등 디지털 플랫폼에의 민첩한 적응, 현지화 전략의 조기 도입으로 빠르게 세계화되었다.

그 결과 장르적 혁신을 일으킨 퍼스트무버는 아닐지라도, 글로벌 팬덤의 형성 방식, 문화 소비의 규범, 비영어권 콘텐츠의 수용성을 바꿔놓았다는 점에서 K-콘텐츠는 일종의 '댄스음악 분야의 부분적인 게임체인저'로 기능하고 있다. 엄밀하게는 댄스팝 계열의 선도자 그룹이긴 하지만, 그만큼 젊은 세대의 유행에 꾸준히 영향을 끼치며 강렬하게 한자리를 차지했다고 해야겠다.

K-팬덤 문화는 해외로 확산되고 있으며, 재생산도 활발하다. 또, 2025년 6월 넷플릭스에서 공개된 애니메이션 『케이팝 데몬 헌터스』만 보아도 한국의 전통 의복과 음식과 서사가 이미 세계인의 상상력 속에서 어느 정도 자리 잡았음을 알 수 있다. 한글로 디자인한 옷을 세련된 느낌으로 여기는 외국인을 볼 때면 1990년대와는 사뭇 다르다는 것을 느끼며 격세지감이라 여긴다. 당시 우리는 무작정 유럽과 미국의 문화는 한 단계 높은 차원의 세련된 것으로 받아들였고, 백인 배우들의 외모가 아름다워 보였기 때문이다.

이제 BTS, 블랙핑크, 뉴진스 등의 사례는 더 이상 후발 주자나 모방자로 분류되지 않는다. 이들은 글로벌 기준을 능동적으로 재설정하고 있다. SNS 실시간 소통 구조, 다국적 멤버 선락, 비영이권 음악의 메인스트림화는 단지 음악 산업에만 영향을 미친 것이 아니라, 전 세계 문화 유통의 방향 자체를 바꾸고 있다.

한마디로 K-팝은 세계 팝의 트렌드를 주도하는 대중음악 분야의 선도자 그룹에 속한다. 분명 글로벌 감수성에 새로운 기준을 제시하고 있다는 점에서 의미가 크다. 이 지점에서 국가의 역할은 개입이 아니라 '세심한 지원'이다. 창의성을 규제하지 않고, 실험을 가능케 하는 환경 조성, 문화 정책의 유연한 지원이 있을 때 선도자 그룹으로서의 지속적 성장이 가능해질 것이다.

앞으로의 관건은 K-팝이 자체 미학, 서사 구조, 철학적 정체성을 얼마나 내재화하고 댄스팝 분야에서 세계적 표준으로 굳건하게 자리 잡을 수 있는가 하는 것이다. 단지 '잘 만든 콘텐츠'에서 벗어나, '새로운 가치의 창출자'가 되는 것, 그것이 진정한 선도자 그룹으로서의 완성이다.

사실 K-팝의 미학적 성과에서 과연 선도적인가 하는 것은, 웹툰도 그렇듯이, 산업적·경제적 성과와 혼동되는 지점이 있다. 그러나 문화산업으로서 K-팝이 해외에서 올리는 성과는 얼마든지 다른 산업으로 대체할 수준이지만, 감각적인 패션이나 세련됨의 기준 등 멋의 기준을 부분적으로 제시한다는 점에서 더 큰 의미가 있다. 이를테면 K-팝의 요소가 외국 청소년들 사이에서 '힙하다'는 점에서 그 영향력을 짐작할 수 있다.

세계적 록 그룹 콜드플레이는 한국 댄스 창작 집단 앰비규어스와 협연하려고 하고, 외국에서 K-팝 그룹 중 누구를 좋아하느냐로도 어느 정도 대화의 물꼬를 틀 수 있다는 것, 과거에는 쉽게 경험할 수 없던 일이다. 싸이의 「강남스타일」을 세계인이 주목한 사건, 그래서 말춤을 따라 하는 UCC 동영상을 올리는 것도 우리에게는 매우 신선했었다. 과거에는 그런 일이 없었기에 그 하나만으로도 '국뽕' 감성에 젖곤 했다. 그런데 이제는 그런 일이 제법 흔해졌다. K-팝 인프라가 약 30년에 걸쳐 착실히 축적되었음을 새삼 깨닫는다.

♂ K-실험음악과 국악

실험적인 대중음악이라 할 수 있을 분야인 재즈에서 강태환은 프리재즈의 연주 기법으로 거장에 준하는 명장으로 세계적 인정을 받고 있다. 또한 김대환, 박재천, 미연 등 다양한 아티스트가 깊이의 면에서 해외의 주목을 받는다. 대중이 잘 모를 뿐이다. K-팝의 파급력만큼은 아니더라도 뉴욕의 실험적 대중음악처럼 우리에게도 그러한 성과가 있다. 그게 미국이나 유럽, 일본 등지의 언더그라운드 실험 음악에 비해 다채롭다고까지는 할 수 없지만, 우리의 맥락이 견지되고 있었다.

그러다 보니 이날치의 「범 내려온다」 처럼 우리의 판소리 요소를 역동적으로 해외 대중음악 기법과 접목해 개성화하는 방식이 해외에서도 호평을 받기도 하고, 잠비나이의 포스트록 작업에서 볼 수 있듯이 국악적 요소의 조화로운 서구적 수용의 결과를 드러내기도 한다. 또 한편으로는 국악의 음색을 자연스럽게 서구 음악과 융합하려 했던 김수철이나 신해철의 작업, 아트 포크적 접근을 통하여 한국적 감수성을 서구적 맥락 안에서 풀어놓았던 이상은, 그리고 최근 송소희의 「Not a Dream」 에서 신선하게 보여주었던 민요 창법의 서구적 변용 등 다양한 개성의 경지를 보여준다. 카디의 「Watch out」 인트로에 흘러나오는 고풍스러운 거문고 음색이 록 사운드에서 인상적인 요소로 자리매김하는 모습을 과거에는 좀처럼 상상하기 어려웠다.

그건 우리 것이 좋은 것이라며 줄기차게 국악만 하던 시대를 넘어, 국악으로도 실험적 맥락의 변화를 줄 수 있다는 김덕수의 성과를 넘어, 국악적 맥락과 서구적 맥락이 조응하는 법을 연구한 무수한 대중음악가들의 시도가 있었기에 가능했다. 그리고 이제는 한층 더 새로운 경향으로 진입하는 것처럼 느껴졌다. 외국어에서 외래어가 된 K-팝의 오래된 요소처럼, 그렇게 국악의 기법이 원래 세계적 기법이었던 것처럼 접근하는 방식의 실마리를 보았다고 생각한다. 미래를 예단하는 것은 무리긴 하지만 음악 분야의 선도자 그룹으로서 우리 고유 스타일을 세계에 제시하길 바라며, 작은 규모의 퍼스트무버적 사건이나 게임체인저급 장르의 출현도 기대해본다.

♂ K-그림책

K-그림책은 최근 몇 년 사이 국제적 주목을 받기 시작한 잠재력 있는 분야다. 볼로냐 라가치상, 뉴욕타임스 우수 그림책 선정 등 해외 수상 사례가 늘고 있으며, 감각적인 일러스트와 깊이 있는 서사로 글로벌 시장에서 독창성을 인정받는 흐름이 형성되고 있다. 다만 유럽과 달리 그림책에 대한 사회적 기반은 아직 약한 편이며, 시장 규모와 비평 생태계의 한계도 과제로 남아 있다.

그럼에도 K-그림책은 조용하지만 꾸준히 선도자 그룹에 진입 중인 분야다. 선도자 그룹에 확고하게 자리매김할 때를 기대하게 된다.

♂ 한글

한글은 문자로서 학술적으로 상당한 수준의 선도성을 지녔다고 하더라도 영향력 면에서 이를 실현하는 데에는 한계가 있었다. 하지만 국력이 신장된 지금 시점에서 보면, 다양한 경로를 통해 세계에 기여할 가능성이 생겼다. 예를 들어 문맹률이 높고 언어가 사라지는 지역의 기록을 돕는 차원에서 꾸준한 지원이 필요하다. 이는 대외 원조 브랜드처럼 일곱 번째 기준과 첫 번째 기준에 따른 것으로 인류 문화 유산에 기여하겠다는 접근이어야 할 것이다. 찌아찌아족 문자 보급 사례에서도 알 수 있고, 세종대왕 유네스코 문맹퇴치상으로도 짐작할 수 있는데, AI 시대에도 그것에 최적화된 한글 사업을 지원해야 할 것이다. 인류 문화 지킴이로서의 선도자 그룹에서 한글은 요긴하다.

♂ K-양궁

대한민국은 국제 스포츠 무대에서 많은 주목을 받아왔지만, 스포츠 산업 전반을 주도하는 선도국이라고 말하기는 어렵다. 프리미어리그처럼 산업 자체가 세계적 파급력을 갖는 시스템은 아직 우리에게 없다. 스타 선수들의 활약은 국위선양의 차원에서는 의미 있지만, 산업적 영향력은 제한적이다.

그러나 인문학적 관점, 무형적 가치를 따진다면 예외는 있다. 바로 양궁이다. 한국은 이 종목에서 이미 초격차를 실현한 선도자로 평가받는다. 잦은 규칙 변경에도 흔들림 없이 세계 최상위를 유지하며, 공정하고 정밀한 선발 시스템, 체계적 훈련법, 그리고 세계에 진출한 지도자들을 통해 국제 양궁의 수준 자체를 끌어올리는 역할을 해왔다.

한국 스포츠에서 양궁은 오래도록 뛰어난 기록을 양산하면서 세계 표준 사례로 모범이 되어왔다. 특히 기술 · 시스템 · 인재·구조의 수출과 확산을 실현하고 있다는 점에서, 단순한 경기력 강국이 아닌 스포츠

문화적 규범의 기준을 선도하는 초격차 종목으로 주목받는다.

☯ 인문적 가치의 관점: 패스트팔로워에서 선도자로

♂ K-무비, K-드라마, K-뮤지컬 등

한국 콘텐츠산업은 현재 K-드라마, K-뮤지컬 등 일부 분야에서 세계적 주목을 받는 과도기에 진입했다. 21세기 들어 K-무비의 경우, 봉준호·박찬욱·홍상수 등 한국 영화의 새로운 르네상스를 이끈 세대는 한국 영화를 세계적인 무대에 올려놓았고, 이제 해외 팬들에게 한국 영화는 다양한 영화 콘텐츠 중 하나로 자리매김했다. 또한 K-드라마와 K-무비는 넷플릭스 등 글로벌 플랫폼을 통해 흥행했으며, 『오징어 게임』 시즌1이 해외에서 센세이션을 일으켰던 것처럼 한국 콘텐츠의 서사가 해외에서 주목받는 일이 잦아지고 있다. 이런 맥락에서 뮤지컬 『어쩌면 해피엔딩』의 토니상 6관왕 수상은 매우 의미 있는 성과다. 한국 창작 뮤지컬이 세계 최고 무대에서 인정받았다는 것은, 단순한 흥행을 넘어 창작 역량 자체가 검증되었음을 보여주는 상징적 사건이다.

하지만 산업적 파급력과 예술적 지속성 사이의 간극도 여전히 존재한다. 넷플릭스 내에서 한국 콘텐츠의 흥행은 일시적 유행에 머물 가능성도 배제할 수 없다. 특히 K-무비의 경우 봉준호, 박찬욱, 홍상수 세대 이후 새로운 거장의 탄생이 지연되고 있으며, 실험과 다양성에 대한 산업 내부의 관용 부족은 구조적 한계로 지적된다. 멀티플렉스 영화관 유통 구조로 인해 상업적 매출의 가능성만 타진하며 '천만 관객'에 집착하다 보니 미래의 가능성이 될 다양한 실험에 대한 투자에 소홀했다는 지적도 있다. 투자자를 모을 수 있는 흥행몰이 영화와 배우에 비용이 쏠리면서, 작은 영화는 소외되는 구조였던 것이다.

결국 한국 콘텐츠는 이미지를 넘어 구조를 갖춰야 할 시점에 와 있다. 일회성이 아닌 지속가능한 창작 생태계, 실험에 관대한 문화적 기반이야말로 진정한 세계화의 조건이다.

♪ K-인디음악

K-인디음악은 힙합·록·재즈 등 다양한 장르에서 점차 존재감을 넓혀가고 있지만, 아직까지는 국내 중심의 생태계에 머무는 경향이 강하다. 실력 있는 아티스트들은 많지만, 글로벌 시장에서 경쟁할 플랫폼과 유통 구조, 문화적 확장성은 상대적으로 부족하다. 더구나 상업 아티스트가 기획사의 주관 아래 상업적 결과에 집중하는 것에 반해, 언더그라운드에서는 더 복합적인 가치를 추구하다 보니, 단순히 인기가 있다는 것만으로는 음악적 지향과 괴리가 발생할 수 있다. 즉 좋은 음악이고 선도적인 음악이려면 상업적 성공만으로는 부족한 셈이다. 실제로 마니아들이 선호하는 음악 장르에서는 듣기 좋은 음악이 아니라 장르의 가치를 실현하는 것에 더 관심을 두게 된다. 그러지 않으면 저평가받을 수 있는데 그럴수록 상업성과는 거리가 멀어지는 난관도 이겨내야 한다.

만일 마니아가 만족할 만한 독창적인 무브먼트를 제시한다면 그 분야의 매력이 상승하는데, 아직 세계 대중음악 담론을 주도하거나,

장르의 기준을 제시하는 단계에는 이르지 못했다. 힙합은 독자적 색채와 언어 감각으로 주목받고 있으며, 재즈와 록 씬에서도 독창적인 음악 실험이 이어지고 있지만, 아직은 패스트팔로워로서 질적인 면에서 해외의 표준을 잘 구현하는 것에 주력하는 양상이다.

하지만 K-팝과는 다른 방식으로 '자기 언어로 음악을 말하려는 시도'가 활발한 장르인 만큼, K-팝과 상보적인 관계에 있다. 또한 감각적인 수준에서 K-팝과는 또 다른 개성을 유지하는 만큼, 국내외 연결성과 장기적 지원 구조가 갖춰질 경우 향후 K-컬처의 또 다른 축으로 성장할 가능성은 충분하다. 선도자 그룹으로 진입하기 위한 노력이 필요하다.

♂ K-문학

한국문학은 지금 선도자 그룹의 문턱에 서 있다. 한강의 노벨문학상 수상은 한국문학이 세계문학 체계에서 외부의 정당성을 확보한 이정표다. 최고의 권위로 인정받는 상을 받으면서 한국어 문학이 세계 독자에게 보편적 감정과 질문을 전달할 수 있다는 사실을 보여준 중요한 사례가 되었다. 사실 한강은 이미 다양한 국제적 인지도의 문학상을 받았지만, 우리에겐 이상하리만큼 노벨상에 대한 미련이 있었다. 늘 1등을 갈망하는 문화권에서 은메달조차 부질없게 여기던 시절도 있었으니, 최고 권위의 노벨상에 대한 갈증은 어찌 보면 당연했다. 그 노벨상을 우리가 만들어서 국제적인 권위를 인정받으면 어떨까 상상해보지만 요원한 일이다.

여전히 내부의 철학적 체계화와 담론 생산력이 부족하기 때문이다.

어쩌면 이 지점이 가장 척박하다. 실적 중심 산업의 성공과 수치를 강하게 고려하던 시절을 지나왔기에 여전히 그럴 수밖에 없다. 그래서 서구 이론에 대한 의존, 비평 생태계의 불균형, 국제무대에서 지속적으로 영향력을 발휘할 작가층의 부재, 명장급 작가들이 배출됨에도 이를 우리가 주도하여 알리지 못하는 한계 등을 고려할 때 완전한 선도자로 자리 잡기 위해서는 여전히 극복해야 할 게 있다. 한때 한국 대하역사 소설가의 진가를 알리려고 유럽의 유명 출판사를 설득했더니, "그건 18세기에 이미 다한 것이지 않느냐"는 반문을 받았다던 오래된 일화가 떠오른다. 그럴 때 지역적 특수성에 대한 미덕을 환기하며 해당 작가의 명인적 가치를 강조해줄 수는 있어도 제임스 조이스, 마르셀 프루스트, 프란츠 카프카 등과 같은 반열에 놓을 수는 없다는 뜻이다. 여기에 대응할 독창적 이론조차 없으니 그들의 잣대로 말해야만 한다. 그러다 보니 전통 시조는 애초에 제대로 연구되지 않는다. 그리고 우리 스스로도 잣대가 없으므로 그냥 전근대적인 것으로 치부하고 만다. 전통을 되살리려는 노력이 있다지만 주류에서 벗어나 미온적인 결과에 그치게 된다.

인문적 시선의 선도적 위상을 얻는다는 건 참 어려운 지점이다. 그것은 예술을 완전히 새로운 가치로 바라보게 하는 힘이기도 하며, 알려지지 않은 가치를 발굴함으로써 저평가된 다양성의 가치를 새롭게 조명하는 효과도 있다. 선도국이 이미 정해놓은 표준을 따르던 우등생의 입장에서는 의외로 부족한 지점이다. 이는 비단 문학뿐 아니라 다양한 분야를 받치는 기본 요소다. 심지어 다양한 가치를 수용하는 습관은 민주적 시민의 역량으로 연결되는데 아직 우리에게 척박한 지점이다. 그러나 이미 있는 성과를 바탕으로 방향을 정하면 또 급격히 발달할 수 있는 지점인 것 역시 맞다.

한편 현재 한국의 장르문학은 콘텐츠 다변화와 함께 번역·소개 경로도 넓어지고 있다. 어쩌면 선도자 그룹으로 진입하는 과도기적 단계에 있다고 볼 수 있다. 문턱은 넘었지만, 문 안으로 충분히 들어서지 않은 상태다. 또 K-무비, K-드라마 등 다분야의 콘텐츠로 상호 연결되는 분야이기도 해서 시너지 효과도 기대된다. 일례로 웹소설을 원작으로 하는 K-드라마는 넷플릭스를 통해 해외로 알려진다. 그리고 해외 시청자들이 다시 웹소설로 유입되는 효과도 있다. 물론 이 경우에도 진정한 선도자가 되기 위해서는 비평의 독립성, 주제의 확장, 담론의 깊이가 더해져야 한다.

노벨문학상은 끝이 아니라 시작이며, 선도란 '수상의 결과'가 아니라 '평가의 주도적 생산'이라는 목표로 이어져야 한다.

K-이니셔티브의 현재 위치와 경제적 관점에서의 진단

K-이니셔티브의 관점에서 대한민국은 아직 명확한 선도국의 지위에 올라섰다기보다는, 이제 막 그 문턱에 도달했다고 할 수 있다. 그러다 보니 관성대로 경제적 가치와 산업 성장에 초점을 맞추고 있으며, 이는 과거 고도성장기 시절의 경제개발 5개년 계획과도 유사한 점이 있다. 이니셔티브라는 선언을 통해 확고한 선도자 그룹을 지향하지만, 실상은 아직도 패스트팔로워의 습관과 실용주의적 전략에 묶여 있다.

물론, 이는 현실적 판단의 산물이다. 국가 경쟁력을 가시적으로 증명하려면 짧은 시간 내에 성과를 내야 한다. 그래야 국민의 공감을 얻고 정책 추진에 힘을 받을 수 있다. 따라서 "글로벌 표준을 선도하겠다"는 야심은 지금 단계에서는 기술력, 수출, 고부가가치 산업 육성이라는 실체적 영역에 우선적으로 집중될 수밖에 없다. 인문적 담론이나 문화적 가치는 분명 중요하지만, 현재 시점에서는 그것이 실질적 국가 동력으로 기능하려면 산업과의 접목이 선행돼야 한다.

이런 흐름 속에서 이재명 정부가 설정한 K-이니셔티브 산업군은 대부분 실현 가능성과 수출 경쟁력, 국가 필수 산업으로서의 중요성을 기준으로 선정되었다. 그 예로는 AI, 바이오·헬스, 배터리·이차전지, 반도체, 방산, K-컬처 등이 있다. 이 중 몇몇 산업은 정책적 드라이브에 앞서 자생적으로 이미 세계 시장에서 경쟁력을 입증하는 분야다.

예를 들어 K-뷰티는 기술 기반보다는 문화와 소비자 감각 중심 산업이지만, 특정 시장에선 니치 리더로 자리 잡았으며, 미국 시장에서는 프랑스를 넘어서는 점유율을 기록하기도 했다. K-푸드는 라면, 김치, 소스류 같은 상품에서 글로벌 소비층을 형성하고 있고, 실제 수출액도 꾸준히 증가하고 있다. 방산은 우크라이나 전쟁으로 인한 지정학적 수요 증가 속에서 한국형 무기체계의 가격 경쟁력과 품질을 바탕으로 급부상 중이며, 이차전지 산업 역시 배터리 기술을 둘러싼 글로벌 공급망 전쟁 속에서 전략적 위치를 점하고 있다.

또한 AI 분야는 선도자 그룹에 진입했다고 단정하기는 어렵지만, 정부 주도의 인프라 투자와 데이터 개방, 그리고 클라우드 및 반도체와 결합된 생태계 조성 전략이 구체화되고 있다. 바이오·헬스 산업도 코로나19 이후 백신, 진단키트, K-방역 등에서 경험을 축적하며 글로벌 진입 가능성을 타진하고 있다.

이처럼 각 산업군은 정부의 K-이니셔티브 선언 이전부터 자생적 성장과 위기 극복을 통해 선도 후보로 편입될 수 있는 실질적 기반을 갖춰왔다. 전반적으로 보면 이상과 실용의 균형 속에서, 실현 가능한 성장 동력을 먼저 확보하고, 이를 통해 제도적·문화적 선도성으로 점진적으로 확장해 나가려는 경로를 밟고 있다. 그리고 이는 현재 한국 사회가 처한 현실적 여건을 고려할 때, 현실적이며 전략적인 접근이라 할 수 있다.

그렇다면 여기서는 K-이니셔티브 영역에서 표방한 산업과 함께, 언론 등에서도 다양하게 거론되는 산업 중 이니셔티브 후보군에 들

만한 분야의 자생적 현황을 간략히 살펴보자.

※ 아래의 소개하는 분야에 붙이는 기호는 다음을 뜻한다.

> A: 선도자의 위상 차지, 챔피언 타이틀
> B: 선도자의 위상 탈환, 재등극
> C: 선도자의 위상 흔들림, 방어전 실패
>
> a: 랭킹 10위권 진입, 미래의 챔피언 후보감
> b: 아직 언더독이지만, 유망주
> c: 언더독인데 갈 길이 멀다
> d: 앙팡 테리블, 논란의 여지가 있다

☯ 경제적 가치의 관점: 선도자의 위상

♂ K-컬처, 한국을 알리는 브랜드 (A)

K-컬처 중에서 K-푸드와 K-뷰티를 제외한 K-콘텐츠들은 인문적 가치의 관점에서 충분히 다루었으니 생략하겠다. 다만, 자본주의 체제에서 일정한 산업적 의미가 없다면 그 가치를 온전히 평가받기 어려워질 때가 많다. K-컬처의 경우에는 미학적 가능성, 다양성의 세련됨, 트렌디한 유행 등 매력적인 젊은 특징이 있기에 주목받고 있고, 동시에 국가 브랜드 이미지를 개선하고, 직접적으로 산업적 수익을 올려준다. 그것을 굳이 포기하지 않고, 이를 지속가능하게 할 인문적 가치를 발현시켜 다른 분야에서 파생하도록 하는 접근이 필요하다.

♂ 리튬을 대체할 차세대 나트륨이온전지 개발 (A)

엔켐은 리튬을 대체할 차세대 나트륨이온전지 개발을 위해 두 건의 국책 과제를 수행 중이다. 현재 ▲전해질 안정화 첨가제 ▲신뢰성 확보 ▲고에너지밀도 전극 소재 등을 집중 개발하고 있으며, 1Ah 이상의 셀 용량과 상용화 가능성을 목표로 하고 있다.

원가 경쟁력과 자원 접근성에서 유리한 나트륨 배터리는 차세대 전지 시장의 핵심 대안으로 떠오르고 있으며, 엔켐은 이 분야의 기술 주도권을 확보하려는 전략을 세우고 있다. 이는 기술 혁신성, 전략 자원 대응력, 시장 선점 가능성 등에서 국가 필수 전략기준에 부합하며, 성공 시 게임체인저 혹은 선도자 그룹으로의 진입 가능성도 갖춘 사례다.

♂ K-웹툰, 예나 지금이나 퍼스트무버 (A)

한국 웹툰은 산업적 측면에서 명백한 글로벌 선도자이다. 2000년대 초, 종이 만화의 쇠퇴와 함께 포털 기반 디지털 연재 모델이 등장하며 한국은 웹툰이라는 새로운 장르의 퍼스트무버가 되었다. 특히 스크롤뷰, 컬러 연재, 회차 단위 유료화, 모바일 최적화 등은 기존 만화 문법을 전환시킨 게임체인저급의 혁신으로, 결국 이러한 형식은 전 세계 디지털 만화 산업의 표준이 되었다.

이 출발은 원래 당대의 미디어 환경 변화에 대한 산업적 대응에서 비롯된 것으로, 포털과 모바일이라는 새로운 매체 환경에서 선점 기회를 확보함으로써 결과적으로 플랫폼 주도형 글로벌 콘텐츠산업의 선도자가 되었다.

현재 네이버웹툰과 카카오웹툰은 미국, 일본 등 주요 시장에서 시장 점유율 1~2위를 확보하고 있으며, AI 채색, 자동 편집, 글로벌 동시 연재 시스템 등에서도 기술 혁신을 선도하고 있다. 또한 웹툰 IP는 드라마·영화·게임 등으로 활발히 확장되며 산업 구조 전반을 견인하고 있다.

2025년 현재 한국 웹툰은 퍼스트무버와 게임체인저적 성취를 이룬 것으로 평가되며, 지금도 형식과 기술, 산업과 플랫폼을 세계에 수출하는 '산업적 선도자 그룹 내에서도 리더격'으로 명실상부하게 자리매김했다. 이 모든 성장의 바탕에는 한국의 우수한 IT 인프라와 디지털 생태계가 자리하고 있으며, 웹툰은 단순한 장르를 넘어 국가 브랜드 이미지 제고에도 크게 기여하고 있다. 문화적 측면에서도 한국 웹툰은 감성 중심 서사와 장르적 실험을 통해 부분적 선도자로 평가받는다.

성소수자, 여성 서사, 심리물 등 다양한 시도가 활발하지만, 철학적 깊이와 고전적 영향력에서는 아직 성장 중이다. 그러나 산업과 형식의 혁신이 점차 인문적 가치로 전이되고 있다는 점에서 웹툰은 점진적으로 문화적 신도싱도 확보해 나가고 있다.

만일 서사적 깊이와 예술적 다양성을 확보하고 이를 주도적으로 평가하는 선순환 시스템의 권위도 얻는다면, 이 분야뿐 아니라 K-콘텐츠 분야의 위상이 지속적으로 동반 상승할 가능성이 높다. 상업성뿐 아니라 예술성까지 두루 아우르던 과거 일본 만화와 재패니메이션처럼.

♂ 초격차 경지를 실현했던 삼성의 고군분투 (C)

한때 초격차의 상징이었던 삼성은 최근 일부 핵심 산업에서 위상을 흔들리며, 선도자의 지위가 결코 영속적이지 않다는 사실을 보여주고 있다.

예를 들어 반도체 분야에서 삼성은 한동안 DRAM·NAND 메모리 시장의 세계 1위를 유지하며 기술력, 양산 능력, 수직계열화를 바탕으로 압도적인 초격차 경쟁력을 구축했다. 하지만 최근 HBM(고대역폭 메모리) 등 차세대 메모리 시장에서는 SK하이닉스가 엔비디아 공급을 선점하면서, 삼성은 AMD 중심의 대응 전략을 택할 수밖에 없는 상황이다. 기술 경쟁력을 유지하고 있음에도 시장 주도권을 놓친 사례는, 초격차가 유지되지 않으면 선도자의 위상도 흔들린다는 현실을 상기시킨다. 또한 삼성 TV 사업은 19년 연속 세계 1위를 지켰음에도 2025년 들어 처음으로 비상경영 체제를 가동하며 수익성 위기를 공식화했다. 이는 기술·콘텐츠·플랫폼의 변화 흐름을 따라잡지 못할 경우, 언제든 뒤처질 수 있다는 냉혹한 경쟁 질서를 환기시킨다.

결론적으로 초격차는 지속적으로 시대의 흐름과 기술 전환에 적응하고 재정의될 때만 유지 가능하다. 과거의 선도는 역사로 남을 수 있지만, 미래를 주도하는 역량은 끊임없는 기술 혁신과 변화 적응을 통해서만 지속될 수 있다. 삼성의 사례는 바로 그 교훈을 보여주고 있으며, 그들의 대응이 주목되는 시점이다.

♂ K-조선 르네상스 (B)

이재명 정부는 'K-조선 르네상스'를 선언하며, 조선·해운 산업을 국가전략산업으로 재편하겠다는 전방위적인 계획을 수립했다. 세부적으로 보면 친환경·자율운항 선박, 해상풍력 연계 조선, 스마트야드 구축, 중소 조선사 금융 지원, 특수선·MRO 육성을 핵심으로 하는 5대 전략을 제시했다. 이는 단순한 산업 회복을 넘어 디지털·에너지 전환 시대의 미래형 조선산업 구축을 지향한다.

특히 LNG·전기선박, 메탄올·수소 추진체계, 선박용 배터리 등 친환경 기술의 조기 상용화를 강조하며, 탄소중립 흐름과 국제규제 변화에 선제적으로 대응하려는 의지를 담고 있다. 동시에 무보 특례, RG 발급 유도 등으로 중소 조선사들의 글로벌 수주 참여 기반도 확대하고 있다. 지역 전략 측면에서는 부산·울산·경남을 잇는 'K-해양 삼각축' 구상 아래, 북극항로 개척과 트라이포트(항만·공항·철도 통합 물류 거점) 비전을 제시했으며, 해양수산부의 부산 이전도 확정되었다.

다만, 산업 거버넌스 측면에서는 산업통상자원부·기획재정부·과학기술정보통신부 등 다부처 협업 체계와 중장기 수출 전략 연계, 그리고 기업의 지역 고용·생산 책임 강화 등 구조적 조정이 병행되어야 지속가능한 산업 전환이 가능할 것이다.

결론적으로 이재명 정부의 K-조선 르네상스 전략은 기술, 생태계, 지역 균형, 정책 시스템 전환을 모두 포괄하는 종합적 재구성 시도이다. 또한, 친환경 전환과 디지털 혁신을 통해 미래 해양강국으로 도약하려는 산업 비전의 핵심 축으로 작동하고 있다.

K-조선은 과거 세계 1위의 실적을 바탕으로 한 시기, 특히 2000년대에는 확실한 글로벌 선도자였다. 그러나 이후 중국의 급부상, 글로벌 해운 불황, 탄소중립 전환 등으로 K-조선은 일시적으로 시장 주도권을 중국에 일부 내준 상태다. 현재 LNG 추진선, 친환경 연료선, 자율운항 선박, 스마트야드 등 기술 전환 분야에서 다시 선도자 그룹으로 진입하기 위한 과도기적 전환기에 있다. 특히 탄소중립 시대에 부합하는 친환경 선박 수주 점유율은 다시 한국이 앞서고 있으며, 고부가가치 선박 위주의 선택과 집중 전략을 통해 품질 중심의 재도약을 노리고 있다.

여기에 더해 미국 트럼프 정부의 관세 압박을 효과적으로 피하는 협상 전략으로, 우리의 뛰어난 조선 인프라를 미국 내에 이전하려는 일명 MASGA(Make American Shipbuilding Great Again) 프로젝트를 추진하고 있다. 미국의 조선업을 되살리면서 K-조선의 지속가능한 선도성을 세계적으로 다시금 공인받을 기회다.

☯ 경제적 가치의 관점: 패스트팔로워에서 선도자로

♂ K-방산이라 불리는 방위산업 분야 (a)

K-방산은 패스트팔로워에서 산업적 선도자 그룹으로 도약 가능한 대표적인 전략 산업이다. 초기에는 선진국의 무기체계를 도입·복제·개량하며 기술 기반을 축적한 전형적인 패스트팔로워였지만, 최근에는 K9 자주포, FA-50 전투기, K2 전차 등을 중심으로 글로벌 수출 성과와 독자 개발 역량을 확보하며 산업 구조와 시장 주도력 면에서

부분적으로 선도자 위상에 진입했다.

특히 국방과학연구소(ADD)가 개발한 현무-4 탄도미사일은 사거리 300~800km, 탄두 중량 최대 4~5톤이라는 세계적으로 유례없는 물리적 파괴력을 갖춘 무기로, 지하 100m 아래에 위치한 전략 벙커까지 타격 가능한 '괴물 벙커버스터'로 평가받는다. 이는 핵무기를 사용하지 않고도 강력한 전략 억제력을 확보할 수 있는 세계적 수준의 재래식 무기로, 한국 방산 기술이 복제 단계를 넘어섰음을 보여주는 중대한 이정표다. 이 같은 기술적 성과는 한국의 높은 국방 R&D 투자 비중과 ADD의 50년간의 개발 노력, 그리고 수출 중심의 실용 전략이 결합된 결과다.

실제로 한국은 국방 연구개발비 세계 5위, 기술 수준 세계 9위, 연구개발 비중 세계 3위로 평가되며, 양산 기술, 납기 신속성, 가격 경쟁력, 현지 맞춤형 설계 등의 영역에서도 글로벌 경쟁력을 확보하고 있다. 또한 현무 시리즈, AESA 레이더, T-50 훈련기, 수리온 헬기 등은 국산 무기의 독자적 설계 및 전략적 수출을 가능케 했다. 다만 극초음속 미사일, 양자·레이저 무기, 레일건 등 차세대 전략 무기 분야에서는 아직 추격자에 가깝고, 초격차 선도국이나 게임체인저로의 도약을 위해서는 원천 기술 확보와 미래 전략무기 개발 역량 강화가 과제로 남아 있다.

결론적으로 현무-4와 같은 재래식 무기체계의 성공은 K-방산을 산업적 선도자로 끌어올린 결정적 성과이며, 향후 기술적 독창성과 미래 전장 패러다임을 바꾸는 능력을 확보하느냐에 따라 K-방산은 의미 있는 전환점을 맞이할 수 있을 것이다. 물론 기존 선도국의 강력한 견제를 받아야 하는 입장으로, 다른 분야에 비해 훨씬 더 강력한 '사다리 걷어차기'를 견뎌야 한다. 앞서 제시한 두 번째 기준대로 국가의 필수 생존을 위한 자주국방을 위한 것으로, 고도의 외교적 노력과 함께 그에 준하는 과학 기술을 성취하면서 점진적으로 선도자 그룹에 진입해야 한다.

♂ K-뷰티, 미적 표준과 산업적 성과 사이 (a)

K-뷰티는 현재 세계 뷰티 시장에서 트렌드를 주도하는 문화 기반의 선도자이자, 기술과 브랜드 기반에서는 빠르게 추격하는 패스트팔로워적 성격을 함께 지닌 복합 모델로 평가된다.

한국의 뷰티 산업은 쿠션 파운데이션, 톤업 크림, 마스크팩, 슬리핑팩, 앰플 등 새로운 제품군을 창출하며 글로벌 화장품 시장의 소비문화를 바꾸어 왔다. 이러한 제품들은 글로벌 브랜드들이 모방하거나 변형해 따라오게 만든 사례로, K-뷰티의 실질적인 선도적 기여라 할 수 있다. 더 나아가 한류 콘텐츠와 결합된 마케팅 전략은 K-뷰티를 단순한 화장품 산업이 아니라 라이프스타일 브랜드로 확장시켰으며, 빠른 기획·생산·유통, OEM/ODM을 통한 민첩한 대응력, 피부 친화적 접근은 다른 국가와의 차별적 강점이 되어 왔다.

이니셔티브의 관점에서 보면, 10단계 스킨케어 루틴이나 '토너→에센스→앰플→크림 레이어링' 방식, 시트마스크·쿠션 파운데이션·비비크림·발효 성분·슬리핑팩 등은 K-뷰티가 사실상 글로벌 표준을 새롭게 만든 대표적 사례로 꼽힌다. 또한 합리적 가격과 혁신을 결합한 모델, 빠른 제품 사이클, SNS와 한류를 결합한 확산 전략은 글로벌 화장품 산업 전반의 패러다임을 바꾸었다는 평가까지 나온다. 지금은 전체 시장 점유율 2% 내외의 니치 리더(niche leader)이고, 수출 규모에서는 세계 3~4위권에 올라 있으며 특히 스킨케어 분야에서는 세계적으로 선도적 영향력을 인정받고 있다. 결론적으로 K-뷰티는 이미 세계 뷰티 산업에서 영향력 있는 위치에 올라 있으며, 문화·제품 혁신 표준의 영역에서는 분명한 선도자다.

그러나 글로벌 규제, 지속가능한 표준의 영역에서는 아직 선진국을 추격하는 단계다. 또한 기초과학, 피부 연구, 기능성 소재 개발 등 과학·기술 기반에서도 여전히 유럽, 미국, 일본 등에 비해 후발적 위치에 있으며, 프리미엄 브랜드 구축에서도 글로벌 하이엔드 브랜드에 비해 영향력이 부족하다. 현재 K-뷰티는 중저가·실용 브랜드 이미지가 강하고, 글로벌 진출에 필요한 안전성 인증, 피부 임상, 친환경 포장, ESG 기준 대응에서도 체계적 준비가 미흡하다. 이러한 점에서 K-뷰티는 제품 기획과 감각적 혁신에서는 선도자의 면모를 보이지만, 기술력과 제도적 대응력에서는 추격자의 성격이 강하다.

진정한 의미의 이니셔티브(First Mover)로 자리매김하기 위해서는 프리미엄 전략 강화, 피부과학 중심의 R&D 투자 확대, 국제 규제 대응력 확보, 인문학적 담론과 스토리텔링을 통한 철학적 정체성 구축이 필요하다. 이러한 복합적 접근을 통해 K-뷰티는 기술·문화·가치가 결합된 지속가능한 국가 브랜드로 성장할 수 있을 것이다.

♂ 스마트팜 기술 격차, 가격경쟁력 · 국가별 특화 전략으로 극복 (b)

스마트팜은 국가 생존을 위한 식량안보와 농업 지속가능성 확보 차원에서 절대 포기할 수 없는 핵심 전략 분야이다. 현재 기술 격차를 가격경쟁력과 국가별 특화 전략으로 극복하며 선도자 그룹으로의 도약 가능성을 넓혀가고 있다. 기술력 측면에서 한국은 네덜란드, 이스라엘 등 기존 스마트농업 강국에 비해 다소 뒤처져 있는 추격자 위치에 있다.

그러나 ICT 인프라, 자동화 기술, 센서 · 제어시스템 연계 역량을 바탕으로 빠르게 경쟁력을 높이고 있다. 특히 중동 · 동남아 · 중앙아시아 등 기후와 인프라가 다른 국가에 맞춤형 솔루션을 제공하는 전략을 통해 실용성과 가격경쟁력으로 시장을 넓혀가고 있다.

무엇보다 스마트팜은 단순한 수출 산업을 넘어 기후위기 시대 식량주권 확보, 농촌 고령화 대응, 에너지 · 물 절감 등과 직결되는 국가 생존형 전략 산업이다. 두 번째 기준인 국가 생존 필수성에 상당히 부합하므로, 기술 격차가 존재하더라도 포기할 수 없는 영역이다. 이왕이면 선제적 투자와 정책적 뒷받침을 통해 선도자 그룹으로 나아가야 할 것이다.

결론적으로 스마트팜은 후발 주자로서의 한계를 극복해야 할 영역이자, 생존성과 성장성, 지속가능성을 함께 갖춘 국가 핵심 전략 산업이다. 지금부터 기술 고도화에 국제 협력, 그리고 특화 수출 전략을 결합한다면, 한국은 충분히 스마트농업 선도국으로 도약할 수 있을 것이다.

♂ K-그리드, 지금부터 국가 주도로 전략적으로 키우자 (b)

K-그리드(K-Grid)는 에너지 전환 시대를 맞아 한국이 전략적으로

육성해야 할 차세대 인프라 산업이다. 이는 단순한 전력 설비나 개별 기술의 수출을 넘어서, 발전소부터 송전망, 제어 시스템 운영 및 유지관리(O&M)까지 통합된 국가 단위 전력망 패키지 수출 모델을 지향한다. 현재 한국은 고압직류송전(HVDC) 분야에서 완전한 자립 생태계를 구축한 단계는 아니지만 한전, LS일렉트릭, 현대건설 등 주요 기업들이 송배전 설계와 제어 기술, 운영 시스템을 아우르는 통합 기술력을 바탕으로 수출 산업화에 돌입하고 있다. 유럽, 중동, 동남아 등지에서의 HVDC 수주 사례는 기술력과 프로젝트 수행 능력을 입증하고 있으며, 이러한 성과는 향후 한국형 그리드 모델을 세계적인 표준 수준으로 끌어올릴 기반이 되고 있다.

K-그리드는 철도, 원전, 스마트시티 등과 함께 국가 인프라 브랜드화가 가능한 분야이며, 특히 탄소중립, 재생에너지 확산, 에너지 분산화 등 세계적인 기후전환 흐름과 밀접하게 연결되어 있다. 기존의 국제적 표준과 규범이 이미 자리 잡은 분야이긴 하지만, 이 표준을 충실히 따르면서도, 그 안에서 창의적이고 선도적인 시스템을 구축해나갈 여지가 존재한다. 단기적 수출 성과보다는 장기적인 시스템 구축과 기술 내재화, 정책적 일관성을 통해 그리드 선도국으로 도약할 가능성을 품고 있다.

이재명 정부는 이러한 에너지 전환 흐름에 발맞추어, 2030년까지 재생에너지 비중을 30%로 확대하고 탄소중립 달성 시점을 2050년에서 2040년으로 앞당기겠다는 과감한 목표를 설정했다. 이를 뒷받침하기 위해 스마트 그리드를 중심으로 한 '에너지 고속도로'의 구축, 석탄화력 발전소의 단계적 폐쇄, 전기차·수소차 전환, 2040년 내연기관차 국내 판매 중단 등의 정책이 제시되었으며, 이를 총괄할 기후에너지부 신설도 함께 추진되고 있다. 이 같은 정책적 틀은 K-그리드를 단순한 수출 산업이 아닌, 국내 기후정책과 산업 구조 전환을 관통하는 미래 국가 시스템의 핵심축으로 연결시킨다는 점에서 중요한 의미를 갖는다.

기후위기 대응은 그 자체로 완성된 이니셔티브 분야라기보다는, 선도적 가능성을 담보하기 위한 선제 조건이다. 이는 선택이 아니라 필수이며, 여기에 소홀할 경우 한국은 미래 지속가능 산업의 기반 자체를 잃을 수도 있다. 따라서 지금 이 시점에서의 대응은 단지 국제 표준을 따라가기 위한 적응이 아니라, 향후 이니셔티브를 실현하기 위한 전략적 전제 조건이자, 준비 작업이다. K-그리드는 이러한 흐름 속에서 기술력, 제도, 정책, 브랜드가 함께 작동하는 복합형 국가 전략 산업으로 성장할 동력을 충분히 갖추고 있다.

♂ AI, 첨단의 미래를 대비하기 위해 가장 중요한 전략 분야 (b)

AI는 오늘날 한국이 반드시 주도권을 확보해야 할 핵심 전략 산업이다. 기술력과 산업 활용도에서는 세계 상위권에 속하지만, 기초 연구나 인재 풀, 국제적 영향력 측면에서는 아직 선도자 그룹에 진입하지 못한 패스트팔로워 단계에 머물러 있다. 글로벌 평가에서 한국은 AI 강국 순위 7위권에 위치하며 기술 응용에서는 강점을 보이고 있으나, 미국·중국·영국·캐나다·싱가포르처럼 AI 선도국으로 자리매김한 국가는 아니다.

이러한 현실에도 불구하고, AI는 단순한 하나의 산업군을 넘어, 한국의 첨단국가 이미지와 미래 경쟁력, 전략적 자립성을 총체적으로 담보하는 핵심 산업 분야다. 반도체, 모빌리티, 바이오, 스마트 국방, 방위산업 등과의 융합을 통해 산업적 외연을 확장할 뿐 아니라, 디지털 주권과 기술 패권이 국가 안보와 직접 연결되는 시대에 AI는 더 이상 선택의 문제가 아니다.

최근 미국에서는 AI를 자국산업 중심으로 강제하려는 흐름이 더욱 노골화되고 있다. 2025년 7월, 도널드 트럼프 전 대통령이 미국 내 기업들에 "미국산 AI를 우선 사용하라"는 식의 압박성 발언을 시사했다는 보도는, AI가 국가 전략자산이자 경제 무기로 기능하고 있음을 보여준다. 이는 AI 산업의 블록화와 기술 안보 경쟁 심화라는 새로운 환경을 의미하며, 한국이 기술 종속 없이 독자적인 AI 생태계를 구축해야 할 절박함을 더욱 부각시킨다.

따라서 한국은 지금의 애매한 중간 지점에 오래 머물 수 없다. AI 산업은 단기간에 성과를 내지 못하면 주도권을 잃고, 장기적으로는 국가의 생존 기반마저 흔들 수 있는 분야다. AI는 산업 육성을 넘어, 기초 연구 인프라 확충, 인재 양성 체계 정비, 반도체·데이터·보안 등 핵심 분야에 대한 전략적 투자, 그리고 국제 협력 주도권 확보까지 전방위적 접근이 요구된다. 특히, 디지털 국방·자율무기·사이버안보 영역에서 AI는 한국의 자주성과 생존성을 좌우하는 핵심 열쇠가 될 것이다.

AI는 이제 국가 브랜드, 전략 산업, 안보, 경제 주권이 교차하는 최우선 생존 과제이며, 한국이 진정한 첨단 선도국으로 도약하기 위해 반드시 집중 육성해야 할 국가적 총력 과제이다. 지금이야말로 선도자로 전환하기 위한 골든타임이다.

♂ 양자컴퓨터, AI만큼 중요한 전략 분야지만 중장기적으로 봐야할 후순위 분야 (c)

양자기술, 특히 양자컴퓨터는 인공지능(AI)과 함께 미래 기술 패권을 좌우할 전략 핵심 분야로 주목받고 있다. 계산 방식의 패러다임 자체를 바꿀 수 있는 양자컴퓨팅은 기존 디지털 컴퓨터로는 처리하기 어려운 거대 연산, 암호 해독, 신약 개발, 기후 모델링 등의 분야에서 질적 도약을 가능하게 할 기술로 평가된다. 이와 함께 양자통신과 양자센서도 국가 안보, 금융 보안, 정밀 측정, 무기체계 등 다양한 응용 가능성을 지니고 있으며, 이들 기술은 앞으로 AI, 반도체, 바이오, 국방 시스템과 융합되어 복합 전략 기술 체계의 중추로 작용할 것으로 예상된다.

그러나 한국은 이 분야에서 아직 명백한 후발 주자이다. 양자컴퓨팅, 양자통신, 양자센서 등 주요 분야에서 선도국과 약 10년 내외의 기술 격차가 존재하며, 미국·유럽·중국 등은 이미 상용화 실험 단계에 진입했거나 민간 기술 이전을 통해 실질적 산업화를 추진 중이다. IBM, 구글, 마이크로소프트, 알리바바, 바스프 등 주요 기업과 연구기관들은 국가 지원과 기업 연구가 긴밀하게 연계된 상태에서 양자 기술을 빠르게 진전시키고 있다.

이에 대응하여 한국 정부는 2035년까지 약 3조 원 규모의 국가 투자 계획을 수립하고, 기초 연구, 인재 육성, 산업화 기반 구축을 동시에 추진하고 있다. 특히 모든 분야를 동시다발적으로 따라잡기보다는, 양자통신과 양자센서 등 실용성과 응용 가능성이 높은 분야부터 집중하며, 파편화된 기술 틈새를 공략하는 생존형 기술 전략을 채택하고 있다. 이는 전체 기술 수준을 일시에 끌어올리기 어려운 현실을 고려한 진입 전략이다.

양자기술은 단순히 과학기술 경쟁을 넘어, 국가 안보와 기술 주권에 직결되는 핵심 분야다. 양자암호 기반의 통신망 구축, 양자센서를 활용한 무기체계 정밀화, 그리고 양자 알고리즘의 AI 적용 등은 향후 군사·경제 안보의 핵심이 될 수 있다. 또한 기술이 불균등하게 확산되고 특정 국가에 집중될 경우, 기술 종속과 디지털 식민주의의 새로운 위협이 될 수 있다는 점에서, 국가 차원의 독자적 접근이 필수적이다.

결론적으로 아직 양자기술에서 선도자 그룹에는 진입하지 못했지만, 지금부터 지속적인 투자와 전략적 선택이 이루어진다면, 중장기적으로 선도권 확보가 충분히 가능한 분야다. 특히 전체 기술의 100%가 아닌, 선도국 대비 85% 수준의 현실적 기술력 확보를 목표로 설정하고, 핵심 기술 클러스터를 조기 육성한다면, 세계적 기술 주도권 경쟁에서 유의미한 위치를 확보할 수 있을 것이다. 아직은 후발 주자지만, 지금이야말로 장기 도약을 위한 출발점이며 결코 소홀히 해서는 안 될 미래 생존 기술이다.

♂ 기회의 땅이지만, 경쟁력이 약한 바이오 분야 (c)

바이오는 지금 세계적으로 산업 전 분야의 게임체인저로 부상하고 있지만, 한국은 여전히 핵심 기술력에서 후발 주자의 위치에 머물러 있다.

국가바이오위원회가 제시한 10대 중점 바이오 R&D 분야는 ① AI 기반 신약 개발, ② 바이오·헬스 데이터 통합 활용, ③ 방사성 의약품, ④ 첨단 뇌과학, ⑤ 의료기기 제조혁신, ⑥ 그린바이오 소재·부품·장비, ⑦ 합성생물학, ⑧ 미래 식량자원, ⑨ 감염병 치료제, ⑩ 탄소저감형 바이오소재 및 에너지 등으로 기초과학부터 산업 응용, 탄소중립과 식량안보까지 모든 분야의 미래 전략을 포괄하고 있다.

그러나 한국은 아직 다수 분야에서 원천기술과 생태계 기반이 부족하며 AI 신약개발, 첨단 의료기기, 합성생물학 등에서는 기술 격차와 인재 기반 부족이 여전히 발목을 잡고 있다.

글로벌 수준에서 보면, 기회는 열려 있지만 따라가지 못하는 상황이라는 평가가 설득력을 가진다. 바이오는 향후 국가 경쟁력과 직결될 뿐 아니라 기후위기 대응, 고령사회 진입, 감염병 재유행 등 미래 생존과 복지 시스템의 핵심 산업이기 때문에 단순한 후발 추격을 넘어서 국가 차원의 장기 비전과 지속적 투자, 그리고 기초연구부터 임상·사업화까지 전 주기적 생태계 조성이 요구된다. 즉 바이오의 경우 한국에 기회는 존재하지만, 그 기회를 실현하기 위해서는 지금보다 훨씬 더 과감하고 구조적인 대응이 필요한 분야이다.

이재명 정부는 이러한 현실을 인식하고, 바이오를 국가 전략산업으로 명확히 규정하며 전방위적 육성 전략을 제시했다. 가장 핵심적인 공약 중 하나는 바이오 산업을 '글로벌 5대 강국' 수준으로 도약시키겠다는 비전이다. 이를 실현하기 위해 약 100조 원 규모의 민관 바이오 특화 펀드 조성, 성과 기반의 공공 R&D 환원체계 구축, 국산 신약·의료기기 개발에 대한 투자 확대 등을 공약으로 내세웠다. 특히 민간 제약기업의 혁신적 R&D를 유도하기 위해 투자 연동형 약가 보상제도, 위험분담제(RSA)의 확대 적용, AI 기반 디지털 헬스케어 생태계 조성, 전문인력 양성 체계의 국가 지원 확대 등 보상과 제도, 인재를 아우르는 통합적 접근을 약속했다.

아울러 필수의약품 공급 안정, 희귀·난치성 질환 치료제 개발, 의료기기 국산화 등 보건복지 측면에서도 바이오산업의 공공성을 강화하겠다는 의지를 밝히며, 기초연구부터 임상, 사업화까지 전 주기 생태계를 설계하려는 방향성을 분명히 했다.

이처럼 바이오산업에 대한 이재명 정부의 공약은 단순한 구호를 넘어, 경쟁력 강화를 위한 구체적 실행 전략과 구조개편 방향까지 포함하고 있다는 점에서 실질적인 전략 산업 육성 의지를 보여준다.

♂ 소형 모듈 원자로, 기회의 분야인가? (d)

소형 모듈 원자로(SMR)는 기술적 파급력과 에너지 안보 측면에서 주목받는 전략 기술이지만, 한국의 국가 브랜드 방향성과 미래 지속가능성 기준에서는 신중한 판단이 필요한 분야다. SMR은 기존 대형 원전에 비해 안전성, 설치 유연성, 분산형 전력망 연계 가능성 등에서 장점이 있으며, 미국·프랑스·러시아·중국 등 주요국이 기술 개발과 실증, 상용화에 나선 상태다. 세계 최초 실증 및 상용화는 외국 기업이 주도하고 있으며, 한국은 기술 개발과 수출 전략을 준비 중인 후발 주자 또는 추격자로 분류된다. 따라서 종종 수사적으로 쓰이는 퍼스트무버라는 표현은 부정확하며, 현실적으로는 기술 선도국을 목표로 하는 패스트팔로워에 가깝다.

이는 수출 전략 산업과 에너지 안보 확보 차원에서 일정 부분 의미가 있지만, 한편으로는 재생에너지 중심의 글로벌 지속가능성 흐름과 한국이 추구해온 K-그린, 탄소중립 국가 브랜드 방향성과는 충돌 지점이 있다.

특히 SMR은 정권에 따라 정책 방향이 크게 바뀔 수 있는 민감한 분야로, 중장기적 일관성이나 사회적 합의 없이 일방적으로 확대하기에는 제약이 있다. 즉 기술적 가능성과 전략적 필요성이 크지만, 정책과 철학의 균형이 요구되는 신중한 접근이 필요한 산업이다.

결론적으로 SMR은 에너지 안보와 기술 수출 측면에서 일정한 전략적 가치가 있지만, 한국은 이제 모든 기술을 다 끌어안는 '산업 총동원형 국가'가 아니라, 자신의 철학과 미래 가치, 국가 브랜드에 맞는 기술을 선별할 위치에 있다. SMR은 그 기준에서 볼 때 현재로서는 유보적이고 신중한 접근이 필요한 분야이며, 장기적인 발전 방향에 따라 판단되어야 한다.

선도자의 문턱에서 우리가 지켜야 할 태도

우리는 지금 막 선도자 그룹의 문턱에 도달한 상황이다. 기술과 산업, 일부 문화 콘텐츠 분야에서는 이미 눈에 띄는 성과를 내고 있으며, 국제무대에서도 그 이름을 각인시키고 있다. 그러나 그것이 곧 선도자의 위상이 되었다는 뜻은 아니다. 선도자는 단순히 앞서 나아가는 것이 아니라, 기준을 만들고 논리를 제시하며, 타인의 동의를 이끌어내는 능력까지 포함하는 개념이기 때문이다.

특히 인문학적 기반, 다시 말해 가치와 사유의 깊이, 윤리적 헤게모니에 있어 우리는 여전히 후발 주자의 그늘을 벗어나기 어렵다. 새로운 사건을 해석하고, 의미를 부여하고, 그것을 사회적으로 정당화할 수 있는 철학적·윤리적 토대는 여전히 서구 중심의 담론에 의존하고 있다. 자체적인 인문학적 논리 체계와 해석적 전통이 축적되지 않은 상태에서, 우리가 생산한 많은 성과들은 기술적이거나 산업적인 맥락에 갇힌 채 해석되고 인정받기를 기다려야 한다.

물론, 이런 상황 때문에 우리의 자부심을 꺾을 필요는 없다. 오히려 스스로에게 질문해야 한다.

"혹시 우리의 성과는 자존심을 방어하는 근거에 멈추고 있지는 않은가, 아니면 자존심을 넘어 조금은 단단해진 자부심인가, 아니면 상황이 나빠져도 언제든 우리가 주도하며 세상을 설계할 수 있다는 자존감인가?"

선도국에는 담대한 자존감이 있다.

자존심은 비교와 반응의 산물이며, 자부심은 성과와 평가의 결과일 수 있다. 그러나 자존감은 깊이에서 오는 자기 확신이며, 타인의 시선이 아닌 자기 내면의 기준을 토대로 스스로를 지탱하는 힘이다. 진정한 선도자는 이러한 자존감을 바탕으로, 자기 세계를 주도적으로 건설하는 존재다.

선도국으로 향하려는 우리는 아직 아무것도 온전히 실현된 적 없는 영역에 서 있다. 하지만 언젠가는 선도자 그룹에 진입하는 수준을 넘어 퍼스트무버의 단계까지 이르러, 사유의 도구부터 해석의 언어, 표현의 문법까지 새롭게 창조해야 할지도 모른다. 말처럼 쉬운 일은 아니다. 그리고 그건 서두른다고 이뤄지는 것도 아니다. 오히려 잰걸음은 금물이다. 지금 우리의 상태는 '건설 중' 상태이다. 아직은 기초를 다지고, 구조를 고민하고, 재료를 모아야 할 때다.

때때로 선도자의 지위는 결과가 아니라 과정에서 얻게 되는 신뢰에서 비롯된다. 우리가 지금 할 일은 성급하게 높은 곳을 바라보며 불안해하기보다, 지금 서 있는 이 자리에서 성실하게 역량을 증명해나가는 일이다.

물론 인문학적 깊이는 아직 얕고, 윤리적 프레임을 제시하는 능력도 서툴 수 있다. 그렇기에 경제적 성장을 통해 수시로 증명하면서도 더 많은 질문을 해야 하고, 더 긴 시간 동안 단련해야 한다. 그 과정을 통해 우리는 서구 담론을 모방하거나 추종하지 않고, 우리만의 언어로 세계를 해석하고 설계하는 힘을 가지게 될 것이다. 그때 비로소 자존심을 극복하고, 자부심을 운영하며, 자존감으로 선다. 선도자는 그렇게 완성된다.

그리고 그때부터 시작이다. 언제나 지속가능한 방식을 위해서는 체계적으로 다양한 창의성의 흐름을 만들어내야 한다. 선도를 하다가 언제든 그 끈을 놓칠 수 있다. 노키아 등의 수많은 혁신기업이 100년 뒤에도 혁신기업인 경우는 드물다. 멀리 볼 필요도 없다. 십수 년 호령하던 기업이 예전 같지 않은 경우를 심심치 않게 발견한다. 최근 삼성의 위기도 마찬가지 맥락에서 볼 수 있다. K-조선 르네상스를 말하고 있지만 불과 몇 년 전만 해도 다시 회복될 수 있을까 고심하는 상황이 있었다. 자본주의 시장에서는 항상 무한 경쟁을 버티며 치열하게 연구하고 대비해야 한다.

그렇다면 어떻게 해야 선도적 위치를 지속적으로 유지할 수 있을까?[13] 위대한 강국은 어떠한 시스템과 문화적 인프라 덕분에 지금도 꾸준히 독창적이고 혁신적인 산물을 창출하고, 국가 경쟁력을 유지하며,

13) 그럼에도 흥망성쇠의 필연은 있는 것 같다. 예를 들어, 영원할 것 같던 집단이나 국가도 항상 쇠락의 운명을 맞는다. 그것을 더 늦추거나 너무 일찍 몰락하는 경우만 있을 뿐이다. 그래도 큰 범위에서 보면 특정 기간의 왕조가 망해도 그 민족이나 국가 자체는 꾸준히 초강대국과 열강의 위상을 확보하고는 비교적 오랫동안 전통적인 강국으로 명성을 유지하는 경우도 제법 많다. 멀리 가지 않아도 중국만 봐도 알 수 있다. 전 역사를 통틀어 쇠락의 시기와 강성한 시기를 넘나들었지만, 거의 항상 동아시아에서 강력한 지위를 유지했다. 그러니 기본적인 흥망성쇠의 이치는 받아들이되, 그 안에서도 분명히 최선의 대비책은 있기 마련이다. 지속가능한 지혜에 관한 방법 말이다.

세계적 표준을 선도하는 것일까?

지속가능한 K-이니셔티브를 위해 필수적으로 고민해야 할 지점이다.

지속가능한 K-이니셔티브를 위한 선결과제

강소국이냐, 이민 국가냐, 그것이 문제로다

사실 한국은 지금 중대한 전환점에 서 있다. 고도성장을 이룬 산업국가로서, 선진국의 외형은 갖추었지만 내부 구조는 흔들리고 있다. 출산율은 세계 최저 수준으로 추락했고, 구조적 저성장이 현실화되었다는 평가도 나온다. 지방의 학교들은 학생 수 부족으로 문을 닫고 있다. 고령 인구는 급속히 늘어나고, 노동력 부족은 산업 현장의 현실이 되었다. 이대로라면 공동체는 점차 축소되고, 사회 시스템 유지가 어려워진다. 이 위기를 돌파하기 위한 전략적 방향은 크게 두 가지로 나뉜다.

하나는 '강소국' 전략이다. 인구 규모나 영토의 크기에 의존하지 않고, 기술력과 산업 품질, 제도적 정밀도를 통해 세계적인 영향력을 확보하는 방식이다. 이미 한국은 반도체, 전기차 배터리, K-콘텐츠, 방위산업 등에서 세계적인 성과를 보이고 있다. 하지만 산업 경쟁력만으로는 충분하지 않다. 진정한 강소국은 사회 전체의 시스템이 정밀하게 조율되어야 가능하며, 장인정신과 초격차를 가능케 하는 규칙의 내면화,

그리고 공공성과 윤리를 함께 갖춘 내실이 필수적이다.

다른 하나는 '이민 국가'로의 전략적 전환이다. 줄어드는 인구로 인한 노동력 부족 문제를 외부 인력으로 개선하고, 사회를 유지·확장해 나가는 방향이다. 현재 한국 사회는 사실상 이민 기반 사회로 전환되고 있다. 지방 중소도시와 농촌은 외국인 노동자 없이는 유지되지 않으며, 다문화 가정의 아이들은 교실에서 친구가 되었다. 체류 외국인은 250만 명을 넘었으며, 다양한 국적의 사람들이 한국의 일상 속에 자리 잡았다. 그러나 사회 구조와 제도는 여전히 단일문화 전제에 머물고 있고, 이민자에 대한 정책은 임시적이며 단기적인 대응에 그치고 있다. 선도국으로 나아가기 위해 단일민족 프레임을 깨고, 중국인 혐오 정서 등 극우적 민족주의의 한계를 극복해야 하는 과제가 있다.

강소국과 이민 국가라는 두 전략적 방향은 명백히 다르지만, 사실 공통적으로 실현해야 할 가치는 하나로 수렴된다. 즉 강소국이든 이민 국가든 다양성과 개방성을 유지해야 한다는 것이다. 이것을 유지하면서 국가의 역량을 결집해야 한다. 강소국은 획일적 단일주의로 빠져서 쇠락하는 것을 조심해야 하고, 이민 국가로 성공적으로 전환하려면 정교하고 밀도 높은 사회 시스템이 뒷받침되어야 한다. 결국 중요한 것은 양자택일이 아니다.

하나의 길, 다원주의를 통한 잠재적 가치를 실현하는 것, 이 지점에서 한국의 미래가 결정된다. 어떤 길로 나아가든 내부적으로는 기술과 제도의 정밀함을 통해 내실을 다지고, 외부적으로는 다양성과 포용을 제도화함으로써 확장성을 확보해야 한다. 다양성은 구조의 문제이며,

포용은 제도와 규범, 교육과 문화 속에서 구현되어야 한다.

어쩌면 강소국이냐, 이민 국가냐는 질문은 이미 늦은 것일지도 모른다. 지금은 선택의 시간이 아니라, 설계의 시간이다. 당장 우리의 미래를 결정할 구조적 설계를 시작하지 않는다면, 미래는 관성대로 흘러가고, 대한민국은 '작고 늙고 가난한 나라'가 될 수도 있다. 지금이야말로 진짜 국가 전략을 세워야 할 골든타임일 수 있다.

첫 번째 방향, 다양하라

핵심은 지속가능한 다원주의 문화

선도적 위치로 도약하기 위해 우리의 향후 정체성을 결정하는 일, 즉 강소국이냐 이민 국가냐 하는 고민은 단지 산업의 경쟁력과만 관련된 것은 아니다. 그건 사실 창의성과 다양성의 문제와도 연결된다. 우리의 실정상 정체성의 변화가 필요하겠지만, 어떤 경우에도 우리가 선도적 위상을 비전으로 세웠다면 창의성과 다양성이 발현될 수 있도록 시스템을 최적화해야 한다. 예를 들어 강소국이라면 적은 인구로도 고부가가치와 초격차를 확보하는 방향으로 발전해야 할 것이고, 이를 위해 단일한 공동체의 내부에서도 다양한 창의성이 극대화되는 환경이 조성되어야 한다.

다양성이란 그런 창의적 생태계를 가능하게 하는 전제조건 중 하나다. 기존 질서에서 벗어나는 창의적 시도가 많을수록, 실패와 모험이 허용될수록, 그중 일부는 선도적 성과로 이어질 수 있다. 다양성을 실현하려던 사례가 쌓일수록 선도적 성과가 출현할 가능성도 높아지고, 그 분야의 스펙트럼도 넓어지게 된다. 그런 의미에서 다양성은 중요하다. 이민 국가든 강소국이든 우리의 미래적 방향성에 부합하는 다양성을 권장하는 것이 핵심이다.

여기서 우리는 두 가지 국가 정체성의 기반이 되는 가치를 발견하게 된다. 하나는 이민 국가와 관련된 문화 다원주의이며, 자연발생적 다원주의라고도 부른다. 미국처럼 다양한 문화가 공존하며 뒤섞이고, 그 안에서 새로운 혼종적 문화와 가치가 자연스럽게 발생하는 모델이다. 이민자들이 단순히 인력 보완의 대상이 아니라, 사회를 구성하는 주체로서 여러 문화권의 감각과 언어, 사고방식을 가져오는 구조다. 창의성과 문화적 역동성을 극대화하기에 유리하지만, 동시에 통합을 위한 충돌 완충의 과제도 함께 안는다.

다른 하나는 강소국과 관련된 것으로 임의적으로 '다중적 단일주의'라고 부르는 방식이다. 의지적 다원주의로도 부른다. 강소국이 획일적 단일주의가 되지 말라는 법은 없지만, 지속가능한 선도적 성과를 위해 다중우주와도 같이 다양한 집단을 육성해낼 문화를 지녀야 한다. 이 모델은 다양한 문화를 받아들이되, 그 수용 과정을 철저히 관리하는 방식으로, 전략적으로 제한된 다원주의를 유지하는 것이다. 국가가 중심적으로 판단하고, 사회 통합의 방향과 속도를 조절하며, 사회적 갈등을 최소화한 채로 수용 가능한 다양성만을 체계적으로 도입하는 구조다. 예컨대 강소기업 중심의 경제, 소수 정예의 엘리트 체육, 그리고 전문인력 양성처럼, 내부의 규모는 작지만 정밀하게 설계된 체계를 유지하면서, 검증되어 안전하고 국가 발전에 필요한 다양성을 선별 적용하는 방식이다. 이 방식은 사회 통합 비용은 낮고, 소모적으로 사회의 결집력을 해치는 요소를 사전에 통제할 수 있다는 장점이 있다.

반면 자생적 다양성과 창의성의 폭은 제한될 수밖에 없다. 예상치 못할 놀라운 다양성의 출현보다는 이미 검증되어 국가적으로 필요한 다양성만을 권장할 가능성이 높다. 그러다 보면 점점 표피적이고 얕으며 지속되지 못하는 다양성만이 헛돌 수 있다. 필요한 다양성만을 추출 선별하려는 나름의 합리적인 시도였지만, 낭비와 자연발생적 요소를 간과하면 인위적인 다양성만이 선별되고, 다양성의 본질을 내포하지 못한 채 병든 다양성으로 남을 수도 있다.

물론, 이런 제한은 내부적으로 다른 방식으로 보완될 수 있다. 실패를 허용하는 문화, 다양한 진로를 인정하는 교육제도, 자기표현의 기회를 확대하는 문화 정책이 그 예다. 즉, '내부발 다양성'을 키우는 것이다. 이는 필연적 다문화가 아니라, 스스로 의지를 갖고 다양한 가능성을 발굴하는 방식이다. 이 경우에는 외부에서 유행하는 다양성을 검토하여 국가 발전에 필요하다고 보이는 지점에서 끊임없이 자원을 수혈해야만 경직되지 않는다. 그래야 내부 다양성이 트렌드에 부합하게 되고, 비로소 지속가능한 창의 생태계가 구축될 수 있다.

☯ 창의성과 포용력을 중시하는 다원주의 교육 문화

- 천재를 키우는 나라의 조건 -

선도국이 되기 위해서는 단지 기술이나 자본, 산업의 첨단화만으로는 부족하다. 어떤 분야에서든 새로운 규칙을 제시할 수 있는 창의적 접근이 있어야 하며, 그런 성과는 정해진 틀 안에서 반복 훈련하는 것만으로는 나올 수 없다. 결국 창의성은 다름을 허용하는 사회에서 나온다. 정답을 반복하는 것이 아니라, 살짝 비트는 해답을 요구하는 것이다. 창의적이기 위해서는 시간을 정해두고 누구보다 빠르게 정답을 찾아내는 방식이 아니라, 여유를 두고 한 호흡 쉬면서 문제를 다각도로 검토하며 자기만의 답을 찾아내는 과정을 견뎌내야 한다.

이러한 창의성이 발현되는 사회의 시작점은 바로 교육이다. 교육이 얼마나 다양한 발상을 수용하고, 실패를 긍정하며, 낭비처럼 보이는 우회로를 존중하는지를 통해 그 사회의 창의적 잠재력은 가늠된다. 최근 AI의 발달과 4차 산업혁명을 화두로 삼아서 이에 맞는 교육 개혁이 있어야 한다는 주장이 많았는데, 선도적 위상을 정립하기 위해서는 그에 걸맞은 창의적 인재 육성은 필수적인 과정으로 보인다. 과거 산업화 시절에 기능적 엘리트를 양산하는 것과는 그 방향과 목표가 달라진다고 할 수 있다.

세상을 선도하는 최상위권의 수재(선도자 그룹)나 천재들(초격차, 퍼스트무버, 게임체인저)은 세상에 새로운 시각을 제공하거나 압도적인 품질로 세상을 놀라게 한다. 그리고 그러한 인재들이 많이 모인 공동체가 번영한다고 믿는 편이다.

천재는 홀로 태어난다는 믿음도 있지만, 사회의 지속적인 관심과 지원 속에 길러지는 것이기도 하다. 우리는 산업화 시대에 알맞은 인력을 양성하기 위해 기능적 엘리트를 길러내는 교육에 초점을 맞추었지만, 선도자의 위상까지 고려한다면, 마땅히 창의적 천재를 양성하려는 목표를 두어야 한다. 천재는 예측할 수 없는 존재이기에 천재를 길러낸다는 점이 언뜻 모순적이지만, 천재가 탄생할 토양을 만들기 위해 관련된 여러 자양분을 체계적으로 제공해줄 수는 있다. 그중 가장 대표적인 교육이 다원주의 교육이다.

자연발생적 이민 국가의 경우에는 꼭 교육으로 배우지 않더라도, 살아가면서 저절로 터득하는 것이 생긴다. 물론 이 경우에도 다원주의 교육은 여전히 필요한데, 강소국이라면 단일한 공동체의 한계에 부딪히므로 더 신경 써서 교육 문화에 힘을 쏟아야 한다. 쉽지 않더라도, 다양성에 근거하여 출발하는 천재들, 고정관념에 도전할 줄 아는 비판적 지식인을 키워내야 한다.

어쩌면 천재는 암산과 암기를 잘하는 사람이 아니다. 꼭 탁월하게 똑똑한 존재가 아니라, 세계의 부조리와 고정관념을 용기 있게 대면하고 인내하며 전진하는 사람일 수도 있다. 견고한 사회 시스템을 대할 때는 천재적인 IQ나 기예만큼이나 투쟁심도 필요하기 마련이다. 패러다임의 전환에 성공했던 예술가 중에서도 꼭 압도적인 기술력으로 자신을 증명했던 건 아니다. 키스 해링, 백남준, 앤디 워홀, 장 미셸 바스키아 등을 보아도 알 수 있듯이 뛰어난 스킬이 다가 아니다. 우리는 흔히 압도적인 테크닉으로 그 이상을 완벽히 구현하는 초격차의 거장을 떠올리게 되지만, 실은 누군가 패러다임을 전환시키거나 새로운 표준을 만들어내는 사건을 일으킨 뒤에나 초격차의 사건도 가능하다. 천재의 유형도 다양한 셈이고, 적어도 퍼스트무버의 사건, 게임체인저급의 대전환에는 이런 다각도의 역량이 모두 쓸모가 있다.

즉 천재란 유전적 재능의 소유자이기도 하지만, 때로는 제도의 바깥에서 다르게 생각하고 끝까지 자기 상상력에 몰입하는 사람이기도 하다.

그런데 이 몰입과 탈선, 편향과 집착이 사회 안에서 가능해지려면, 교육의 방식으로 접근해야 한다. 정답을 너무 일찍 표준화해서는 안 된다. 오히려 '이상한 경로', '비생산적 시도', '실패'를 견디는 힘을 길러주고, 이를 지켜보는 입장에서는 결과를 유예하며, 그들이 다시 해결책을 찾도록 격려할 수 있어야 한다. 즉 교육이 효율성과 정답을 주입하기보다는, 다양성과 실험을 견디는 토양이 되어야 한다. 어떤 가치가 뜻밖의 모습으로 아름답게 드러날지 알 수 없기 때문이다.

이런 의미에서 다원주의 교육 문화란, 단순히 다양한 콘텐츠나 선택과목을 제공하는 구조가 아니다. 그것은 무엇보다도 관용의 기반 위에 선 인문학적 감수성, 실패를 허용하는 공동체적 신뢰, 그리고 성취의 기준을 '표준화된 성공'이 아닌 '새로운 가능성의 개척'에 둘 수 있는 가치관의 총합이다. 여기서 인문학은 단순히 고전이나 철학을 공부하는 영역이 아니라, 자기와 세계를 이해하고, 틈새의 균열점을 포착하여, 집요하게 질문하며, 기존의 사고 틀을 유연하게 넘나드는 능력을 기르는 원천으로 기능한다.

천재는 제도 밖에서 등장하지만, 다원주의 교육은 그 제도 안에 '바깥의 가능성'을 허용하는 방식으로 천재성을 수용한다. 이는 곧 낭비를 두려워하지 않는 태도, 즉 모든 학생이 뚜렷한 결과를 만들어내지 않아도 괜찮다는 포용력을 요구한다. 어떤 이는 오랜 기간 실패만 반복하다가 예상치 못한 방식으로 전환점을 만들어내고, 어떤 이는 애초에 '사회에서 기대한 것'이 아닌 전혀 다른 방식으로 세상을 해석하고 바꿀 수 있기 때문이다.

혹자는 이것을 엘리트를 육성하는 것으로만 이해해서 더 빠르고 큰 효과를 위해 다양성의 추구보다는 더 강도 높은 엘리트 교육과 체계적인 훈련이 필요하다고 여길 수 있지만, 초격차를 이루는 것까지는 그것으로 가능해도 퍼스트무버와 게임체이저의 시각은 거기서 더 나아가야 한다. 물론 다원적인 접근에 따른 초기의 성과는 볼품없기도 하고, 고정관념과 훌륭한 기존 질서에서 볼 때는 버려져도 이상하지 않다. 이때 그것이 품어질 시간과 토양을 주는 것, 이러한 수용이 사회적 역량이다. 모든 분야에서 언제나 기존과 다른 발상과 가치로 등장하는 것을 참아내고 수용할 줄 아는, 이를테면 넉넉한 다원주의적 역량이 있을 때 가능하다.

그래서 천재가 다방면에서 끊임없이 등장해 퍼스트무버적이고 게임체인저적인 사건을 일으키고 있다면, 그 사회에서 지향하는 가치는 수직적이고 선명한 체계의 엘리트주의보다는 수평적이고 모호한 가능성을 품은 다원주의에 가깝다. 새로운 파격과 돌출에 익숙해지면, 웬만해서는 특이한 개성에도 놀라지 않을 만큼 담대해지고, 그 사회의 수용력은 깊어진다. 개인이 각자의 시선으로 개성을 표현하는 것에 상당히 자유로운 사회라는 의미다. 거기서 천재는 다양해지고, 그들의 성과는 선도적일 확률이 높아진다. 내실도 깊고, 개성도 확보하려면 다원주의 교육이 필요하다.

창의성과 포용력을 중시하는 다원주의 교육은, 결국 한 사회가 예외적인 존재를 얼마나 진심으로 품을 수 있는가에 대한 응답이다. 천재는 본질적으로 예외적 존재다. 그리고 선도국이 된다는 것은, 그 예외를 단순히 '관리 가능한 변수'로 다루는 것이 아니라, '새로운 기준의 탄생

가능성'으로 존중하는 문화적 구조를 갖추는 것이다.

따라서 다원주의 교육은 선도국이 되기 위한 전제조건이 아니라, 그 자체가 선도국의 필수 전략이다. 창의적 다양성을 제도 안에서 품는 법을 배우고, 도전과 실패를 존엄하게 받아들이는 태도, 낭비처럼 보이는 실험을 문화적 가치로 전환할 수 있는 구조다. 이것이 바로 천재를 탄생시키는 나라, 곧 다음 시대의 표준을 만들 수 있는 나라의 조건이다.

☯ 낭비하는 도전이 허용되고 실패에 대한 회복력이 높아야 한다

'한강의 기적'이라 불리는 고도성장 시대, 한국은 놀라울 정도로 효율적이었다. 우리는 '잘하는 법'을 배웠고, 무엇이 '맞는 길'인지를 빠르게 파악해 낭비 없이 앞만 보고 달렸다. 그 덕분에 OECD 선진국 반열에 올랐고, K-콘텐츠, 반도체, 배터리 등 세계 시장에서 경쟁력을 가진 산업들이 자리를 잡았다.

하지만 바로 그 성공의 경험이 이제는 우리의 상상력을 가로막고 있는지도 모른다. 우리는 너무 잘 짜인 계획대로 움직여왔다. 효율성과 결과 중심의 사고방식으로는 오차를 두려워하고, 낭비를 용납하지 않는다. 방향성 없는 시도에 예산이나 시간을 할애하는 것을 불안해한다. 우리는 입으로는 창의를 말하면서도 실제로는 검증된 안정성과 다수의 공감을 우선시한다. 그래서 때로는 '가장 먼저 시작한 사람'이 아닌, '가장 빨리 모방한 사람'이 성공의 주인공이 되기도 한다. 효율을 중시하는 패스트팔로워의 사회에서는 낭비를 위험하게 보는 듯하다. 부지런히

일해야 할 시간을 낭비하는 것은 한심한 짓거리일 수 있다. 그래서 그러한 '뻘짓'보다 검증된 무엇을 추구한다. 그 검증된 무엇이란 확실히 돈을 버는 것이고, 성공을 인정받는 것이다. 그렇게 해서 모험과 도전과 실험과 창의는 허울만 남게 된다. 우리가 살아온 결과 맞지 않는 불건전한 것으로 남기도 한다. 급하고 부지런하며 너무도 타이트하다.

그런데 새로운 질서를 만들려면 느슨한 불확실성과 비효율이 필요하다. 아니, 필연이다.

말하자면 빙산의 아래가 없이 위만 존재하는 구조란 있을 수 없다. 드러나는 성과가 있으려면, 그 아래에는 무수한 낭비와 실패, 반복과 방향 없는 시도가 겹겹이 쌓여 있어야 한다. 그것이 없으면 '할 줄 아는 것만 계속하는 사회'에 머물게 된다.

창의성은 대부분 목적지를 알 수 없는 여정에서 발화된다. 나중에야 어디로 나아가야 할지 알게 되는 것이다. 개인적 차원의 시도라면, 때로는 그러한 방향성조차 없이 그저 '놀아야' 한다.

호기심, 비효율성, 몰입, 충동, 실패 회복력.

이 모든 것이 허용되지 않으면, 진정한 창의는 뿌리내리지 못한다. 우리는 그동안 시스템을 잘 관리하는 능력에 있어 세계적인 평가를 받아왔다. 그러나 지금은 '없는 길을 만드는 능력', 즉 아직 존재하지 않는 것을 기획하고 실험할 수 있는 기백이 필요하다.

2003년 이후 한국 영화계에 작가주의 감독이 드물어진 것도 이와 무관하지 않다. 과거에는 성과와 별개로, 낯설고 실험적인 영화가 다양하게 시도되었고, 그중 일부가 세계적 평가를 받았다. 그러나 지금은 투자의 정량적 수익성과 플랫폼 최적화 구조 속에서, 창작자의 낭비와 모험이 허용되지 않는 분위기가 정착되고 있다. '작가'는 사라지고 '제작물'이 주도하는 시대. 이는 곧 상업적 자기 검열의 시대이기도 하다.

K-팝은 지금 세계를 매혹시키고 있지만, 그 안에도 위태로운 징후는 있다. 상당히 정교하게 산업화된 창의 시스템이지만, 실패에 대한 공간이 거의 없다. 모두가 '잘해야만' 한다. 실수는 용납되지 않고, 오직 성공만이 축적될 뿐이다. 정교한 시스템은 처음에는 안정적이지만, 시간이 지날수록 그 안에 속한 구성원들은 경쟁과 빡빡한 구조에 대한 피로감을 느낄 뿐 아니라 창의성 고갈을 야기한다. 그리고 시스템은 '낭비를 못 견디는 상태'가 될 때 붕괴의 조짐을 보이기 시작한다. 시스템을 이기는 창의는, 종종 시스템의 바깥에서 발생한다.

우리가 K-이니셔티브를 이야기하고, 미래 전략을 말할 때, 이러한 특성을 되짚어보아야 한다. 완벽하게 짜인 계획만으로 지속가능성을 논할 수는 없다. 상상할 수 있는 범위 내에서만 일을 도모했다면, 그건 혁신이 아니라 반복이다. 이제는 실패를 허용할 수 있는 나라가 되어야 한다. 실패를 반복하는 것이 아니라, 실패로부터 회복하고 다시 시도할 수 있는 문화와 제도를 갖춘 사회. 그것이 진짜 선도국의 풍경이다.

창의는 반드시 낭비를 동반한다. 다양성은 반드시 어수선함을 포함한다. 목적 없는 시도가 없으면, 방향 있는 성공도 없다. 우리가 다시 길을 내고자 한다면, 지금 필요한 것은 정답이 아니라, 쓸모없어 보이는 시도를 지켜보는 관용과 기다림이다. 그것 없이는, 다음 시대의 규칙도 우리의 것이 아니다.

※ 제록스 팔로알토 연구소(PARC)

"

미국의 인터넷은 원래 국방부 인프라였다. 그런데 뜻밖의 전환으로 대혁신이 가능했고 세계는 다시 디자인되었다. 그런 파격의 아이콘을 민간에서 꼽자면 단연 제록스 팔로알토 연구소를 들 수 있다.

정말이지 '이 중에서 하나만 터져라' 하는 마음으로 수많은 프로젝트를 쏟아낸 게 아닐까 싶을 만큼 놀라운 성과를 냈지만 대개 상용화에 이르지 못했다. 팔로알토 연구소는 1970년대 제록스의 미래를 개척하기 위해 설립된 민간 연구소로, 오늘날 우리가 당연하게 사용하는 컴퓨터 환경의 기초를 다수 설계했다. 그래픽 사용자 인터페이스(GUI), 이더넷, 레이저 프린터, 객체지향 프로그래밍, WYSIWYG 편집기 등 지금은 일상이 된 기술과 개념이 이곳에서 태어났다. 당장은 상품화되지 못했지만, 이 아이디어들은 훗날 애플과 마이크로소프트에 의해 산업 표준으로 자리 잡았다.

이쯤 되면 제록스 입장에서는 낭비적 투자라 할 만했고, 이 정도로 다양한 성과를 내고도 실용화 가능성과 잠재적 가치를 깨닫지 못했다고 하니 당혹스럽기까지 하다. 항간에는 제록스 역시 일부의 상용화 가능성을 알았지만, 일개 컴퓨터 회사에 머무는 것이 아니라 더 담대한 비전을 실현하려던 과정이었기에 놀라운 성과들을 묻어두었다는 해석도 있다. 그렇게 되면 관료적 문화의 폐해로 보기 애매해진다. 그들은 수익과 효율보다 기술과 개념의 지평을 확장하는 것을 우선시했고 낭비와 실패, 우회와 실험을 기꺼이 감수했던 것으로 볼 수도 있다. 한때 PARC는 무수한 가능성의 지층 위에 서 있었다.

이 연구소의 성과를 바탕에 두고 유명해진 스티브 잡스와 빌 게이츠 관점에서 보면 이 연구소의 업적은 기적 같은 선물이라 할 만하다. 제록스 팔로알토 연구소 입장에서는 배가 살살 아픈 증상이 생기겠지만, 사회적 관점에서는 놀라운 가능성의 탄생이었다.

"

☯ 패자부활전 없는 사회에서는 미래가 자라지 않는다

한국 사회는 고속 성장 과정에서 효율성과 정답의 문화를 지나치게 신뢰해왔다. 정해진 루트를 따라 살아가는 것이 가장 안전하고 합리적인 선택이 되는 구조에서, 개인은 실수나 방향 전환을 패배로 인식하게 되었고, 한 번의 실패는 곧 회복 불가능한 낙인처럼 작동했다. 이러한 구조는 개인의 삶을 숨 막히게 만들고, 사회 전체의 역동성도 서서히 약화된다.

한국의 고등학생들은 이미 치열한 내신 관리, 수능 공부, 비교과 스펙, 논술, 특례 등 다채로운 과제를 소화하며 '경쟁의 종합선물세트'를 들고 산다. 학생부종합, 학생부교과, 논술 전형, 일부의 특례 전형, 정시 등 그 어느 한 전형도 소홀히 보지 못한다. 조건이 안 된다면 모르겠지만, 일말의 가능성이라도 남아 있다면 이를 모아두고 다양한 조합을 통해 대학 진학에 가장 유리한 포트폴리오를 짜기 위해 수없이 고민한다. 실패하면 인생 전체가 비효율적으로 흘러갈지도 모른다는 불안감 때문이다. 서울대를 중심으로 한 서열 체계가 여전히 강하게 작동하는 현실에서, 입시는 인생의 궤적을 결정짓는 선발전이다.

이 구조는 대학 입시에서만 끝나지 않는다. 첫 직장의 선택, 20대 중후반의 진로 전환, 결혼과 자녀 양육의 시기마다, 사회는 마치 보이지 않는 연령대별 '의무'를 설정해두고 그에 맞지 않는 이들에게 차가운 시선을 보낸다. 한 번의 방향 전환이나 실패, 우회는 모두 '탈락'으로 이어지기 쉽고, 이로 인해 수많은 개인은 하고 싶은 것과 할 수 있는 것 사이에서 순응과 체념을 선택한다.

그러나 우리가 진정한 선도국, 지속가능한 혁신국가를 꿈꾼다면 도전과 실패, 낭비와 모험을 감당할 수 있는 사회적 제도와 문화를 함께 구축해야 한다. K-이니셔티브가 단지 기술 혁신과 산업적 경쟁력을 찬사하는 수사에 머물지 않고, 사회 구조와 문화적 토대까지 포함한 전략이라면, 패자부활전이 있는 사회, 실패를 극복하고 명예롭게 복귀할 수 있는 사회를 염두에 두어야 한다.

지금이야말로 국가가 앞장서서 '패자부활전이 있는 사회'를 다시 설계해야 할 때다. 그리고 이를 위한 구체적인 제도적 상상은 이미 폭넓게 거론되곤 했다. 예컨대 대학 편입 기회의 문턱을 대폭 낮추고, 다양한 생애 주기에서 '늦은 입학'과 '새로운 출발'이 제도적으로 보장되어야 한다. 학령기 이후에도 언제든 새로운 교육 기회를 가질 수 있도록 성인 학습권을 제도화하고, 경력 단절 이후 복귀 가능한 재인증 시스템을 사회 전반에 도입해야 한다. 공무원 시험의 연령 제한을 폐지한 것은 그런 방향의 좋은 예시이며, 민간 기업 역시 신규 인력 중심의 채용 문화에서 벗어나 실력 중심의 경력 재진입 구조를 확대할 필요가 있다.

어쩌면 제도적으로는 큰 문제가 없을지도 모른다. 오히려 이 경우에는 사회문화적 분위기를 쇄신하는 것이 더 중요할 수도 있다. 정상 궤도에서 벗어난 이들을 실패자나 낙오자로 보는 시선을 버리고, 시기와 방식의 다양성을 인정하는 가치관이 확산되어야 한다. 우리에게는 연령대별로 주어지는 책임에 대한 고정관념이 커서, 그것을 하지 못하는 상황을 기이하게 바라보곤 한다. 그것은 심리적으로 압박이 되고, 모험을 선택하기보다는 안정 지향적인 선택을 하게 된다. 외국에서도 이러한 부담이 없는 것은 아니지만, 우리보다는 훨씬 덜하다는 문화적 특성이 있다. 둘 다 기이하게 보더라도 외국에서는 "뭐… 그럴 수도 있지"로 끝맺는다면 한국에서는 "사람이 어떻게 그럴 수 있지?"라는 반응으로 이어진다. 이채롭거나 확연히 다른 것을 견디고 함께하는 훈련이 덜 되었기 때문이다. 어렸을 적부터 그런 것을 배울 기회가 적었다.

사실 이런 분위기를 바꾸는 게 쉬운 일은 아니지만, 만일 가능해진다면 비로소 사회는 단 한 번의 모험이 인생 전체를 망치는 일이 아니라, 실수 후에도 얼마든지 다시 기회를 얻을 순환 가능성을 지닌 공간이 된다. 이는 한 개인의 구제 차원이 아니라, 국가 전체의 역동성과 창의성의 디딤돌이 되어줄 것이다.

한국인은 경쟁적으로 무언가를 바꾸어내는 데에 탁월하다는 점에서 특별한 계기가 마련된다면 문화적 분위기를 바꾸는 일도 의외로 쉬울 수 있다.

그러나 역시 이보다 좀 더 현실적인 방법을 들자면, 압도적인 보상이 있다. 이는 미국처럼 철저하게 자본주의적이거나 방대한 시장이 있어 단 한 번의 성공으로도 어마어마한 수준의 보상을 기대할 수 있다면 유인 요소가 강력해진다. 힙합이나 메탈 장르에 종사하더라도 부족함 없을 정도의 경제적 보상을 기대할 수 있다는 점에서 한국과는 다른 면이 있다. 아무래도 내수 시장 등이 약한 상황에서 자본이 없는 사람의 모험은 여의치 않다. 게다가 외부로 수출 확대도 어렵다면 몇몇 검증된 분야를 제외하고는 제대로 된 보상을 얻기 쉽지 않다. 인도 중산층만 상대해도 우리나라 인구보다 많다는 우스갯소리와 달리, 한국에서는 그러한 놀라운 성공담을 만들어낼 확률이 상대적으로 낮다. 여기에 더해 실패해도 재기하기 어려우며, 이미 연령대별 의무가 빼곡하다면, 어정쩡한 보상으로는 모험하기 망설여진다. 성공 확률이 높고 상대적으로 보상 수준이 높은 분야로 몰리는 이유다.

이때 패자부활전의 시스템마저 약하다면 결국 도전의 동력이 마르게 된다. 모든 기회가 인생 초반기로 집중되고, 모든 실패가 영구적 낙인으로 작동한다면, 아무도 새로운 길을 시도하지 않으려 할 것이다. 외국에서 인정받고 금의환향한 존재에게만 박수를 쳐주게 되지만, 무명 시절의 고통을 함께해 주지는 않는다. 아무것도 해준 것 없으면 가만히라도 있지, 감 놔라 대추 놔라 하면서 최종 심사관처럼 그것이 상업적으로나 국가적으로 유의미한지만 따진다면, 얄미운 노릇이다.

"그렇게 잘할 것 같았으면 네가 처음부터 해보지 그랬어!"라며 억하심정이 들 수도 있다. 각자도생 속에서 아무런 도움도 받지 못할 때 주변의 비웃음을 참아내는 데 성공하고 나니, 여기저기서 숟가락을 꽂으며 열매는 같이 나누어 먹자는 식이다. 그래도 그런 경우라면 행복하다. 대개는 이름 없이 어디선가 포기한 채 길을 잃고, 평범해질 시기도 놓친 직장인으로 옷을 갈아입는다. 이따금 등장하는 놀라운 탄생은 각자의 고통을 스스로 견딘 결과다. 그만큼 새로운 가능성이 탄생할 확률은 낮아진다. 어쩌다 운이 좋아 그런 탄생이 있었더라도 지속가능하기는 어렵다.

반대로 사회가 넉넉하게 실패를 감당해주고, 그 실패를 다시 품어내는 제도와 문화를 가질 때, 사람들은 감히 비효율적이면서도 위험한 일을 시도할 수 있게 된다. 그 속에서 새로운 기술, 새로운 개념, 새로운 사회적 상상이 자라날 수 있다.

실패에 관대한 사회, '패자부활전'이 제도화된 사회. 그것은 천재를 위한 사회가 아니라, 우리 모두를 위한 사회다. 패자부활전은 미래를 복원하는 통로이며, 다음 시대의 창의적 기준을 품을 수 있는 사회적 여유의 표현이다.

☯ 퍼스트무버의 토양, 다원주의 문화와 군소 열강

퍼스트무버나 게임체인저는 단지 뛰어난 개인의 등장만으로는 만들어지지 않는다. 복합적인 사회까지 고려하고도 원하는 대로 만들 수 있는 것도 아니다. 그렇다면 미국, 영국, 프랑스, 독일 등에서 이러한 성취가 많은 원인은 무엇일까? 이 국가들이 유난히 많은 선도자들을 배출할 수 있었던 이유는 문화적·제도적·지리적 조건이 복합적으로 작용한 결과였다.

가장 핵심적인 배경 중 하나는 다원주의 문화다. 어떤 가치가 정답인지 명확히 규정하지 않고, 서로 다른 가치와 전형성을 인정하는 분위기 속에서 사람들은 기존의 틀에 질문을 던질 수 있다. '왜 그래야만 하는가'에 대한 집단적 성찰이 가능하고, 문화적으로 충격을 허용하는 분위기에서 게임체인저가 길러진다.

물론 한국에서도 그런 인물이나 집단이 없었다고 생각하지는 않는다. 그런데 선도 강국의 경우 여러 비난을 받았음에도 그걸 뚫고 등장하는 신성이 많았다면, 한국에서는 비난을 받고 조용히 사라지는 경우가 대부분이라, 그런 존재가 있었던 것조차 모르는 것은 아닐까? 애초부터 그러한 창의성이 우리에게 없다고 하자니, 지금의 예술이나 기술력을 보면 믿기지 않는다. 불확실하지만 제법 자주 들었던 어렸을 적 에피소드에 따르자면, 한국 아이들은 이민 가서 "동양에서 날아온 수학 천재"라는 말을 들을 만큼 출중한 기량을 지녔다. 그런 창의성을 키울 수 있도록 길을 터주고 독려하는 시스템이었다면 불과 몇십 년 안에 별의별 희한하고 괴팍한 창의력이란 창의력은 다 보여주지 않았을까 싶다. 개인적으로 나이대별로 강하게 구속하는 문화, 그리고 실패를 허락하지 않는 제도의 문제라는 심증이 있다. 시기를 놓치면 영원히 되돌아올 수 없는 길을 건너야 하는 사람은 모험을 하기 어렵다. 또 모험하는 자에게 관대하지 않은 시선도 문화와 관련 있다.

그런가 하면 지리적 배치와 외부 경쟁도 결정적이다. 유럽은 인접한 군소 열강들이 서로 영향을 주고받는 구조에서 끊임없는 선도의 경쟁이 벌어졌다. 근대 프랑스와 독일은 각기 다른 철학과 교육 전통을 발달시켰고, 영국은 해양패권과 산업혁명을 계기로 전방위적 주도권을 잡았다. 그런 와중에 어느 순간 티핑포인트를 맞았고 현격히 앞선 과학 기술을 앞세워 밖으로 눈을 돌리고 나서는 전혀 새로운 상황을 맞는다. 그때부터 유럽 열강은 세계 차원의 식민지 개척 경쟁을 하면서, 기존 모델 없이 그들 스스로 표준을 세워나가야만 하는 상황을 맞았다. 지배하는 영토가 더 크고, 바다를 사이에 두고 아주 먼 곳에 있음에도 지배력을 잃지 않으려는 상황에서 제국주의자들은 나름대로 퍼스트무버의 경험을 깊이 체득했다. 그리고 무엇을 하든 스스로 표준을 세우면 된다는 주체성과 함께 문화적 맥락이 맞닿으면서 자신을 중심으로 표준을 만들며 세상을 바라보는 것에 익숙해진다.

미국도 마찬가지 아닐까? 압도적인 유럽 문명을 의식하며 시작했지만, 거대한 영토와 이민자 중심의 사회 구조에서 다민족·다문화의 다양성이 경쟁과 융합의 동력으로 작용했다. 유럽이 식민지로부터 유입되던 반강제적인 이질성을 다양성의 과제로 두고 훈련해야 했다면, 이민 국가였던 미국은 자발적으로 유입되는 문화적 가능성을 감당해야 했다. 거기에는 영국 계열의 와스프 중심의 오만함도 숨겨져 있었지만, 어쨌든 전체적으로 보면 미국의 그 누구도 서구 주류의 정통적 계승자는 아니었기에, 새로운 길을 열려는 시도가 곧 주류가 되기도 했다. 설령 그러지 못했더라도 흑인은 흑인대로 아시아인은 아시아인대로 또 라틴 민족은 라틴 그대로 자기 안의 공동체를 유지하려는 치열한 노력을 기울였다. 그러면서도 주류 사회와 교류해야 했기에 그 과정에서 생각지도 못한 다양성의 가능성이 발견된다. 각자의 집단을 지키려는 폐쇄적 맥락조차 필연적으로 다양한 조합의 확률적 잠재력을 드러낸다.

여기에 주목해야 할 것은 앞서 예시로 든 모든 나라들이 특별히 더 뛰어나서 그런 역량을 갖추게 된 것은 아니라는 점이다. 그보다는 경쟁과 다양성을 받아들이는 환경적 조건이 충족되었다는 점이 중요하다. 한국 역시 개인의 역량은 결코 뒤처지지 않는다. 미국이나 유럽이라고 해서, 아무도 도와주지 않는 냉담한 사회에서 갑자기 천재적인 결과를 내놓은 것이 아니다. 그들은 사회적 외면을 견디게 할 만한 특별한 요소가 있었고, 우리에게는 그조차 없었던 게 아닐까?

심지어 그런 열악한 상황에서도 "모난 돌이 정 맞는다"며 올라오려는 새싹을 계속 때려대기만 한 것은 아닐까? 그러고는 우리가 존경해 마지않는, 이를테면 이미 부강한 나라의 기준에 맞춰서 우리 자신을 재단한 것은 아닐까? 믿을 건 단기적인 성과밖에 없어서, 어쨌든 인정받기 위해, 우리 스스로를 견디게 할 요소, 그러니까 돈을 버는 가시적 성과에 얽매였던 건 아닐까? 그렇게 스스로를 소외시킨 것은 아닐까? 말로는 지속가능한 창의성을 갈망하면서도 어떻게 해야 할지를 몰라서 헛돌고 있었던 건 아닐까? '무한한 낭비를 통해 예상치 못한 위대한 성과를 경험하는' 사건으로부터 꾸준히 멀어지면서.

이 모든 것을 극복하려는 방법 중 가장 단순하고 직관적인 방법은 한 번이라도 진정한 퍼스트무버가 되어보는 것이다. 단, 하늘에서 뚝 떨어졌다고 해야 할 개인의 역량이 아니라, 제도적 문화적 차원에서 그런 경험을 만드는 것이 중요하다. 창의적 역량이라는 빙산의 밑바탕, 그 거대한 인프라를 어떻게 구축하느냐에 따라 우리의 미래도 달라질 것이다.

현실적으로는 선도자 그룹에 속하기 위한 실천을 이어가되, 하나쯤은 담대한 비전을 품어보는 것도 필요하다. 위대한 대한민국의 미래를 향해 연습 투구를 날리듯이.

두 번째 방향, '다양성을 위한 통일성'을 유지하라

☯ 통일성이냐, 다양성이냐 그것이 궁금하다

강대국이 되기 위해서는 통일성과 다양성 중 어느 하나를 선택해야 할까? 이는 단순한 이분법이 아니라 시대와 조건, 국가의 규모에 따라 해법이 달라지는 문제다. 그리고 우리의 미래와도 연결되는 질문이다.

로마와 몽골, 현대의 미국은 각기 다른 역사와 문명을 지녔지만 공통적으로 '다양성의 포용'이라는 전략을 통해 강대국으로 성장했다. 로마는 외국인에게도 로마에 충성할 경우 시민권을 부여했고, 고위직 진출의 기회도 열려 있었다. 칭기즈칸의 몽골도 정복 사업 시기에 충성과 능력을 조건으로 피지배 민족도 지배 계급 내로 포용했다. 점령지에 대해 잔인한 초토화 작전을 펼쳤던 것에 비하면 뜻밖의 관용으로 국가의 역량을 극대화한 것이다. 미국은 이민자와 다인종의 용광로가 되어 국가의 역동성을 창출했다. 이들의 사례는 강대국의 조건이 통일성보다는 다양성의 역량을 어떻게 다루느냐에 달려 있음을 시사한다.

이러한 다양성은 무질서가 아니다. 로마의 단계적 통합, 몽골의 충성 기반 질서, 미국의 연방주의는 모두 다양한 집단의 공존을 조율하는 방식이었다. 통일성과 다양성 중 무게 중심을 어디에 두느냐에 따라

'통일성 속의 다양성'이라 할 수도 있고, '다양성을 위한 통일성'이라 부를 수도 있다.

예를 들어, 위기의 시대에는 통일성이 우선시될 수밖에 없다. 외부의 침략, 재난, 국가 붕괴의 위기 앞에서 느슨한 다양성은 혼란을 가중시킬 수 있다. 스파르타의 펠로폰네소스 동맹이 아테네의 델로스 동맹을 이긴 사건을 돌이켜보면 생존을 위해서는 절대적으로 통일성을 강조하는 방식이 더 나은 것 같다는 생각이 든다. 또, 허허벌판에서 고속 경제성장을 해야 하는 경우를 보면 대통령제든 의원내각제든 권위주의 요소가 강할수록 실질적인 리더십 발휘에 유리했다는 상관관계가 있다. 다양성은 생존의 관점에서 단기적으로는 불협화음을 발생시키는 것처럼 보인다. 일면 타당하다. 비상시 군사작전에서 작전 체계를 일원화하는 것도 이 때문이다. 이때는 빠른 대응과 집단적 동의, 집중된 자원이 생존을 좌우한다.

그러나 문제는 위기의 통일성이 평시에도 지속될 때다. 통일성이라는 명분으로 민주주의를 압박하고 시민사회의 자율성을 침해하면, 그것은 오히려 장기적 쇠퇴의 난초가 된다. 순수한 미국식 대통령제로 선진국이 된 사례가 극소수인 점도 그렇다.[14] 강력한 권한은 위기를 돌파하는

---

14) 순수 대통령제로 선진국인 나라로는 미국과 한국이 대표적이다. OECD 기준으로 보면 칠레와 멕시코를 검토할 수 있으나, 완전히 포함하기보다는 광의의 범주에서 생각해볼 수 있다. 또한, 대만은 대통령제로 성공한 드문 사례로 볼 수 있지만, 역시 광의의 범위에 놓는다. 우선 외교적 한계로 인해 선진국이란 공인이 없었고, 본질적으로는 프랑스식 준대통령제보다는 대통령제에 가까운 혼합형 이원집정부제로 볼 수도 있기 때문이다. 아르헨티나의 경우에는 19세기 말부터 1940년대까지 선진국이라 할 수 있었지만, 대통령제로 성공했다기보다는 자원을 통한 민간 자생적 발전으로 성장하다가, 오히려 대통령제라서 발전에 방해받은 측면이 있고 결국에는 선진국 자리에서도 내려오게 된다. 결론적으로 개도국에서 선진국으로 진입한 대통령제 국가로는 공식적으로 한국이 유일하다 해도 무방하다.

데는 적절했지만, 그 뒤로는 그 때문에 부패와 권위주의의 늪에 빠지기도 쉬운 것이다. 이럴 때는 '다양성을 위한 통일성'을 강조하며 다양성이 해로운 무질서가 되지 않는 선에서 통일성에 무게를 둘 뿐이다. 문화 영역도 마찬가지다. 다양한 관점과 가치, 사고의 충돌은 창조의 원천이지만, 이것이 분리되거나 고립되면 사회는 소통을 잃고 파편화된다. 통일성은 이러한 충돌을 억압하는 것이 아니라, 조화롭게 이끄는 지휘자의 역할을 해야 한다. 다양성은 허용되어야 하되, 조율되어야 한다.

다문화주의는 이러한 균형의 척도이다. 단순히 이민을 받아들이는 것만으로는 공동체를 유지할 수 없다. 언어, 종교, 관습의 차이는 때로 갈등의 씨앗이 되기도 한다. 따라서 다문화 사회가 되기 위해서는 생존이나 노동력 확보라는 경제적 목적만이 아니라, 공동체적 비전과 공공선을 공유할 수 있도록 제도와 문화를 설계해야 한다. 예를 들어 미국에서는 애국심을 내세우며 자유를 수호하는 위대한 나라를 함께 지키자고 강조한다. 그러한 비전 아래 다양한 인종과 문화를 자발적인 방식으로 조화로운 질서 아래 놓이도록 꾀한다. 이처럼 통합을 강제하지 않으면서도, 방향성을 가진 다양성이 유지될 수 있어야 한다.

앞서 말했듯이 우리에게는 두 가지 선택지가 있다. 강소국으로서의 단일성과 정교한 전략으로 질 높은 다양성을 추구할 수도 있고, 다문화 이민국으로 가는 결단을 통해 개방적 다양성을 제도화할 수도 있다. 하나는 통일성을 기반으로 다양성을 설계해야 하고, 다른 하나는 다양성 속에서 통일성의 원리를 유지해야 한다. 두 선택은 상호 대립적이기보다, 오히려 어떤 방식으로든 '다양성을 위한 통일성'이라는 공통의 원리로 수렴될 필요가 있다.

즉 우리는 "통일성 속의 다양성"이 아니라 "다양성을 위한 통일성"을 지향해야 한다. 비상시에는 통일성이 강조되어야 하지만, 대부분의 일상에서는 다양성이 강조되어야 한다. 그것이 민주주의를 지키는 길이며, 미래의 국가 역량을 지속가능하게 만드는 조건이다. 조율은 경직된 억압이 아니라 온화한 감각이어야 하며, 지휘봉은 통제를 위한 것이 아니라 화음을 위한 것이어야 한다. 지속가능한 번영은 강제된 질서가 아니라 조율된 다양성에서 온다.

☯ 통일성의 집단 자부심, 이민 국가의 경우

다문화 시대에 진입한 지금, 한국은 더 이상 단일민족 중심의 순혈주의 국가로 머무를 수는 없다. 노동력 부족과 산업 구조 변화 속에서 이민은 불가피한 선택이 되었다. 그렇다면 여기서 이민 국가로 나아간다고 가정해 보자.

이때 중요한 질문은 예전과는 달리 국가 구성원이 복합적으로 될 때 어떠한 모습으로 국민 정체성을 만들어 통합할 것인가이다. 이민자들이 한국을 선택할 때 기대하는 것은 단순한 경제적 기회뿐만이 아니다. 그들은 한국 사회가 지닌 정신, 즉 우리가 어떤 공동체가 되기를 원하는지를 주목한다. 그것이 자기 아이들이 살아갈 새 나라의 미래이기 때문이다.

그리고 그들이 보는 대한민국은 K-팝의 나라이기도 하지만, 동시에 고속 성장으로 잘살게 된 불굴의 의지를 지닌 나라다. 그러면서 민주주의를 일궈내어 선진국이 된 나라라는 스토리를 볼 것이다. 특히 공정한 민주주의를 통해 구성원 모두가 진정한 자유를 보장받는 나라를 꿈꿀 것이다.

♂ 선도국으로서의 자부심, 그리고 책임

한국은 경제적 성공뿐 아니라, 민주주의를 시민의 힘으로 이뤄낸 경험을 가진 나라다. 이는 우리의 역사적 자산이다. 이제 이민자를 받아들이는 시대에 접어든 우리는 이러한 무형 자산을 국가 정체성의 핵심으로 삼아야 한다.

이는 이민자들이 자발적으로 대한민국 국민으로 동화되고 싶어할 만큼 경쟁력 있는 가치라고 생각한다. 그렇게 적절한 정체성과 자부심을 공유할 수 있을 때, 모두가 대한민국 시민으로서의 소속감을 가질 수 있다. 서로가 다른 뿌리를 가져도 합의하는 공통의 비전이 있기 때문이다.

① 기본에 충실하라: 온고지신이라는 공통의 비전

온고지신(溫故知新). 오래된 것을 지키고 새로움을 더하라는 말은, 오늘날 이민 국가로 발전하려는 사회에 더욱 절실한 조언이다. 이민이 늘어나는 시대, 오히려 흔들리지 않는 한국만의 정체성과 뿌리를 다시금 점검하고 지킬 것은 더 확고히 지켜야 한다. 이민 문화가 대세가 되었다고 해서 중심 없이 이리저리 휩쓸려서는 안 된다.

즉 우리가 이미 일군 것을 버리고 새로워질 필요는 없다. 우리나라를 선택할 때는 우리가 걸어온 과정과 성과에 더 주목하는 것이다. 그러니 그것을 토대로 할 때 괜찮은 미래를 기대할 수 있다. 우리에게는 한강의 기적이라는 성공 스토리가 내재되어 있고, 민주주의를 일궈낸 열정의 서사가 있다. 모두가 놀라워하고 후발 주자들이 부러워하는 지점이다. 이민을 선택한 사람들에게도 이러한 이야기가 보일 것이다. 그 외에도, 기본에 충실하며 이미 이룬 것을 존중하면서 점진적으로 나아가야 한다. 점진적으로 그 안에 새로운 구성원과 함께 이룰 이야기를 써내려갈 준비를 하자. 국가란 상품이 아니며, 시제품으로 실험할 수 있는 것도 아니다. 일단 우리가 가진 것을 지키며, 그 위에서 점검하고 수용해야 한다.

② 모든 민족에게 동등한 기회를: 공정한 시스템

이제 그들을 참여시키는 단계다. 이민자들이 이곳을 기회의 땅이라 여기며 정착하려면, 그 사회는 무엇보다 공정한 경쟁 시스템을 갖추고 있어야 한다. 혈통·출신·인종·언어·종교 등의 이유로 불합리한 차별을 경험하는 순간, 그 사회는 더 이상 미래를 함께할 국가로 남을 수 없다. 일단 여기시부터 새로운 이민 국가의 정체성이 본격적으로 시작된다. 지금은 아직 우리의 일원으로 충분히 깊이 받아들이지 않고 다문화사회가 형성되고 있는 것이라면, 국가의 방향을 이민 국가로 정하는 단계가 온다면, 대한민국에 속하고자 하는 모두를 진정한 참여자로 받아들이려는 데에 치열해야 할 것이다. 그들의 권리를 인정하지 않으면서 국민이라 부르며 책임을 요구하는 것은 이율배반적이다.

모두가 살기에 안전한 나라, 공정한 기회, 그리고 사회적 상향 이동의 폭넓은 가능성.

이것이 가능해야 더 많은 이민자들이 '여기서 아이를 낳고 키우겠다'는 결정을 내릴 수 있다. 그리고 이 신뢰는 국민 모두에게도 유효하다. 우리 국민 모두가 동등하게 대우받는 시스템이 작동할 때, 그 안에 자연스럽게 이민자도 포함된다.

♂ 세계 시민주의로 나아가기 위한 조건

이민이 단순히 노동력 수입에 그친다면, 사회적 갈등은 불가피하다. 문화의 충돌, 종교적 대립, 언어 장벽, 공동체 의식의 결핍은 증오와 혐오로 이어질 수 있다. 따라서 우리는 국경을 여는 경제적 개방을 넘어서, 문화적이고 정치적인 공감대를 형성하는 세계 시민 공동체로 나아가야 한다.

이것은 단지 고상한 이상이 아니라, 이민 시대의 생존 전략이다. 경제 공동체, 문화 공동체, 정치 공동체로서 선도적 위상을 확립하고 세계의 존경을 받는 리더가 된다면, 그 안에 속하는 새로운 구성원들 역시 자신의 정체성을 건강하게 정립할 수 있을 것이다. 윤리적 리더십을 갖춘 진정한 강대국으로서의 모범을 보일 때, 세계 각지의 다민족 인재들은 한국 사회에 뿌리내리길 희망하는 마음을 갖게 될 것이다. 이는 유럽의 전통적 강대국들이 세계 시민주의에 기반한 박애와 관용의 정신으로 글로벌 표준을 형성해 온 흐름과도 결을 같이한다.

☯ 통일성의 집단 자부심, 강소국의 경우

이제 한국이 단일민족의 강소국이 되는 길을 선택했을 때를 가정해 보자. 이런 경우 우리는 이미 폐쇄적인 민족적 경향을 충분히 알고 있다. 물론 그 덕분에 단결력도 강했다. 그것이 우리의 20세기 산업화 때 장점으로 작용했다고 본다. 그렇게 한강의 기적을 넘어 민주주의를 일구고 중진국의 함정을 넘은 소수의 국가로 선진국 그룹에 낀 경험도 공유할 수 있다. 애국심으로 잠재력을 극대화하여, 금 모으기 운동 등으로 세계를 놀라게 한 경험도 있다. 원조를 받는 나라에서 원조를 주는 나라가 되었다는 사실도 감개무량하다. 그리고 최근에 들어서는 각종 '국뽕'에 취할 만큼 흐뭇한 일들이 늘고 있다. 다만 '국뽕'은 휘발성이 강한 가벼운 한담거리가 될 수 있다.

그렇다면 진정으로 내실 있는 강소국의 길을 걷기 위해서는 어떻게 해야 할까? 어떤 식으로 우리의 정체성을 가다듬어서 선도국 대한민국 국민의 모습을 그려내야 할까?

강소국일수록 국민의 응집력이 곧 국가의 힘이며, 그 힘은 시민이 주도하고, 성과를 함께 나누며, 자부심을 공유할 때 비로소 현실이 된다. 스위스가 강대국 틈바구니에서 안보를 굳건히 지킬 수 있는 것도 지독한 결집력 때문인 것을 기억하자. 기본적으로 다양성보다 통일성이 부각될 수밖에 없는 구성이다. 다중적 단일주의가 획일적으로 흐르지 않으면서 긍정적인 면을 유지하는 것에 초점을 맞추어야 할 것이다. 통일성이란 기계적 획일성이 아니라, 서로 다른 삶을 사는 이들이 "우리는 같은 미래를 꿈꾼다"고 말할 수 있는 힘이다.

♂ 주인의식과 집단 자부심: 강소국의 핵심 자산

강소국의 힘은 물리적 크기나 자원의 풍요가 아니라, 국민 개개인의 주인의식에서 나온다. 이 주인의식은 단지 국가에 대한 애정이나 충성심이 아니라, "이 나라는 내가 함께 만들어가는 곳"이라는 자각에서 비롯된다. 그때 시민은 의사결정에 참여하고 책임지는 주체로 자리 잡는다. 시민이 능동적으로 움직일 때 국가는 방향을 얻고, 그들의 상상력과 도전이 쌓일 때 비로소 강한 나라가 만들어진다.

강소국 전략에서 가장 중요한 것은 이처럼 주인의식을 기반으로 한 집단적 자부심, 그리고 자신이 기준이 되고 표준을 세울 수 있다는 자존감이다. 먼 과거의 위업에 기대는 자존심이 아니라, 지금 여기서 만들어가는 미래에 대한 자존감이다. 이는 강소국 국민에게 요구되는 태도다. 현재의 역량으로도 충분히 세계 속에 목소리를 낼 수 있다는 확신, 그것이 강소국의 경쟁력이다.

이런 자신감이 있을 때, 관용도 가능해진다. 가진 게 많고 주도하는 자는 베푸는 여유를 가지며, 타인의 다름을 포용할 힘을 갖는다. 부자가 야박하다면 숨겨진 콤플렉스가 있는 것이다. 그런 존재는 천박한 근거로 자존심을 붙들고 모두에게 존경을 강요하는 존재로밖에 남지 못한다. 그러면 존경받는 리더로 인정받기는 어렵다.

♂ 기술과 장인정신, 그리고 혁신을 향한 신념

강소국이 강해지기 위해 필요한 것은 탁월한 경제성장뿐 아니라 기술에 대한 존중과 장인정신, 그리고 혁신을 향한 신념이다. 우리가 자부심을 느끼는 순간은 그것이 세계무대에서 빛을 발할 때뿐 아니라, 그 성공이 장인정신을 토대로 세워졌음을 인식할 때다.

이러한 자부심은 방향성 없는 열정이 아니라 냉철한 백년지대계를 실현할 수 있다는 근거에서 비롯되어야 한다. 이는 압도적인 경쟁 우위를 실현하기 위해 기여자 모두에게 존경을 표하는 문화와 관련된 것으로, 강소국을 살리는 첫 번째 단추다. 국가는 기술인을 예우하고, 실패한 도전을 자산으로 받아들일 수 있어야 한다. 그렇게 조성된 환경에서 사람들은 다시 도전하며, 주도적인 주인의식으로 미래를 설계한다. 그럴 때 비로소 강소국은 강소국다워진다.

♂ 정의가 작동하는 공정한 시스템: '나는 올바른 민주 국가의 국민이다'

사람들은 함께 어려움을 겪을 때는 비교적 잘 견딘다. 인내와 연대의식이 작동하기 때문이다. 그러나 불공정하다고 느끼는 순간, 그 인내는 무너지기 시작한다. 사람들은 객관적인 분배의 양만큼이나 그 과정이 얼마나 공정하게 느껴지는가에도 민감하다. 특정인만 특혜를 받는 등 불공정하다는 인식이 생기면 자신에게 주어진 혜택조차 스스로 포기하려는 순간도 생긴다. 정의롭지 않다는 감정이 행동을 지배하기 때문이다. 당장은 몰라도 크게 보면 결국 자신에게도 해롭게 된다는 본능이 발동하는 것 아닐까.

이런 문제는 이민 국가로 나아가려 할 때 특히 조심해야 하지만, 강소국의 길을 택하더라도 마찬가지다. 어디든 구조적 모순은 있기 마련이고 그 누구도 자신이 부당한 이유로 불이익을 받는 공동체에

애착을 느끼기는 어려울 것이다.

오늘날 우리가 정책 설계나 제도 운용에서 이 원리를 간과한다면 국부 유출과 인재 이탈은 반복될 수 있다. 공정성은 사회 통합과 성장의 실질적 기반이다.

☯ 다양성의 가능성을 공동체의 이익으로 환원하라

세상은 점점 더 다양해지고 있다. 각자가 속한 사회의 작은 공동체는 셀 수 없이 많으며 저마다 각자의 이해관계에 따라 다른 집단과 교류하거나 충돌하게 된다. 그럼에도 국가 공동체의 일원이라는 감각이 있어야 하며, 서로 다른 삶의 궤적이 어디선가 교차하며 조응한다는 믿음이 있어야 사회는 지속가능하다.

진정한 다양성은 무한한 분화가 아니라, '교차 가능성을 내포한' 다양성이다. 그래서 오늘날 우리에게 필요한 것은 단순한 공존을 넘어선 교집합의 감각이다. 다르게 살아가면서도 그 다름이 공동체에 기여하는 방식으로 이어질 때, 사회는 응집력을 갖는다. 농촌에서 농사를 짓는 이도, 도시에서 기술을 개발하는 이도, 예술로 세상을 흔드는 이도 모두 제각기 다른 길을 가지만, 그 길에서 저마다 사회를 단단하게 만든다는 확신이 있다면, 그것은 곧 국력으로 전환된다. 씨줄 날줄로 각양각색의 실로 엮인 세상은 다채롭고 풍성해진다. 그러지 않으면 단순한 실뭉치로 지저분하게 엉킬 뿐이다. 물론 다양성 그 자체는 분명 좋은 미덕이고 모든 사람이 각자의 방식으로 행복해야 하기에, 원칙적으로 개개의 다양성은 존중되어야 한다. 하지만 때로는 폭력을 숭상하는 가치를 다양성이라는 이름을 수용해줄 수 없듯이, 국가는 다양성의 가능성을 체계화하고, 때로는 조정하거나 배제하기도 한다.

다양성의 가능성만 말하고 실천이나 열매가 없다면 개인 차원에서는 상관없지만, 국가 주도로 이뤄지는 지원에서는 동력을 잃게 된다. 그래서 다양성이 발현되는 국가의 발전에는 오랜 인내가 필요함과 동시에, 그 인내가 지속되기 위해선 긍정적인 중간 결과가 반드시 필요하다. 국민은 완성된 성과가 아니라도 "아직 힘들지만 뭔가 되고 있다"는 감각을 체감해야 한다. 이 작은 진전이 희망의 불씨가 된다. 사람들은 완성된 결과보다, 그 결과를 향해 나아가고 있다는 신호에 더 크게 반응한다.

그래서 경제 정책을 추진할 때는 다양성을 존중하면서도 실용적 경쟁력을 확보해야 한다. 실험적인 예술만큼이나 실용적인 대중문화도 필요하듯이, 무한한 다양성에서 실제로 국가의 동력이 되는 실용적인 다양성의 사례들이 중간성과처럼 드러나야 한다. 단기적 성과와 중장기적 비전이 교차하는 지점에 대한 감각이다. 그 지점에서 '다양성을 위한 통일성'의 기조는 곧 국가 역량으로 전환되며, 오늘날 우리가 절실히 필요로 하는 감각이 된다.

세 번째 방향, 각자의 분야에서 최선의 규칙을 주도하라

다양하되 탁월하라

다양성이 미덕이라는 말은 이제 상식이 되었다. 삶의 방식도, 진로의 선택도, 사회를 향한 참여의 방식도 각기 다르며, 그러한 다름이 모여 사회의 창의성과 유연성을 만든다는 데에는 이견이 없다. 하지만 국가 경쟁력의 관점에서 다양성이 그 자체로 충분한가라는 질문은 여전히 남는다. 낮은 수준의 기술력으로 이루어진 창의성이라면, 아이디어만 신선할 뿐 실제로 경쟁 우위를 선도하는 데에는 한계가 있기 때문이다.

이때 다양성은 두 가지 방식으로 의미가 있게 된다. 우선 우리가 우리 자신으로 행복할 권리가 있다는 것을 실현하는 가치라는 점에서 그렇다. 그런 경우는 아무리 조악해도 괜찮다. 누군가의 행복을 국가 경쟁력의 관점에서 살피며 경쟁 우위나 최고의 기술력으로 따질 수 없기 때문이다. 반면, 국가 산업의 경쟁이라는 영역으로 들어서면 부득이하게 필연적으로 수많은 다양성 후보 중에서 연마되어 경쟁 우위를 확보하는 다양성을 찾게 되고, 그것의 기술력을 극대화하여 국제무대에서 경쟁하고 선도적 위상을 성취하는 데까지 이르는 것을 염두에 두게 된다. 그것이 곧 국력과 직결되며, 선순환을 이루어 우리의 다양성과 행복을 지키는 밑거름이 된다. 그래서 수평적인 가치는 때때로 현실에서는 조건부 수직적 가치로 변환되어, 장인정신의 정예화를 요구받는다.

사회는 끊임없이 선택을 강요하며, 시장에서의 상용화 가능성을 요구하기 때문이다. 모든 다양성이 동일하게 존중받는 건 바람직하지만, 모두가 똑같이 시장에서 살아남을 수 있는 건 아니다. 결국 우리는, 이 다양성의 아카이브에서 어떤 가능성이 국익으로 전환될 수 있을지 검토하고, 실질적인 실용성과 지속가능성으로 이어지는 길을 찾아야 한다.

바로 그 지점에서 탁월성이라는 개념이 중요해진다. 다양성은 가능성의 출발점이지만, 그것이 사회적·산업적 실현으로 이어지려면 압도적인 완성도와 깊이를 지닌 결과물이 나와야 한다. 씨줄 날줄로 엮이는 다양성의 교차점에서 모두가 합의하는 통일성의 객관적 가치라고 해야 할까. 누구나 합의하고 특정 덕목을 연마하여 경쟁하고, 평가를 통해 때로는 서열화하는 순간을 의미한다.

이는 경쟁에서 이기기 위한 맹목적 목적으로 진행되는 게 아니다. 어떤 분야에서든 진정한 정통성과 밀도를 축적한 끝에 도달하는 고품질의 산물로서 사회 전체가 신뢰할 수 있는 표준을 만든다는 의미다. 성경을 인용하자면, 이웃을 내 몸처럼 사랑하는 수평적 가치로 다양성을 발현해야 한다면, 여호와 하나님을 진리의 주체로 받아들이며 수직적 가치로 최고의 경지도 함께 상정해야 한다는 의미다. 그때 다양성은 통일적 안목 아래 탁월성의 기준을 합의할 수 있다. 그리고 다시 더 많은 다양성에 재영향을 끼친다. 그것은 사회 전체가 다양한 가능성에 투자할 명분이자 실익이 된다.

물론 다양성의 존중 없이 오직 효율성과 성과만으로 모든 것을 판단한다면, 창의성의 뿌리는 마르기 쉽다. 국익이나 상업성이라는 이름 아래 당장 쓰이지 않는 것들이 폐기된다면, 우리는 미래의 핵심 자원을 잃을 수도 있다. 하지만 반대로, 실현되지 못한 가능성만을 끝없이 떠받드는 사회도 공허하다. 낮은 수준의 다양성 자체가 나쁘지는 않지만, 수준 하락에 따른 저급한 문화가 팽배하다 보면 사회 전체가 정신적으로 침체할 수 있다. 또 극우 논리 등 비윤리적인 취향을 합리화하는 괴이한 존재들이 활개치고, 그 과도함이 수용 한도를 넘는 바람에 사회 전체가 병들면서 위기에 처하기도 한다. 지나치게 관념적이거나 극단적인 다양성 예찬은 결국 현실 감각을 잃고 정책과 산업, 사회적 합의에서 힘을 잃는다.

그래서 균형 감각이 필요하다. 다양성은 존재해야 하되, 종종 실용성과 균형을 맞출 수 있어야 하고, 문화적으로는 '보편적으로 검증되어 신뢰받을 수 있고, 선진적이며 인문적 가치'를 잘 반영하는 올바른 민주주의의 관점에서 교감 가능한 것이어야 한다. 그 안에서 일부는 독보적인 성과로서 사회에 각인될 수도 있다. 모두가 합의할 만큼 객관적인 성과로.

그때 탁월성은 하나의 작은 결과물로 드러난다. 단지 성과로만 환원되지 않는, 어떤 아름다움, 기술, 메시지, 감동 같은 것 말이다. 그 자체로 모두의 시선을 끌고 방향을 제시하는 결정체. 그리고 그 결정체는 우연히 생기지 않는다. 보이지 않는 하단, 거대한 준비와 다양한 가능성의 기반이 수면 아래 존재하기에 가능한 일이다. 마치 눈에 보이는 빙산의 꼭대기를 떠받치는 해저의 거대한 하부처럼 말이다.

그것이 아직은 많다고 할 수 없을 우리의 경우, 그러니까 지금의 단계에서 K-이니셔티브는 다양성의 아카이브 속에서 무엇을 선택하고, 어디에 투자하며, 어떤 가능성을 사회적 기억으로 남길 것인가를 함께 고민하는 과정에서 드러날 것이다. 또, 대체로 산업적 성과와 지표로 성패를 판가름하는 방식을 취하게 될 것이다. 이런 과정에서 탁월성은 더욱더 중요한 가치일 수밖에 없다.

다양성은 출발점이고, 탁월성은 도착점이며, 그 사이를 연결하는 것이 바로 실용성과 지속가능성이다. 이 균형 감각을 유지하는 사회야말로, 다양성과 국익을 함께 품을 수 있다. 지금 우리가 고민해야 할 것은 그 빙산을 어떻게 띄울 것인가이다.

☯ 왜 최고가 아닌 최선인가?

우리는 '최고'가 되어야 한다는 강박에 시달린다. 세계를 선도해야 하고, 퍼스트무버가 되어야 하며, 게임체인저로서 판을 바꿔야 한다는 외침은 너무나도 자주 들려온다. 하지만 정작 그런 구호 아래에서 좌절하거나 번아웃되는 경우도 많다. 이유는 간단하다. 최고는 노력으로만 되는 것이 아니기 때문이다. 최고는 희소하고, 비정규적이며, 때로는 운의 영역이다.

반면, 최선을 다하는 것은 누구나 할 수 있다. 그것은 결과가 아니라 과정에 관한 표현이다. 현실을 외면하지 않으면서도 방향성을 놓치지 않고, 좌절 속에서도 꾸준히 나아가는 힘. 작은 성과를 차곡차곡 쌓아가는 과정에서, 가끔은 운 좋게 최고의 경지에 도달하는 순간도 생긴다. 그것은 계획된 결과라기보다 성실한 축적이 만들어낸 예외적인 보너스에 가깝다.

우리에게는 막연하게 '세계 최고가 되어라', '새 판을 짜라'는 요구보다, 눈에 보이는 목표를 현실적으로 그리고 성실하게 추구할 최선의 환경이 더 절실하다. 우리가 사는 한국은 애초에 세계를 선도해본 경험도 적고, 천재를 길러낼 수 있을 만큼 자유롭고 여유로운 사회라고 보기도 어렵다. 반드시 수용 제한이 있는 자리를 향한 가열된 정진으로 스트레스가 가득한 사회다.

다양성이 허약한 사회에서 최고가 되려는 것은 특별히 더 어렵다. 극소의 배분만이 허락되니, 대다수는 좌절하게 된다. 탁월성이라는 개념을 최고가 되려는 노력의 결과로 보기보다는, 방향성을 잃지 않고 최선을 다하는 과정의 종합으로 여기는 편이 정신건강에도 좋고, 오히려 긴 시간을 견디게 해주는 해법이다.

현실적으로 최고가 되기란 매우 어렵다. 우리 사회가 이러한 희소한 성공에만 모든 자원을 집중한다면, 그렇게 경직된 상황에 이른다면, 엘리트주의의 선별과 집중처럼 성과를 낼 가능성이 있는 소수에게만 집중하게 된다. 그러면 그 외의 수많은 가능성이 되레 구조적으로 소외된다. 또 단기간에 성과를 내지 못하면 지치고 만다. 최고를 향한 방향성 자체를 배제할 필요는 없지만, 매몰되면 안 되는 것이다.

처음부터 최고만을 바라게 되면, 기존의 관점에서 최고로 분류되는 창의성, 즉 당대에는 최고인 줄 알았으나 나중에 보면 시대적 한계에 붙들린 창의성을 최고라 오판하고, 거기에 과다하게 힘을 쏟는 상황도 벌어질 수 있다. 최고의 기량을 갖추는 것 자체도 소수만이 가능한데, 방향이 정확한지까지 고려한다면 그만큼 운의 비중이 더 커진다. 그보다는 폭넓게, 약간 눈을 낮추고 현실적인 기본기에 힘을 쏟는 편이 오히려 돌출적 창의성의 출현 확률은 높이는 선택이다.

이것이야말로 우리가 추구해야 할 최선의 가치다. 그 최선은 무수한 시도와 실패 속에서 축적된 상상력의 결과물이며, 그 사회가 마이너리티의 실험을 품을 수 있을 만큼 근육질이라는 증거다. 우연히 퍼스트무버가 되면 좋은 것이고, 게임체인저가 되어도 또 좋은 것이다.

놀 수도 있고 낭비할 수도 있으며, 여유 있는 가운데 최고를 향한 강박 없이 최선을 다하는 것. 그래도 탁월성을 위해 게을러지거나 느슨해지는 방심을 뒤로 물리고, 재미있어서 하다 보니 반복하게 되고, 그러다 보니 잘하게 되고, 잘하게 되니 즐거워져서 이것저것 더 깊이 시도하게 된다. 또, 그러다 보니 너무 좋아져서 이왕 잘하는 거 압도적으로 잘하려고 최선을 다하는 상황을 떠올리게 된다.

무엇보다 최고가 된다거나 천재가 된다거나 퍼스트무버나 게임체인저가 된다는 건 좀 막연하지만, 최선을 다하는 건 당장에라도 실천할 수 있다.

"나는 최고가 되었는가? 나는 천재가 되었는가? 나는 퍼스트무버가 되었는가?"

이런 질문보다 "나는 오늘 최선을 다했는가?"라는 질문이 매일 일어날 수 있는 소박하면서도 분명한 사건이기 때문이다. 갑자기 1%의 번뜩이는 영감을 찾아내려고 하면 영감은 오지 않지만, 우리는 그때도 99%를 채우는 최선은 다할 수 있다. 그러다 운 좋게 영감님이 오시면 100%가 마침내 채워지고, 누군가는 이런 순간을 특이점이라고 부른다.

☯ 노력하는 모든 종사자를 예우하라

그렇기에 우리는 기본에 충실한 사람들을 예우하는 사회를 만들어야 한다. 땀 흘리는 모든 직업에 합당한 존중이 따르고, 각자의 위치에서 최선을 다하는 사람들이 억울하지 않은 구조를 갖추는 것. 그것이 곧 실력을 존중하는 사회이며, 정체성 있는 국가의 토대다.

우리는 이미 경험을 통해 안다. 거대한 진보는 수많은 작은 존재들의 기여에서 비롯된다는 것을. 정교한 시계처럼, 보이지 않는 톱니가 멈추면 전체가 멈춘다. 경제, 문화, 기술, 교육… 모든 분야에서 눈부신 결과를 만든 사람들 뒤에는, 묵묵히 기본을 다져온 손길들이 있었다.

"각자의 위치에서 기본에 충실하라"는 접근은 사회의 근간을 떠받치는 실천적 태도이며, 우리 모두가 함께 살아가는 세계에서 신뢰를 형성하는 방식이다. 우리는 종종 눈부신 성과와 혁신, 선도자의 이미지에 매혹되지만, 그 모든 변화는 언제나 보이지 않는 바닥의 누군가가 기본을 다져놓았기 때문에 가능했다.

기초는 언제나 조용히 만들어진다. 천재가 반짝 빛나는 순간보다,

그 이전에 해당 분야의 규칙을 체계화하고, 기본기를 다지며, 성과를 축적하는 수많은 이들이 존재한다. 이들이 없었다면 퍼스트무버를 제외한 어떤 천재도 등장할 수 없었을 것이다. 심지어 이미 언급했듯이 진정한 의미로 첫 번째를 뜻하는 퍼스트무버는 매우 드물기에 그들조차 유의미한 인프라와 연계된 채 탄생할 가능성이 높다. 즉, 천재를 기다리는 사전 단계가 없이는 어떤 도약도 가능하지 않았을 것이다. 무엇보다도 견고한 성과의 기준 자체가 사라져 천재를 천재라고 알아볼 수도 없었을 것이다. 그 기존의 기준을 훌쩍 뛰어넘든, 그것에서 멀찌감치 떨어져 듣도 보도 못한 기준을 세우든, 비교 가능한 기준 자체가 존재하지 않았다면 천재가 천재인지도 모르게 된다. 그렇게 게으른 사회에서는 천재가 방치되어 세월의 흐름에 휩쓸리다 결국 녹슬게 된다. 최선의 역량으로 함부로 천재가 나올 수도 없게 노력함으로써, 비로소 그걸 능가하여 방향을 가리키는 존재의 경이로움을 올바르게 평가할 수 있는 것이다. 그래서 '최고'를 기다리는 '최선'은 역설적으로 위대하다.

그리고 언급했듯이 그러한 역사적인 사건은 저절로 일어나는 것이 아니다. 자주 일어나지도 않는다. 그래서 대개의 시간은 견디는 사람들의 순간으로 채워진다. 기초를 닦는 빙하 아래의 사람들, 장인정신으로 영역을 쌓아가는 이들, 최고는 아닐지라도 언제나 최선을 다하는 종사자들이 있다. 그들의 노력이 누적되어 어느 날 임계점을 넘을 때, 마치 다중우주가 충돌하며 새로운 우주가 탄생하듯 변화의 사건이 일어난다.

20세기 대중음악이 미국과 영국에서 빅뱅 하듯 장르가 폭발적으로 분화된 것도, 각 장르별 커뮤니티가 자기만의 어법과 규칙을 성실히 축적해왔기 때문이다. BTS만 잘한 것이 아니라 수많은 보이그룹과

걸그룹이 있고 기획사의 연습생 시스템이 있었다. 비틀즈와 롤링스톤즈로만 기억할 수 있을 브리티시 인베이전도 마찬가지로, 그전부터 다양한 비트 그룹과 블루스록 밴드들이 영국의 언더그라운드를 채우고 있었다. 오직 대표 주자만을 기억하는 습관이 있지만, 실은 엄청난 숫자의 존재들이 인프라를 받치고 있었다.

그래서 중요한 것은 기본에 충실한 사람들을 예우하는 시스템이다. 실력을 존중하는 사회란 추상적이지 않다. 산업적인 맥락에서 피부로 와닿는 보상 체계가 필요하다. 자신의 분야에서 끝까지 정진한 이들이 먹고 살 수 있는 사회, 명예뿐 아니라 안정된 삶을 누릴 수 있는 사회가 되어야 한다. 묵묵히 자신이 할 수 있는 최선을 다하는 사람들에게 충분한 존중과 안전망을 제공하는 것. 그것이야말로 국가의 품격이며, 장기적으로 창의성과 다양성이 생존할 기반이 된다.

그렇지 않으면 운이 좋아 세상의 벽을 뚫고 나온 소수의 성공 신화에 자족하게 될 것이고, 결국 K-이니셔티브도 한때의 전설로 그칠 수 있다. 거대한 성과에만 도취되어 체계적인 지원이 없거나 본질적인 교육을 도외시한다면, 추억으로만 남은 채 쇠락의 길을 걷게 될 것이다.

방향을 잃지 않는다는 것, 어디로 가고 있으며 어디에 이르고 싶은지를 알고 있다는 것은 중요하다. 결국 그 방향으로부터 불어오는 바람에 응답하기 위해서라도, 지금 우리의 바탕을 형성하고 빙하의 하부를 받치는 각 분야의 종사자들을 예우해야 한다. 진정으로 세계적인 선도국이 되고자 한다면, 눈에 띄지 않는 곳에서 오늘도 기초를 쌓고 있는 이들에게 먼저 답해야 한다.

맺음말

위대한 역사를 지닌 대한민국의 미래를 위한 건배

우리의 역사엔 500년에서 1천 년 동안 존속했던 왕국들이 있다. 그렇게 우리 민족은 오래도록 견고하게 공동체의 질서를 유지해온 경험이 있다. 하지만 그런 시간의 무게는 때로는 자기 안에 갇히는 고립의 효과로 드러나기도 했다. 세계가 빠르게 변하고 재편되는 지금, 우리는 그 시간을 다시 성찰해야 할 시점에 와 있다.

그렇다. 21세기의 대한민국은 기로에 서 있다. 강소국과 다문화국가 사이, 대한민국이 선택할 미래의 길이 대표적인 갈림길일 것이다. 어느 쪽이든 잘 정비한다면, 새로운 국가 정체성은 대한민국을 지금보다 더 나은 길로 이끌 것이다. 이제 우리는 어떤 국가로 살아남을 것인가를 선택해야 할 시점에 와 있다. 대한민국은 단일민족의 신화를 넘어선 다문화적 경험을 이미 시작했고, 동시에 아직은 강소국의 가능성도 일정 부분 보이며 몇몇의 기술적 초격차를 보유한 국가다.

그렇다면 대한민국의 미래로 고려할 만한 정체성 중 하나인 강소국의 길은 어떨까? 강소국은 작지만 고유한 존재감을 가진 나라로, 쉽게 무너지지 않고 어디에서도 가볍게 무시당하지 않는다. 타인의 모델을 베끼지 않고 자신만의 길을 구축하는 나라다. 규모는 작지만, 내부 통합과 고유한 질서, 높은 기술력과 교육 수준, 뚜렷한 국가 철학을 바탕으로 존재감을 발휘한다. 이를 위해 강소국의 국민은 배우되 머물지 않고, 기준을 따르되 스스로 기준이 되어야 한다. 세계의 표준을 익히되, 때로는 그 기준 위에 자기만의 특성을 새겨 넣는 용기가 필요하다. 핀란드, 룩셈부르크, 스위스, 덴마크, 네덜란드, 노르웨이 같은 국가들이 이 모델의 전형이다.

강소국은 사회적 일관성과 정체성 유지, 전략적 유연성을 중시한다. 고도로 정제된 사회를 통해, '복잡한 세계에서 결코 무시할 수 없는 나라'로 자리매김하는 전략이다. 현재 인구가 지속적으로 감소하는 상황에서, 단기간에 인구를 회복하기 어려운 공백기가 현실적으로 존재하며, 이는 심각한 경제적 문제로 이어질 수 있다. 결국 적은 인구의 국민이 고부가가치의 산업을 일궈야 하고, 이를 위해 첨단의 기술을 확보하는 국가적 접근이 필요하다. 이러한 길을 선택한다면 강소국은 내부 통일성과 정체성의 일관성을 중요하게 여기며, 유럽적인 개인주의나 다양한 제도적 보완책 등으로 다양성이 자생할 수 있도록 지속적으로 노력해야 한다. 즉, 다원주의를 꽃피우려는 노력을 게을리해서는 안 된다.

물론, 대한민국이 선택할 수 있는 또 하나의 방향으로 '다민족·다문화 이민 국가'의 길이 있다. 이는 급속한 인구 감소와 고령화, 노동력 부족을 해결하고, 글로벌 경쟁에서 활력을 유지하기 위한 대안적 모델이다. 캐나다, 호주, 미국 등이 대표적인 사례로, 다양성을 포용하면서 새로운 에너지를 유입하고, 경제와 사회에 유연성을 부여하는 길이다. 미국의 경우 광활한 영토에서 수많은 이질적 다문화 공동체가 마치 다중우주의 소우주처럼 서로 긴장하고 교류하면서 다양한 가치와 성과물을 만들어낸 사실을 기억하자.

다문화국가는 내부의 균일한 문화보다는 다양한 배경을 수용하고 융합하는 체계를 중시한다. 또 태생적으로 서로 다른 이질적 문화가 공존해야 하므로 어쩔 수 없이 필연적으로 다원주의적인 민주주의를 고민할 수밖에 없다. 다양성을 수용하지 않고는 사회가 제대로 유지될 수 없는 것이다. 그리고 때로는 갈등이 격화되어 국가 역량이 분산되거나 결속력이 약화되는 부작용도 발생할 수 있다. 우리에게는, 오랫동안 유지된 단일민족 국가 정체성이 해체되며 북한과의 관계도 새롭게 정립되어야 하는 등의 민감한 역사적 과제가 있다.

이 중 어느 길을 택하든 우리의 모습은 지금보다 나아지기를 바란다. 그리고 우리의 역량이 내부에만 갇히지 않고 세계를 선도하며 인류 문화에 긍정적인 기여를 하는 방식으로 작동하기를 바란다. 우리는 다시 한번 세계사 속에서 예외적인 나라가 될 수 있다.

앞으로의 여정이 밝기만 하다고는 할 수 없지만, 지금까지의 길이 빛나는 예외였음을 기억한다면, 앞으로의 여정도 충분히 의미 있을 것이다. 방향성을 잃지 않고 어디로 가고 있고, 어디에 이르고 싶은가를 알고 있는 것이 중요하다.

이 책은 그 준비를 위한 하나의 생각 실험이자, 조심스럽고도 진심 어린 발언이었다. 완결된 해답을 제시하지는 못했지만, 스스로를 돌아보고 미래의 방향을 점검하는 질문을 건넸다고 믿는다. 그럴듯한 답을 내는 틀린 질문보다, 서툴더라도 올바른 질문을 던지는 것이 낫다고 생각한다. 올바른 방향이라면 더디 가더라도 포기만 하지 않으면 목적지에 이를 수 있다고, 믿는다.

이 글이 다음 세대를 위한 준비, 그리고 변화하는 세계 속에서 우리가 어떤 자리를 선택할 것인가에 대한 사유의 한 조각이 되기를 바란다. 고인 물이 아니라 흐르는 강물처럼, 침묵이 아니라 사유로 채워지는 질문처럼, 대한민국의 미래 또한 지속 가능한 이니셔티브로 이어지기를 소망한다.

참고 자료

▶ 큰 틀의 저술 방향 설정 관련

· 『그들은 왜 성공한 퍼스트무버가 되었나』 (현대경제연구원, 티핑포인트)
· 『기술의 충돌』 (박현, 서해문집)
· 『무엇이 강대국을 만드는가』 (문석기, 탐나는책)
· 『미국 남북전쟁, 초강대국 미국을 만들다』 (컬툰스토리, 주식회사 태믹스)
· 『인구가 바꾼 역동의 세계사』 (폴 몰랜드, 미래의창)
· 『퍼스트 무버』 (피터 알렉산더 언더우드, 황금사자)
· 『퍼스트 무버, 4차 산업혁명의 선도자들』 (이장우, 21세기북스)
· 『2030 대한민국 강대국 시나리오』 (이근, 21세기북스)

▶ 머리말. 질문으로 시작된 대한민국의 미래 지도

· 『대외 원조 그 빛과 그늘』 (정진규, 책과나무): CDMA, 유엔개발회의 선진국 그룹 진입
· 「이제는 '아시아 선도국' 한국, 日 경제지표 앞질렀다」 (김노향, 머니S)

▶ 1부. K-이니셔티브란 무엇인가?

· 네이버 지식백과: 퍼스트무버, 게임체인저, 초격차, 이니셔티브
· 『마이클 조던 레전드 25 - 그를 농구황제로 만든 위대한 승부 25경기』 (손대범, 브레인스토어)
· 『퍼스트 무버, 4차 산업혁명의 선도자들』 (이장우, 21세기북스)
· 「'농학이 형' 손대범 기자가 마이클 조던 팬들에게 전하는 선물 '마이클 조던 레전드 25' 출간」 (민준구, MK 스포츠)
· 「'스포츠 마케팅' 강자 나이키·아디다스, '마이클 조던' 두고 엇갈린 선택」 (변정인, 톱데일리)
· 「"추격자 모델 한계… 기초과학 투자, 대체불가 기술 개발을"」 (한예나·정한국, 조선일보)
· 「최종현학술원 "기술패권 시대…패스트 팔로워→퍼스트 무버 전환"」 (차혜진, 직썰)

▶ 3부. 대한민국은 무엇으로 세계를 선도할 것인가?

· 이재명 대선 공약 자료
· 국정기획위원회 국정과제 123 자료
· 『대외 원조 그 빛과 그늘』(정진규, 책과나무): 대외 원조 서사 브랜드
· 「공군이 타고 세계가 사는 K-전투기 시대 열린다」(박수찬, 세계일보)
· 「글로벌 10대 AI 선도국…한국 7위」(김은비, 지티티코리아)
· 「네이버 vs 카카오, K-웹툰의 글로벌 진출 전략」(최우진, 만화규장각)
· 「네이버웹툰 해외 전략, 한마디로 '테라포밍'」(임지영, 시사인)
· 「"바이오, 전 분야의 게임체인저 부상…우리나라는 기술 저조"」(한재규, 한의신문)
· 「"선도국과 10년 격차"…한국 양자기술 생존전략 '통신·센서'」(김인한, 머니투데이)
· 「세계 첫 인허가 받고도 탈원전 5년에 '발목'… SMR 자체 개발 시급」(조재희, 조선일보)
· 「세계 최강의 벙커버스터, 국산 '고위력 탄도미사일'」(김대영, 서울신문)
· 「스마트팜 기술 격차, 가격경쟁력·국가별 특화 전략으로 '극복'」(최아름, 정보통신신문)
· 「엔켐, '나트륨 배터리' 개발… 퍼스트무버 노린다」(민승기, 딜사이트)
· 「[우주항공 최전선]① KF-21 하루 네 번 출격, 한국 전투기 수출 기지를 가다」(이종현, 조선일보)
· 「이재명 "대한민국 글로벌 방위산업 4대 강국으로 만들 것"」(이초록, 열린뉴스통신)
· 「이재명 정부 개막…'K이니셔티브' 경제 대수술 예고」(최진홍, 이코노믹리뷰)
· 「이재명은 "해운·조선" … 김문수는 "우주·원전"」(유오성, 한국경제TV)
· 「정부 "하반기 SMR 선도국 도약 전략 발표…원전산업 성장펀드도 조성"」(유현욱, 세계경제)
· 「"중국을 보라…K-신약 개발, '이것' 있으면 선도국 된다"」(뉴시스)
· 「"태양광 50% 땐 ESS만 464조원…현실적인 에너지 믹스 필요"」(조윤진, 서울경제)
· 「"한국 'AI선도국'이지만…인재와 기술혁신 부족"」(전윤미, 애플경제)
· 「한국산 앱 4종, 전 세계 도서 매출 상위 5위권 차지… 《픽코마》 일본서 주요 모바일 게임 제치고 매출 1위」(Yena You, 센서타워)
· 「한국은 빠졌네...BCG "미 · 중 · 영 · 캐 · 싱 5개국만 AI 선도국"」(이진영,

이투데이)
- 「"한글날에 세계공용어 'A.I 한글'을 구상함"」 (정하룡, 폴리뉴스)
- 「한미약품, mRNA 의약품 '퍼스트 무버' 목표…"항암신약 3종 개발"」 (김민준, 청년일보)
- 「합성생물학, 2030년까지 선도국 90% 수준으로 키운다」 (박정연, 동아사이언스)
- 「화학산업 위기 탈출구 '정밀화학' 경쟁력, 선도국 대비 30% 낮아」 (최호, 전자신문)
- 「AI·웹툰·벤처, '미래 먹거리'에 쏟아지는 혜택」 (김소희, 데일리안)
- 「AMD 올라탄 삼성 HBM…엔비디아도 뚫나」 (박의명, 한국경제)
- 「K-그리드 글로벌 진출 전략」 (박찬균, 투데이에너지)
- 「'K뷰티' 글로벌 시장 지속성장 견인전략은?」 (김세화, 코스인)
- 「K뷰티 숨은 공신, 'R&D'」 (손지혜, 전자신문)
- 「'K-조선 르네상스' 시동… 해양강국 다시 뜬다」 (서효림, 연합뉴스)
- 「'R&D 과감한 투자' 콜마·코스맥스, K뷰티 세계 3위 만든 일등공신」 (정영인, 이투데이)
- 「1.8조 원으로 커진 K-웹툰...AI 탑재로 '종주국 파워' 더 커진다」 (최태범, 머니투데이-유니콘팩토리)
- 「19년 연속 세계 1등이었는데…삼성 TV 첫 비상경영」 (김채연·황정수·박의명, 한국경제)
- 「2025년 K-뷰티 트렌트-친환경부터 뷰티 테크까지」 (화해 비즈니스)
- 「2027년까지 보건의료기술 수준 선도국 대비 82%까지 향상」 (보건복지부, 대한민국 정책브리핑)
- 「2035년 선도국 '첨단 바이오 이니셔티브' 발표」 (박범석, 에코타임스)
- 「2035년까지 양자기술에 3조 쏟는다…"선도국 기술수준 85% 달성"」 (김혜령, 신문고뉴스)
- 「3년간 14개 ICT 선도국과 공동연구 지원…"세계 최고 수준 성과"」 (국제일보)
- 「41조 투자 442조 효과…국방과학연구소가 50년 동안 개발한 무기들은?」 (유용원, 조선일보)
- 「"50m를 1cm로" 미국도 '군침'…'지도' 쟁탈전」 (김관진, SBS)

▶ 4부. 지속가능한 K-이니셔티브를 위한 선결 과제

- 「"부패 청산 없인 '강소국(强小國)' 턱도 없다"」 (강양구,

프레시안)
· 「강대국의 비밀 1부 로마시민권」 (EBS 다큐프라임)
· 「강대국의 비밀 2부 대영제국의 탄생」 (EBS 다큐프라임)
· 「강대국의 비밀 3부 세계제국 몽골」 (EBS 다큐프라임)
· 「강대국의 비밀 4부 가장 작은 제국, 네덜란드」 (EBS 다큐프라임)
· 「강대국의 비밀 5부 1964년 미국, 미시시피 자유여름」 (EBS 다큐프라임)
· 「강대국의 비밀 6부 강대국의 조건, 제국의 미래」 (EBS 다큐프라임)
· 「강대국의 조건」 (전가림, 제민일보)
· 「강소국과 컴플렉스」 (안현실, 한국경제)
· 「강소국 벨기에와 한국의 생존전략」 (박성훈, 동아일보)
· 「'강소국' 스위스엔 여성 노동력이 중요」 (엄수아, 여성신문)
· 「강소국의 공통점: 경제자유도, 개방성, 혁신정신이 높아요」 (고기완, 한국경제)
· 「강소국(强小國)의 조건」 (조향래, 매일신문)
· 「강소국(强小國) 카타르 알자지라 러브콜 받은 한국방송채널」 (임은모, 브레이크뉴스)
· 「강한 대한민국 Ⅲ: 안보 강국의 조건」 (배연국, 세계일보)
· 「굴복 대신 저항 약소국의 생존 전략 강소국 기틀 다지다」 (이정현, 국방일보)
· 「선진국으로 가는 마지막 조건: 사회」 (월간중앙)
· 「스위스는 어떻게 강소기업 천국이 됐나」 (전민정, 이투데이)
· 「[안보 강소국을 가다] ④ 이스라엘 아슈켈론 '아이언 돔' 방공포대」 (조병욱, 세계일보)
· 「유럽 강소국 경쟁력, 재정 관리 기업가 정신」 (박진철, 철강금속신문)
· 「재도약을 위한 5가지 조건」 (김정렬, 경향신문)
· 「제약 강소국 아일랜드·스위스, 정부의 산업 지원은?」 (최봉선, 메디파나)
· 「한국보다 국가경쟁력 높은 유럽 강소국…비결은」 (이미영, 머니투데이)
· 「흔들림 없는 100년 기업의 조건」 (이심기, 한국경제)